NOUVELLE DESCRIPTION DE LA VILLE DE PARIS,

ET

DE TOUT CE QU'ELLE CONTIENT
de plus remarquable.

Par GERMAIN BRICE.

Enrichie d'un nouveau Plan & de nouvelles Figures
dessinées & gravées correctement.

HUITIEME EDITION
Revûe & augmentée de nouveau.

TOME TROISIEME.

A PARIS,

Chez { JULIEN-MICHEL GANDOUIN,
Quay de Conty, aux trois Vertus.
FRANÇOIS FOURNIER, rue
S. Jacques, aux Armes de la Ville.

M. DCCXXV.
Avec Approbation & Privilege du Roy.

DESCRIPTION
DE LA VILLE
DE PARIS,
ET
DE TOUT CE QU'ELLE
contient de curieux & de
plus remarquable.

 Près avoir examiné les endroits dont on vient de parler; on doit prendre le chemin de la rue *saint* JACQUES, qui fournira encore bien des choses remarquables & qui meritent de l'attention.

Cette rue qui est d'une assez bonne longueur, ne se distingue que par la quantité des Libraires qui s'y trouvent à cause de l'Université, dont les boutiques & les magasins sont remplis de tout ce que l'on peut souhaiter en tout genre de litterature, sans en rien excepter.

On peut encore ajoûter fort à propos, que les Marchands d'estampes qui s'y trouvent, sont fournis abondamment de tout ce que les gravures au burin & à l'eau forte ont de plus exquis & de plus parfait; parce que les habiles Graveurs de Paris ont surpassé de bien loin dans ces deux genres tout ce qui se voit ailleurs; ce qui fait que l'on trouve chez eux des ouvrages admirables & de la plus grande perfection.

La *rue* SAINT-JACQUES prend son nom du couvent des *jacobins*, qui y occupent une ancienne maison sous le titre de ce saint Apôtre, qui leur fut donnée lorsqu'ils furent reçus en cette Ville, comme on le dira dans son lieu.

Cette rue commence au PETIT CHASTELET, situé à l'extrémité du Petit-Pont qui fait une tres-vilaine barriere en interrompant l'alignement qui va d'une extrémité de la Ville à l'autre.

Cette maniere de Forteresse antique est composée d'une grosse masse de bâtiment, ouverte par le milieu, laquelle servoit autrefois de porte aussi bien que le grand Châtelet, dans les siecles où la ville de Paris n'avoit pas encore d'autre étendue que l'île du Palais. S'il n'est pas certain que cet édifice ait été construit sous les ordres de César, comme quelques historiens le prétendent, on croit du moins avec plus de certitude, qu'il a été reparé par ROBERT le pieux, sous le regne duquel la France jouit d'une paix profonde de plus de trente années sans interruption; & selon la remarque de quelques historiens modernes, cette monarchie n'en a point goûté de plus longue & de plus heureuse depuis son établissement.

 Pendant un regne si tranquile, *Robert*, ce sage Prince, loué de tous les historiens qui parlent de lui, eut le loisir d'élever des édifices magnifiques en divers endroits de son roiaume, & d'amasser de grands trésors, sans fouler son peuple, qu'il renferma dans ce château, nonobstant les grandes liberalitez qu'il fit aux pauvres, pendant des années de disette extrême, & les biens qu'il donna aux Eglises. En effet on lit dans les auteurs de son tems qui parlent de lui, que sous son regne la plûpart des Eglises & des édifices publics furent renouvellez.

Il en fit bâtir trente à Paris, & plusieurs autres à Orleans, il fit édifier le château d'Etampes, & enfermer plusieurs Villes de hautes murailles ; ce qui fut cause, sans doute, comme quelques uns l'ont fort bien remarqué, que l'architecture grossiere qui se pratiquoit depuis le regne de l'empereur Charlemagne, fut entierement changée & prit une forme nouvelle & toute differente. On observa un peu plus de regularité dans les édifices, & plus de soin & de propreté dans la construction, ce qui servit infiniment à introduire & à perfectionner l'architecture Gothique, qui parut dans toute sa beauté quelques années après, sous les Rois ses successeurs.

Entre les éloges magnifiques que les historiens donnent au Roi *Robert*, de *pere du peuple*, de *sage*, de *pieux*, de *débonnaire*, de *liberal*, même de *savant*, s'il est permis d'en juger par les hymnes de sa composition qui se chantent encore à present dans quelques Eglises de France ; *Mezeray* n'en trouve point de plus beau & de plus solide que celui qui le qualifie, ROI DE SES MOEURS AUSSI BIEN QUE DE SES SUJETS. Il entretenoit continuellement deux cens pauvres à sa suite & leur lavoit souvent les piés, particulierement le Jeudi Saint ; de-là est venu le *Mandat* que la pieté des rois de France pratique encore le même jour, ce que plusieurs souverains font à leur exemple.

Un auteur qui vivoit peu d'années après son regne, dit de ce grand Prince, qu'il étoit *omnigenæ virtutis alumnus*.

Avant le regne de ce Prince, en l'année 886, sous l'empereur Charles le Gros, la ville de Paris n'avoit point encore d'autre étendue que l'île du Palais, ce qu'on appelle aujourd'hui la Cité, & n'avoit d'autre communication avec les lieux circonvoisins, que par le grand & le petit Châtelet, à l'extrémité de deux ponts de bois, l'un au Nord & l'autre au Midi. Cette situation étoit alors avantageuse pour soûtenir un siege contre les Barbares du Nord, mais la generosité des habitans en faisoit la principale défense. GOSLIN alors Evêque de Paris, n'anima pas seulement son peuple par ses exhortations durant ce siege ; mais assisté d'*Eble* son neveu, & d'*Odon* ou *d'Eudes*, & de quelques autres Capitaines renommez, il rendit inutiles les efforts des Normans, qui décamperent de devant la Ville, après un siege de dix mois & la perte de toute leur armée.

Ervé se distingua par une valeur tout-à-fait extraordinaire pour la défense de sa patrie, cruellement assiegée par cette effroiable armée de Normans-Danois. Il fut un des douze restez d'un plus grand nombre, qui resolurent de garder le petit Châtelet contre ces barbares; il est vrai que ces genereux défenseurs de la patrie périrent tous d'une maniere cruelle. Les assiegeans surpris de la grandeur de courage d'Ervé, qui commandoit les autres, lui offrirent la vie, qu'il refusa genereusement, voulant mourir les armes à la main. Il tua lui seul plus de cinquante des ennemis dans une vigoureuse sortie qu'il fit, où enfin il succomba accablé par le nombre des barbares. Les Grecs & les Romains ne fournissent pas beaucoup d'exemples d'une action plus pleine de valeur & d'intrepidité. On trouve une belle description de ce fameux siege dans l'histoire de France du P. Daniel, sous l'année 886, avec un détail tres-curieux de tout ce qui y arriva.

Le roi *Charles* V. dit le sage, mort le 16 de Septembre 1380, dans le château de Beauté sur Marne, à present entierement détruit, laissa des trésors immenses & plus qu'aucun de ses prédecesseurs n'avoit fait, quoique son regne n'eût été que de seize ans. Il les fit enfermer dans le petit Châtelet & dans le château de Melun, qui étoient alors des places tres-fortes. On trouve dans les memoires de son regne, que la somme montoit à *dix-sept millions de livres*, en argent comptant & en lingots ; ce qui iroit à present, selon la suputation faite par des savans, à *quatre cens vingt-cinq millions de livres*, l'argent aiant fort changé de prix depuis le regne de ce Prince, à cause de la découverte des Indes : sur quoi on peut dire que bien des auteurs n'ont pas approuvé sa conduite en cette occasion, pour plusieurs excellentes raisons qu'ils ont rapportées. Avec cette grande somme il y avoit aussi quantité de pierreries & de vaisselle d'or & d'argent ; mais toutes ces prodigieuses richesses furent dissipées en fort peu de tems, pendant la minorité de *Charles* VI. qui fut agitée & fort pleine de divisions & de desordres.

Sous le regne de *Charles* VI. son fils, le 12 de Juin 1418, il se fit un horrible carnage de plusieurs Seigneurs de distinction, Prélats, Barons, Magistrats, & même le Chancelier, au nombre de plus de quatre mille, & de tous ceux qui étoient accusez de tenir le parti du Duc

A iiij

d'Orléans sous le nom d'*Armagnacs*. La plus grande partie de ces personnes de marque, fut enfermée dans les prisons du grand & du petit Châtelet, où la populace en fureur, excitée par le parti du duc de Bourgogne, les précipita du haut des tours ; d'où les recevant sur la pointe de leurs piques & de leurs dards, les massacroient ensuite sans aucune miséricorde.

Quelques auteurs rapportent que *Hugues Aubriot* Prevôt de Paris, le même qui avoit fait construire la Bastille, fit reparer le petit Châtelet, comme on le voit à present, en 1369, sous Charles V. pour reprimer l'insolence des écoliers de l'Université, qui venoient souvent faire des courses sur les bourgeois de la Cité, ou de l'île du Palais ; ce qui causoit souvent de tres-grands desordres.

Les connoisseurs remarqueront tres-aisément en considerant ce vieux bâtiment, que les parties inferieures sont d'une structure bien plus ancienne, que les parties d'en haut ; ce qui se distingue sans peine par la nature & les assises des pierres. Il est encore resté des cul-de-lampes, sur lesquels on avoit élevé des tours fort exhaussées, qui ont été abbatues depuis, pour faire place à une terrasse qui sert à present de promenade aux prisonniers des moins criminels ou les moins resserrez. Toutes ces choses ne sont point de la premiere entreprise, & ont été bâties dans des tems differens & fort éloignez les uns des autres.

Ce que l'on doit encore ajoûter, c'est que cette masse énorme de bâtiment embarrasse extrémement tout ce quartier, qui étant le plus passant & le plus serré de la Ville, auroit un grand besoin d'être élargi, bien plus necessairement que quelques autres, ausquels on a cependant travaillé avec application, & avec dépense, peutêtre plus pour des interêts particuliers, que pour l'utilité & la commodité publique.

Les embarras sont si frequens & si dangereux sous le petit Châtelet, qu'on y est souvent exposé à être écrasé, si l'on n'a la patience d'attendre quelquefois pendant un tems considerable. Depuis peu d'années on a commencé à élargir la rue qui y vient aboutir ; & il seroit à souhaiter que ce grand & utile dessein fût continué, en renversant ce vieux & monstrueux édifice, qui n'est d'aucune utilité, & que l'on prît la sage résolution de donner à ce quartier, toute la largeur dont il a si grand besoin.

La Rue Saint Jacques commence au petit Châtelet, comme on l'a déja dit. Elle est presque toute occupée par des Imprimeurs, des Libraires & des marchands d'Estampes, à cause du voisinage de l'Université.

La premiere chose qui s'y trouve, est L'Eglise paroissiale de Saint Severin, qui est d'une ancienne fondation. Ce Saint vivoit sous le regne de Clovis, qui le fit venir de l'Abbéïe de saint Maurice, où il étoit Abbé, autrefois nommée *Agaunum*, située dans le payis de Valais, proche de la Savoye, pour le guérir d'une fievre dangereuse, dont il fut délivré par les prieres de ce Saint, en lui imposant sa tunique sur la tête. Pendant le séjour qu'il fit à Paris, il demeura à cet endroit, qui étoit alors une solitude, au milieu de laquelle il y avoit une petite chapelle dédiée à saint Clement pape. Après y avoir resté quelque tems, ce Saint prit la résolution de s'en retourner à sa premiere demeure; mais en passant par Château-Landon, petite ville de Gâtinois dont il étoit originaire selon *Baillet*, il s'y arrêta à cause de deux prêtres qui y vivoient en odeur de sainteté, nommez Pascal & Ursicin, qui exercerent envers lui l'hospitalité. Il tomba malade en ce lieu & y mourut le 11 de Février 507, & fut enterré dans la chapelle à la place de laquelle le roi Childebert fit bâtir une Eglise qui fut pendant plusieurs années desservie par des Eclesiastiques seculiers ; dans le 12 siecle ils embrasserent la regle de saint Augustin. Cette maison fut érigée ensuite en Abbéie reguliere de la Congregation de sainte Geneviéve du Mont.

On ne voit precisément dans aucun auteur, en quelle année l'Eglise de saint Severin a été bâtie ; mais selon toutes les apparences, il ne peut pas y avoir plus de trois siecles, ou environ. Si on considere le dessein dans lequel l'édifice a été élevé, on n'y remarquera rien de curieux, ni d'agréable, parce que l'architecture Gothique qui y est observée, n'a pas la régularité, ni la delicatesse qui se rencontre dans des édifices plus anciens. Il y a déja quelques années que le grand Autel est achevé. Il est orné de huit colonnes de marbre d'ordre composite, disposées sur un plan en demi cercle, qui soûtiennent un demi dôme avec quelques ornemens de bronze doré, qui font assez bien ; le BRUN en a donné le dessein. *Anne-Marie d'Orleans*, sous le

A vj

nom de *Mademoiselle de Montpensier*, morte le 5 d'Avril 1693, fille aînée de *J. B. Gaston Duc de France*, *Duc d'Orleans*, a fait une partie de la dépense de cet Autel; & c'est pour cette raison que ses armes paroissent dans des lozanges sur les côtez.

Les deux tableaux des chapelles aux côtez de la porte du chœur, qui representent saint Joseph & sainte Geneviéve, sont de *Champagne*.

Les figures peintes entre les arcades du chœur & de la nef de cette Eglise, sont de *Jacob* BUNEL, né à Blois, peintre habile, dont on voit des ouvrages assez beaux ; entre autres le tableau de la descente du saint Esprit aux grands Augustins, dans la chapelle des Chevaliers de l'ordre du saint Esprit.

Les illustres enterrez dans l'Eglise de saint Severin, sont,

Jacques de BILLY, Abbé de saint Michel en l'Erme, mort le 22 de Novembre 1581, âgé seulement de quarante sept ans, illustre par son profond savoir, comme on le voit par plusieurs ouvrages qu'il a laissez, dans lesquels il paroît qu'il avoit une grande connoissance des Peres, dont on conserve une partie en manuscrit dans la bibliotheque

que *Claude Joly*, Chantre de l'Eglife de Paris, a donné au Chapitre de fon Eglife; avec cela il excelloit dans la poëfie latine & françoife, & les pieces qui reftent de lui, en font une preuve certaine.

Dans la chapelle de fainte Barbe, du côté du cémetiere, on voit un bufte de marbre, qui reprefente *Eftienne* PASQUIER, né à Paris, Confeiller du Roi & Avocat general de la chambre des Comptes. C'étoit un homme de grand favoir, & fort eftimé à caufe de fa probité. Il a laiffé un gros volume de recherches, qui contient quantité de chofes pleines d'érudition & tres-curieufes; on a auffi du même auteur un recueil de lettres de fa façon, dans lefquelles il fait paroître un zele tres-ardent pour la juftice & pour la verité. On a fait en 1724, une nouvelle édition en 2 *vol. in fol.* de fes ouvrages, augmentée de quelques pieces curieufes qui n'avoient encore point vû le jour.

L'épitaphe que l'on rapporte ici, eft de fa compofition : elle eft gravée fur un marbre dans le même endroit.

STEPHANI PASCHASII

Epitaphium quod sibi ipse scripsit.

Quæ fuerit vitæ ratio si fortè re-
quiris,
    Siste gradum, & paucis ista,
    viator, habe.
Parisiis olim causis patronus agen-
dis
    Haud inter socios ultimus arte
    togæ.
Id solemne mihi statui despectus ut
esset
    Et procul à nobis, & procul
    invidia.
Inter utrumque fui medius, mise-
rique clientis
    Suscepi in ditem forte patroci-
    nium;
Tum ratiociniis allectus Regius ac-
tor.
    Principe ab Henrico est hæc
    mihi parta quies.

Vixi non auri cupidus, sed honoris avarus.
Hei mihi, quàm varius nunc ego præco mihi!
Ingenium expressi variè, prosaque metroque,
Fama ut post cineres splendidiore fruar.
Æquævam thalamo junxit trigesimus annus,
Mascula quæ peperit pignora quinque thoro.
Quatuor è quinis orbati matre fuerunt,
Pro patria quintus fortiter occiderat.
Privatos tandem juvat, ò coluisse Penates,
Contentum & modica vivere sorte mihi.
Jamque ego septem annos sex denaque lustra peregi,
Robore corporeo firmus, & ingenio.
At nihil hæc, animam nisi tu Deus alme reposcas,

In cœlumque tua pro bonitate loces.

On lit encore cette autre épitaphe.

D. O. M.

Et æternæ memoriæ STEPHANI PASCHASII, *Regis Consiliarii & summarum Rationum Advocati generalis, Jurisconsulti, Oratoris, Historiographi, Poetæ Latini & Gallici celeberrimi, pluribus ingenii, corporis & fortunæ dotibus cumulati, vitâ fatoque felicissimi. Obiit 3. Calendas Septembris 1615. ætatis 87.*

Scevole & *Louis* de SAINTE MARTHE, freres jumeaux, ont leur sepulture dans les charniers de cette Eglise. Leur nom est si connu chez tous les savans, qu'il est bien difficile d'ajoûter aux éloges que les plus illustres ont donné à leur mérite & à leur savoir.

Voici l'épitaphe de ces grands hommes, qui ont travaillé avec tant de soin

& d'application pour la gloire de la France leur patrie.

D. O. M.

SCEVOLÆ AC LUDOVICO
SAN-MARTHANIS,
Viris nobilibus & illustribus;
SCEVOLÆ *in Pictonibus
Franciæ
Quæstorum præsidis scriptis incliti
filiis*,
LUDOVICI *Domini de* NEUILLY,
*Cognitoris Regii Nepotibus,
Comitibus Consistorianis,
& Historiographis.
In eodem utero editis,
sic lineamentis oris
Omniumque membrorum statura,
Sincera pietate, virtute
singulari,
Temperantia ac tranquillitate
animi;
Geminis planè atque germanis
Morum similitudine, societate
studiorum,*

Fraterna concordia,
Et ferè perpetua vitæ ac victus
Communitate conjunctissimis:
Qui cùm eisdem præceptoribus usi,
AURATO BULENGERO
PASSERATIO, *celeberrimis*
Professoribus,
Et eisdem disciplinis instituti
fuissent,
Pari animo & labore unum ambo
Multorum annorum opus aggressi
Regium Francorum genus,
& propaginem
Resque gestas doctis voluminibus
exposuere;
Et ad extremam felicemque
senectutem,
Non à cunctis modò studiosis culti,
Sed etiam Principibus &
Regibus nostris
Externisque noti, chari,
Acceptique pervenere.
Pari fratrum incomparabili
PETRUS SCEVOLA SAN-
MARTHANUS, SCEVOLÆ *filius,*

SCEVOLÆ *nepos*, PATRI
*Patruoque optimis &
indulgentissimis
ponendum curavit.*
VIXIT SCEVOLA *ann.* 78.
Menses 8. *dies* 18.
Obiit 7. *idus Sept.
anno* 1650.

LUDOVICUS *decessit
ann. ætatis* 84.
Mens. 1. *dieb.* 9. *Christi* 1656.
Aprilis 29.
*In geminis unum, & geminos
agnovit in uno,
Ambos qui potuit doctus adire
senes.*

*In eodem loco jacent V. C.
fratres,*
SCEVOLÆ *filii,*
SCEVOLÆ *Nepotes*
NICOLAUS SAN-
MARTHANUS
*Sacri Consistorii Assessor,
& Eleemosinarius regius,*

Prior Sancti Germani in
Pictonibus,
Pietate, scientia & operibus
clarus,
Qui obiit 6. idus Febr. 1662.
ann. 39. ætatis.

ET PETRUS SCEVOLA SAN-
MARTHANUS,
Dominus de Mere supra Andriam,
Comes Consistorianus,
Sacrique Palatii Magister
Oeconomus,
Historiographus Regius,
Qui obiit anno Christi 1690.
9. Augusti, ætat. 72.

André du CHESNE, Historiographe de France, à qui l'histoire de cette monarchie a tant d'obligations, par les excellentes compilations que l'on a de ce savant auteur, a été enterré dans la nef de cette Eglise vis-à-vis de la porte du chœur. Il est mort âgé de 56 ans en l'année 1640.

Gilles Personne de ROBERVAL, Geometre & Professeur roïal en ma-

DE LA VILLE DE PARIS. 21

thematiques, travailloit avec une grande application, & étoit fort estimé des savans, entre autres du fameux *Gassendi*. Il étoit de l'Academie roiale des sciences. Plusieurs ouvrages ont paru de sa façon, & des experiences curieuses & fort approuvées. On estime une machine tres-ingenieuse pour peser l'air, dont il est inventeur, décrite dans le journal des savans du 10 de Février 1679. Il est mort le 27 d'Octobre de l'année 1675.

Louis MORERY a été enterré dans le cémetiere de cette Eglise. Il est mort en 1680 le 10 de Juillet, âgé seulement de trente-huit ans. Il a été le premier auteur du grand dictionnaire historique, imprimé d'abord en un volume, & ensuite en deux, qui est un ouvrage d'un travail prodigieux, où il a eu besoin d'une assiduité toute particuliere. On y a ajoûté après sa mort deux autres volumes trescurieux, composez par des personnes les plus habiles & les plus savantes du tems, qui ont surpassé Morery en correction & en exactitude. Les dernieres éditions de ce Dictionnaire ont été refaites entierement par le sieur *Vautier*, l'*Abbé du Pin* & autres; & pour plus de commodité, on les a réduites sous un seul alphabet. On peut groſſir cet ouvrage dans la ſuite, comme on a fait le *Calepin*, cette maniere n'aiant point de bornes.

Louis-Elies du Pin, né à Paris, Prêtre Docteur de Sorbonne, ci-devant Profeſſeur roial, né en l'année 1657 le 17 de Juin, reçû Docteur de la faculté de Théologie le 22 de Juin 1684. Ce ſavant auteur a enrichi la republique des lettres d'un grand nombre d'ouvrages, tant *in fol.*, *in quarto* & *in douze*, dont le nombre monte à 83 volumes, ſans y comprendre les additions & les corrections conſiderables qu'il a faites au dictionnaire de *Morery*, & au traité de la néceſſité de la foi en *Jeſus-Chriſt* de M. *Arnauld* : Les deux dialogues qu'il a ajoûtez à ceux *de la Bruiere*, ſur le Quietiſme. Les *ſept volumes* ſur l'hiſtoire des Juifs faits par *Banage*, qu'il a revus, augmentez & mis dans un nouvel ordre. Il eſt mort Mercredi 7 de Juin 1719. Cet auteur a été un des plus laborieux de ces derniers ſiecles & des plus éclairez ſur bien des matieres.

Dans le cémetiere de la même Egliſe de ſaint Severin, on diſtinguera un tombeau de pierre élevé de dix à douze piés, d'un deſſein qui n'a rien d'extraordinaire. Il a été érigé pour conserver la memoire d'un Seigneur étranger, qui étoit venu à Paris, exprès pour faire ses études dans l'Université, à l'exemple de plusieurs autres, ce qui marque bien dans quelle réputation elle a été jusqu'à ce tems-là.

Voici les épitaphes, qui se lisent encore facilement autour de ce monument, qui méritent bien d'avoir une place dans cette Description.

En souvenance du tres-noble sang des Comtes de PHRISE ORIENTALE, *aussi pour les dons de grace, tant de l'esprit que du corps, de feu noble homme* ENNON de EMDA, *élû Gouverneur & Satrape de la cité de* EMDA : *Qui sur le cours de ses études fut icy ravi par mort, en l'âge de vingt-trois ans, au grand regret de son payis, & de tous ses amis* : *Nobles femmes, sa mere-grand, & sa dolente mere, ont à leur cher & unique fils, fait dresser ce present tombeau en témoignage du devoir de vraye & pure amitié* ;

& certaine esperance de la resurrection du corps qui icy repose. Il trépassa l'an de Nôtre Seigneur 1545, le dix-huitiéme de Juillet.

Nobilitate generis Comitum Orientalis PHRISIÆ, *& animi corporisque dotibus præclaro* D. ENNONI *de* EMDA, *civitatis* EMDENSIS *Præposito ac electo satrapæ, propter certam hujus corporis resurrecturi spem, ac in amoris sinceri testimonium, avia materque pia unico suo filio, qui hic ex studiorum cursu, patriæ amicis omnibus magno cum luctu, anno ætatis suæ* XXIII. *morte præreptus est, hoc monumentum statuerunt. Anno Domini* 1545. 18. *Julii.*

Quid fuerim, nostræ hæc recubans commonstrat imago :
 Quid sim, quam teneo, putrida calva docet.

Peccati

DE LA VILLE DE PARIS. 25

Peccati hanc nobis pœnam inge-
　nuere parentes;
　Cujus sed Christus solvere vin-
　cla venit.
Hic mihi viventi spes qui fuit, &
　morienti
　　Æternum corpus quale habet
　　ille, dabit
Peccati, fidei, Christique hinc per-
　spice vires,
Ut te mortifices vivificetque Deus.

En l'année 1716, on a vû en cette Ville, le Prince *Auguste Enno* d'OST-FRISE, de cette ancienne & illustre maison, fort appliqué à ses exercices, où il a fait un tres-grand progrès & qui s'est attiré par ses manieres obligeantes l'estime de tous ceux qui l'ont connu.

De l'autre côté de la rue saint Jacques est la RUE GALANDE, qui conduit à la place Maubert, laquelle conserve encore le nom d'un ancien fief appellé *Garlande*, qui appartenoit autrefois à des seigneurs illustres, revêtus des premieres charges du roiaume sous

Tome III. B

le roi Louis le Gros, c'est-à-dire, vers l'année 1130, dont la maison est entierement éteinte il y a déja plusieurs siecles.

Cette rue a été un peu élargie à son entrée en 1672.

Sur la fontaine de saint Severin, à l'entrée de la rue saint Jacques, on lit ces vers de SANTEUL.

DUM SCANDUNT JUGA MONTIS ANHELO PECTORE NYMPHÆ;

HIC UNA E SOCIIS VALLIS AMORE SEDET.

1687.

En avançant encore davantage, on passe devant L'EGLISE DE SAINT-YVES, bâtie en 1347, par les soins d'une célebre confrerie de Bretons, qui étoit alors à Paris, & qui y faisoit faire le service divin tous les jours, par des Ecclesiastiques gagez.

A côté de cette chapelle est LA RUE DES NOYERS, qui a été élargie en 1672.

LES MATHURINS.

L'Ordre de ces Peres au rapport de leur historien, se vante *de n'être point de la fabrique des hommes, mais bien de celle de Dieu même*; ce sont les propres termes de l'Auteur qui en donna, à ce que disent les chroniques de leur ordre, le dessein au bienheureux Jean de *Matha*, gentilhomme Provençal, Docteur en Theologie de la faculté de Paris, & à l'hermite *Felix*, qui s'étoient retirez l'un & l'autre dans une solitude au milieu d'une forêt, proche de la ville de Meaux, nommée *Cerfroy*, dont ces religieux ont longtems porté le nom.

Cet ordre est assez ancien, puisqu'il a commencé en 1198, sous le Pontificat d'Innocent III. Il occupe à present quatre-vingt neuf couvens dans le roiaume, dont le premier est celui-ci, où le Ministre general doit faire sa résidence ordinaire.

La maison de ces Peres est un peu plus haut que saint Yves, & de l'autre côté de la rue saint-Jacques, & n'a rien de fort particulier pour les curieux.

C'étoit autrefois un hôpital sous le titre d'*Aumônerie de saint-Benoist*, qui dépendoit de l'ancienne abbéïe de ce nom, située dans le voisinage, érigée depuis en collegiale & en paroisse, comme on le dira ci-après. Dans la chapelle de cet hôpital, on avoit conservé pendant plusieurs années la châsse de *saint Mathurin* de *Larchant*, en Gâtinois, qui y fut apportée pour la sauver du pillage & de la fureur des Danois, alors idolâtres & barbares, qui ravageoient les campagnes, & particulierement les Eglises, avec une extrême cruauté, ce qu'ils ont fait l'espace de plusieurs regnes.

LES MATHURINS, selon du *Cange* dans son glossaire, & *Antoine* de *Furetiere*, dans son Dictionnaire universel, ont porté pendant plusieurs années le nom de *Freres asnes*, parce que suivant leur institution il ne leur étoit pas permis de se servir d'autre monture que de celle des asnes; mais en 1267, le pape Clement leur accorda la permission d'aller à cheval. Cependant, selon les mêmes auteurs, on voit un titre dans la chambre des comptes, de l'année 1330, où ils sont encore nommez *Freres asnes de Fontainebleau*, à cause d'un couvent qu'ils ont dans cette maison roiale.

Ces Religieux nommez premierement

Freres de *Cerfroy*, lieu de leur institution, furent gratifiez de cet hôpital par l'Evêque & le Chapitre de Paris; ils le convertirent en un couvent, duquel ensuite ils ont pris le nom de *Mathurins*.

Ces Peres sont de l'ordre de la sainte Trinité, de la redemption des captifs, dont le principal institut est d'aller racheter les esclaves chrétiens des mains des infideles, & de leur procurer la liberté, en les renvoiant dans leurs maisons. De tems en tems ils font des voiages en Barbarie, par le secours des aumônes qu'ils reçoivent des personnes pieuses qui contribuent aux dépenses qu'ils sont obligez de faire en cette pénible & charitable occasion.

L'Eglise bâtie comme elle est à present, a été commencée par *Robert Gaguin*, Ministre & General de l'Ordre, dans laquelle on a fait des réparations considerables depuis quelques années.

Le grand Autel est orné de quatre colonnes d'ordre composite d'un marbre tres-rare : c'est une brocatelle antique jaune, marquetée de couleur de feu, plus grande qu'aucunes colonnes qu'on ait encore vû de cette espece, dont les carrieres sont perdues, ou du moins entierement inconnus à préfent. Ces quatre belles colonnes furent données à un Général de l'Ordre par les Mathurins d'Efpagne, lorfqu'il faifoit fa vifite dans ce roiaume.

Le petit tabernacle fur ce même Autel eft d'un deffein fort bien imaginé, orné de colonnes d'une efpece de brocatelle tres-belle & tres-particuliere, & de plufieurs ornemens de bronze doré.

De chaque côté du grand Autel, on a difpofé des chapelles ornées de colonnes de marbre rare, connu fous le nom de breche antique, d'une ordonnance affez bien entendue.

Les *ftales* ou chaires des religieux, font d'une menuiferie fort fimple, dont les panneaux font couverts de tableaux, qui reprefentent la vie de *Jean* MATHA, leur inftituteur, peints par *Theodore* VAN-TULDE, Flaman, éleve du fameux *Rubens*; ce même peintre a gravé la galerie d'Ulyffe à Fontainebleau, dont il a fait un volume affez eftimé.

Le chœur de cette Eglife eft feparé de la nef, par une efpece d'architecture à jour, ou plûtôt par fix colonnes Ioniques portées fur un piédeftal continu arrafé; elles foûtiennent un entablement double, fur lequel il y a des figures d'anges, ou de genies, qui tiennent dans leurs mains les instrumens de la Passion. Le reste de l'Eglise est revêtu d'une menuiserie, chargée de sculpture, où il y a des grenades qui sont les armes de *Pierre le Mercier*, General de cet ordre, lequel a fait la dépense de toutes ces nouvelles réparations.

Cette maison a fourni autrefois quelques savans de réputation.

Robert GAGUIN, Ministre & General de l'Ordre, étoit un illustre de son siecle, emploié aux grandes affaires, & dans des negociations importantes. Il a composé plusieurs volumes ; entre autres, les annales de France en douze livres. Il est enterré dans le chœur de cette Eglise.

On lisoit cette épitaphe sur son tombeau, elle a été depuis transportée dans un autre endroit.

Illustris Gallo nituit qui splendor in orbe,

Hic sua Robertus membra Gaguinus habet.

Si tanto non sæva viro Libitina pepercit,

Quid speret docti cætera turba chori?

ANNO A NATALI CHRISTI MIL-
LESIMO QUINGENTESIMO PRIMO,
VIGESIMA SECUNDA MAII.

On verra quelques tombeaux dans le cloître, entre autres celui de *Jean* de SACRO BOSCO, célebre mathematicien, avec cette épitaphe.

DE SACRO BOSCO, *qui compotista*
JOANNES
Tempora discrevit, jacet hic à
tempore raptus,
Tempora qui sequeris memor esto
quod morieris,
Si miseres, plora; miserans pro me,
precor, ora.

Il est mort selon quelques auteurs, en l'année 1240, ou 45. Son traité *de Sphæra mundi*, a été traduit en diverses langues & commenté par des savans renommez, comme *Clavius, Pierius Valerianus, Elie Vinet* & *Pierre Nonnius*. Les curieux de la simplicité des derniers siecles seront bien-aises de trouver ici l'épitaphe de *Mathurin* du *Portail*, frere convers de ce monastere, particulierement attaché au service de Robert Gaguin, dont on vient de parler.

Ici gist le loyal Mathurin,
Sans reproche bon serviteur,
Qui ceans garda pain & vin,
Et fut des portes gouverneur.
Panier & hotte par honneur
Au marché volontiers portoit
Avec diligence, & bon sonneur:
Dieu pardon à l'ame luy soit.

1491. LE 17 JOUR
DE NOVEMBRE.

Elle se trouvoit attachée à côté de la porte du cloître, qui donne dans la rue du Foin.

De-là on passera devant L'ÉGLISE DE SAINT-BENOIST, autrefois sous le titre de la Sainte Trinité, fondée à ce que l'on pretend par saint Denys. Dans la suite on y mit des moines qui en firent une Abbéie, sous le nom de *saint-Benoist*

& de *fainte Balque* ; ce qui fubfifta de la forte jufqu'au regne de Henry I. & voiant que les moines avoient quitté cette ancienne maifon, ce Prince la donna comme une Eglife abandonnée au chapitre de Nôtre-Dame. L'on y mit enfuite des Chanoines ; & parce que cette Abbéie avoit fuivi la regle de faint-Benoift pendant plufieurs fiecles, le nom de ce faint patriarche des Moines d'Occident y fut confervé.

Le chapitre de cette ancienne Eglife eft compofé de fix Chanoines, dont les benefices font de fix cens livres de revenu, qui font à la nomination d'autant de Chanoines de Nôtre-Dame, par le droit attaché à leurs prébendes. Il y a encore douze Chapelains rentez de trois cens livres chacun, choifis par les Chanoines de faint-Benoift ; ainfi que le Curé fous le titre de Vicaire perpetuel.

Le bâtiment de cette Eglife eft fort groffier. Le ronpoint, ou le fond du chœur, a été refait de neuf ; il eft décoré en dedans d'un ordre d'architecture en pilaftres Corinthiens, dont *Claude* PERRAULT, premier Architecte du Roi a donné les proportions.

On remarquera fur un des piliers de la nef, l'épitaphe de la femme de feu

DE LA VILLE DE PARIS. 35
Frederic LEONARD, Libraire renommé, il eſt d'un ouvrage de marbre, executé par VANCLEVE, Sculpteur de l'Académie; l'invention en eſt gratieuſe & l'execution d'une grande propreté ſur le deſſein de *Gilles-Marie* OPPENORD.

Le tableau de la chapelle de paroiſſe, qui repreſente une deſcente de croix, eſt de *Sebaſtien* BOURDON, peintre renommé.

René CHOPIN, Avocat au Parlement de Paris, celebre Juriſconſulte, eſt enterré dans cette Egliſe; il mourut de la pierre le 2 de Fevrier 1606, dans la ſoixante & neuviéme année de ſon âge. Son traité *De ſacra politia*, eſt fort eſtimé des ſavans. Tous ſes ouvrages ont été compilez en 4 *vol. in fol.*

On lit dans cette Egliſe ſon épitaphe que voici.

CHOPINUS, *hic cubat, memoriæ*
    theſaurus & penus legum.
    Tota Gallia nunc gemit
        CHOPINUM
Andi municipes gemunt alumnum,
Cives Pariſii gemunt patronum
Quem nunc Eliſii tenent colonum.

Les autres illuſtres inhumez dans la

même Eglife font, *Jean-Baptifte* COTE-LIER, Docteur en Théologie de la maifon & focieté de Sorbonne, un des plus favans hommes de fon fiecle. Sa profonde fcience lui avoit procuré une place de Profeffeur roial en langue Grecque. Il eft mort le 12 d'Août 1686, âgé de cinquante-fept ans. Le principal ouvrage qu'il publia en 1672, eft fous ce titre ; *Opera fanctorum Patrum qui temporibus Apoftolicis floruerunt*, avec des notes tres-favantes.

Claude PERRAULT, né à Paris, dont on vient de parler, mort le 9 d'Octobre 1688, âgé de foixante & quinze ans, étoit de l'Académie roiale des fciences, & tres verfé dans l'architecture. Il a traduit *Vitruve*, qui vivoit fous le regne d'Augufte, avec des notes excellentes ; avec cela on a de lui l'*Ordonnance des cinq efpeces des colonnes* felon la méthode des anciens, *des memoires pour fervir à l'hiftoire des animaux*, *des Traitez de Phyfique* tres-eftimez, l'*origine des Fontaines*, & quelques autres ouvrages, dans lefquels il paroît beaucoup de netteté d'efprit. Ses principaux deffeins d'architecture font l'Arc de triomphe, dont on a vû fi longtems le modele, détruit en 1716, l'Obfervatoire roial & quelques autres.

Charles PERRAULT son frere cadet, mort le 17 de Mai 1703, âgé de 77 ans, est enterré au même endroit. Il étoit de l'Académie Françoise. On a de lui des productions en prose & en vers qui ont des beautez, mais qui auroient eu plus de succès, si cet Auteur ne s'étoit point declaré, comme il a fait, contre les anciens, avec un emportement, qui lui a fait tort chez les savans. On voit son portrait à la tête de la vie des hommes illustres de France du siecle passé, dont il a fait un grand recueil enrichi d'estampes, gravées par les plus habiles maîtres d'après leurs portraits originaux, avec l'abregé de leur vie.

Gerard AUDRAN, mort âgé de soixante & trois ans, le 26 de Juillet 1703, a été un des plus excellens graveurs qui ait paru en France & ailleurs. Il s'attachoit particulierement à graver les grandes pieces de le *Brun*; dans lesquelles il a réussi d'une maniere tout-à-fait heureuse, parce que ce grand peintre conduisoit & corrigeoit ses ouvrages ; ce qui rend à present les estampes d'*Audran* fort recherchées des connoisseurs. Il avoit été longtems à Rome, & Clement IX. l'honoroit d'une affection particuliere, à cause de ses bonnes mœurs & de son habileté.

Guillaume CHATEAU, né à Orleans, étoit aussi excellent graveur. Il est mort en 1683, âgé de 50 ans.

Jean FOY-VAILLANT, un des plus savans Antiquaires de ces derniers siecles. Il a mis au jour plusieurs excellens traitez sur la science des médailles qui ont été fort bien reçus dans la république des lettres. *Jean-Baptite Colbert*, le plus vigilant ministre que la France ait jamais eu pour le progrès des sciences, instruit & persuadé de sa profonde connoissance dans l'antiquité, l'avoit envoié en Asie & en plusieurs autres endroits éloignez, pour chercher des médailles & des manuscrits; il en avoit rapporté quantité de pieces rares & singulieres, qui n'ont pas peu servi à enrichir le cabinet & la bibliotheque du Roi.

On peut lire cette épitaphe sur son tombeau.

D. O. M.

JOANNI FOY-VAILLANT
Bellovaco, Doctori medico,
Ludovici magni antiquario,

Cenomanensium ducis Cimeliarco,
Regiæ inscriptionum &
numismatum Academiæ socio,
Viro fama nominis tota Europa
celeberrimo,
Summis principibus probatissimo,
Qui hoc sub lapide
Unà cum carissima conjuge
Ludovica ADRIEN
Contumulari voluit.
Obiit XXIII. Oct.
M. D. CC. VI.
ætatis LXXV.
Et
JOANNI FRANCISCO FOY-
VAILLANT, *Joannis filio*,
Doctori medico Parisiensi,
Paternorum studiorum æmulo,
De re antiquaria benemerito:
A quo speranda fuerant non
pauca, si diuturnior
Ei vita contigisset.
Obiit XVII. Novembr.
M. D CC. VIII.
ætatis XLIV.

MARIA-LUDOVICA FOY-
VAILLANT,
*Amantiſſimis parentibus fatrique
dulciſſimo,*
Ex hujus teſtamento,
Hoc monumentum poni curavit.
Requieſcant in pace.

Cette épitaphe eſt de la compoſition de *Charles* de VALOIS, de l'Academie roiale des belles lettres, digne fils du célebre *Adrien de Valois*, un des plus ſavans hommes qui aient travaillé ſur l'hiſtoire de France, duquel on a de ſi doctes écrits.

Le *Chancelier* de *Sillery* eſt auſſi inhumé dans la même Egliſe.

De l'autre côté de la rue ſaint Jacques, derriere le chœur de cette Egliſe, eſt une petite place, à l'entrée de laquelle il y a une fontaine. On nomme cette place LA TERRE DE CAMBRAI, à cauſe du College du même nom, qui ſe trouve au milieu, dont le College roial n'eſt pas éloigné.

LE COLLEGE ROIAL.

FRANÇOIS I. le pere & l'instaurateur des belles Lettres en France, a fondé ce célebre College.

Ce grand Roi qui ne peut être assez loué à cause de l'ardent amour qu'il avoit pour les sciences, & pour les beaux arts, & de l'application particuliere qu'il donnoit pour leur progrès, chassa la profonde ignorance qui regnoit dans l'Europe, & fit fleurir en France la belle & savante litterature, presque inconnue avant son regne.

Ce fut à la sollicitation du célebre *Guillaume* BUDE' & de *Jean* DU BELLEY, si on en croit *Genebrard* dans sa chronographie, sous l'année 1530, Livre 4, que ce Prince institua les premiers lecteurs, ausquels il assigna deux cens écus d'or de pension annuelle.

D'abord il nomma pour la langue Grecque *Pierre* DANEZ, qui fut depuis Evêque de Lavaur, & un des députez qui fut envoié de la part de la France, au Concile de Trente; & *François* VATABLE pour la langue Hebraique.

Ensuite le nombre fut augmenté de deux autres illustres, *Jacques* TUSANUS pour la langue Grecque, & *Agathias* GUIDACERIUS pour la langue Hebraique.

On en nomma un pareil nombre pour les mathemathiques, qui furent *Oronce* FINE' & *Martin* POBLATION.

Enfin à la follicitation de *Pierre du Chaſtel*, on y joignit auſſi des lecteurs pour les lettres Latines, pour la médecine & pour la philoſophie.

Ce Prince avoit formé le deſſein de leur faire conſtruire un college magnifique, comme pluſieurs auteurs le témoignent ; entre autres, le même *du Chaſtel* Evêque d'Orleans & grand Aumônier de France, dans l'oraiſon funebre qu'il prononça aux funerailles de *François I.* *S'il ne fût point mort*, dit-il, *il eût fait comme il l'avoit déſigné, un college de toutes diſciplines & langues, fondé de cent mille livres de rentes pour ſix cens Bourſiers, pauvres écoliers.*

Ce n'étoit point un ſimple projet formé ſans fondement ; puiſque *François I.* avoit commencé à executer ce beau deſſein, par une commiſſion qu'il fit expedier, pour le payement des ſommes neceſſaires à la conſtruction de ce college, laquelle commiſſion datée du 19 de Decembre 1539, a été imprimée dans les notes que le savant *Abbé Baluze* a faites sur la vie de *Pierre du Chastel*, dont voici les propres termes :

Voulant donner, dit le Roi dans cette commission, *toutes les commoditez necessaires aux Lecteurs & aux Professeurs pour vaquer à leurs lectures, avons résolu de leur construire en nôtre logis & place de Nesle à Paris & autres places qui sont à l'entour, un beau & grand college des trois langues, accompagné d'une belle & somptueuse Eglise, avec autres édifices, dont les desseins ont été faits. Avons commis Audebert Catin, pour tenir le compte & faire les payemens de la dépense necessaire pour les susdits bâtimens, voulant que lesdits payemens soient passez & allouez par nos amez & feaux les gens tenant nos comptes.*

Pierre Galand, dans la vie de *Pierre du Chastel* dont on vient de parler, dit que le Chancelier *Poyet* fit avorter ce grand dessein : *Quo incomparabili beneficio frueremur ? dit-il, nisi qui tum Cancellarium agebat, improbitatis & malignitatis felle suffusus, tergiversando, dissimulando & differendo, interdum etiam bellicas difficultates objiciendo, opus toties distulisset & designatum impediviset.*

Avec les appointemens de deux cens

écus d'or, que *François* I. donnoit aux Lecteurs roiaux, il leur accorda encore de tres-beaux privileges ; entre autres, le droit de *committimus*, & les fit mettre sur l'Etat comme commensaux, ce qui est cause qu'ils prêtent le serment de fidelité entre les mains du grand Aumônier, & que l'assignation de leurs gages est signée par le secretaire d'Etat de la maison de S. M. Ils ont avec cela la qualité de Conseillers du Roi.

La direction & la superiorité des lecteurs roiaux fut donnée à *Jacques Amiot*, grand Aumônier de France & à ses successeurs ; mais après la mort du *Cardinal Antoine Barberin*, le Roi jugea à propos de distraire cette direction de la charge du grand Aumônier, & la donna au Secretaire d'Etat de sa maison, les Lecteurs roiaux étant considerez officiers commensaux, comme on vient de le dire.

En l'année 1625, le Recteur de l'Université prétendit que les Lecteurs du College roial devoient dépendre de sa jurisdiction ; & leur alant fait un procès là-dessus, il obtint un arrêt du Parlement du 6 d'Aoust 1626, par lequel il leur est enjoint de garder les statuts &

les ordonnances de l'Université ; mais les Lecteurs roiaux s'étant pourvûs en caſſation au Conseil privé, Sa Majesté par un arrêt contradictoire donné le 9 de Mars 1633, ſans avoir égard à l'arrêt du Parlement, fit défenſe au Recteur de l'Université de s'immiſcer en ce qui regarde les fonctions des charges des Lecteurs roiaux. Néanmoins lui permet, en cas qu'ils vinſſent à manquer à leur devoir, en choſes notables, d'en donner avis à Sa Majesté & au grand Aumônier de France, pour y être pourvû.

Après la mort de *François* I. les affaires n'aiant pas permis que la fondation du College roial fut executée, ſelon les magnifiques intentions de ce Prince, le roi *Henri* II. ſon ſucceſſeur ordonna qu'en attendant, les Lecteurs feroient leurs leçons publiques dans la grande ſale du College de Cambray, où pluſieurs d'entre eux les avoient faites auparavant. Les guerres civiles qui ſurvinrent dans la ſuite, empêcherent que ſous les regnes ſuivans, on ne travaillât au bâtiment du College roial, juſqu'en l'année 1609, que le roi *Henri* IV. penſa tout de bon à executer ce que les rois ſes prédeceſſeurs avoient ſi ſagement projetté.

On voit dans le Mercure François,

qu'au mois de Decembre 1609, il envoia le *Cardinal* du *Perron*, le *Président* de *Thou*, & N. *Gillot* Conseiller au Parlement, pour reconnoître les lieux des anciens colleges de Treguier & de Cambray, dans le dessein d'y faire construire un grand bâtiment sur trente toises de long & vingt de large; mais la mort imprevûe de ce Prince, arrivée l'année suivante, interrompit ce beau projet sur le point d'être executé.

Cependant *Marie* de *Medicis*, étant regente, voulut executer ce dessein.

Elle fit travailler au bâtiment du College roial, où le roi *Louis* XIII. mit la premiere pierre, le 28 d'Aoust 1610, avec deux médailles, une d'or & l'autre d'argent ; & une lame de bronze, sur laquelle cette inscription étoit gravée.

En l'an 1. *du regne de* LOUIS XIII. *roi de France & de Navarre, âgé de neuf ans, & de la regence de la reine* MARIE *de Medicis, sa mere.*
1610.

Ce College devoit avoir des édifices de trois côtez, la face de devant n'aiant qu'un mur de clôture, avec la porte au milieu ; mais on n'éleva alors qu'une des ailes seulement : ainsi l'ouvrage est resté imparfait jusqu'à present. Au milieu de la cour, on devoit placer une fontaine. Les appartemens bas étoient destinez pour les classes, & le premier étage d'un côté pour la bibliotheque roiale qui étoit alors à Fontainebleau. Les Lecteurs devoient y être logez ; ce qui eût été tres-commode & d'une grande utilité pour bien des gens.

Voici les noms des lecteurs qui donnent des leçons publiques dans le college Roial, en cette année 1725.

SÇAVOIR:

Pour l'Hebreu.

Claude SALLIER, de l'Académie des belles Lettres.

Nicolas HENRY.

Pour le Grec.

Jean BOIVIN, Bibliothequaire du Roi, de l'Academie Françoise & de celle des Inscriptions & belles Lettres.

Claude CARPERONNIER, Licentié en Théologie.

Pour les Mathematiques.

François CHEVALIER, maître de Mathematique du Roi & des Pages de la petite Ecurie, de l'Académie des Sciences.

Joseph-Nicolas de LISLE, de l'Academie des Sciences de la Societé roïale de Londres.

Pour la Philosophie, Grecque & Latine.

Jean TERRASSON, de l'Academie des Sciences.

Jean Privat de MOLIERES, de l'Academie des Sciences.

Pour la Rhetorique ou l'Eloquence latine.

Jean-Baptiste COUTURE, ancien Recteur de l'Université, de l'Academie des belles Lettres.

Charles

Charles ROLLIN, ancien Recteur de l'Université, de l'Académie des belles Lettres.

Pour la Medecine, Chirurgie, Pharmacie & Botanique.

Germain PREAUX, Docteur en medécine, de la faculté de Paris.

Nicolas ANDRY, Docteur en medecine, de la même Faculté.

Eftienne-François GEOFFROY, Docteur en medecine, de la faculté de Paris, de l'Academie des Sciences & de la focieté Roiale de Londres.

Pierre-Jean BURETTE, Docteur en medecine, de la faculté de Paris, de l'Académie des belles Lettres.

Pour la langue Arabique.

Jean-Baptifte de FIENNES, Interprete du Roi.

Eftienne FOURMONT, de l'Acdémie des belles Lettres.

Pour le Droit Canon.

Claude-Charles CAPON, Avocat au Parlement.

Pierre le MERRE, Avocat au Parlement.

Pour la langue Syriaque.

Michel FOURMONT, de l'Académie des belles Lettres. Il enseigne aussi la langue Ethiopienne.

Il y a encore dans le même college une chaire de Mathematique, fondée par le celebre *Ramus*, dont est pourvu N.... POTHENOT.

Les chaires d'*Hebreu*, de *Grec*, de *Mathematique*, d'*Eloquence latine*, une chaire de *Medecine*, & une de *Philosophie*, ont été fondées par *François* I.

Une chaire de *Philosophie*, & une de *Medecine*, par le roi *Charles* IX.

Une en *Langue Arabique*, & une en *Droit Canon*, par le roi *Louis* XIII.

Une seconde chaire en *Droit Canon*,

& une en *Syriaque*, par le roi *Louis* XIV.

La plûpart de ceux qui ont rempli les chaires du College roial, ont été d'un mérite tres-distingué, chacun dans sa profession.

Pierre DANEZ, né à Paris qui fut créé le premier de tous les lecteurs roiaux, étoit sans contredit, un des plus savans hommes de son siecle. Après avoir professé la langue Grecque pendant sept ans, il fut envoié Ambassadeur du Roi au Concile de Trente, où il fit admirer son esprit, & sa grande capacité. A son retour, il fut fait Précepteur du Dauphin *François* II. & depuis nommé successivement aux Evêchez de Vabres & de Lavaur. Quelques affaires de son Eglise l'aiant obligé de venir à Paris, il y mourut le 23. d'Avril 1577, âgé de quatre-vingt ans. Il fut enterré à saint Germain des Prez.

TURNEBE, LAMBIN & COTTELIER, ont laissé de tres-doctes ouvrages qui montrent que ces lecteurs méritoient bien la réputation qu'ils ont eu d'être les plus savans de leur siecle, en langue Grecque, qui étoit alors fort cultivée en France, & infiniment plus qu'elle ne l'est à present.

François VATABLE, qui peu d'années après *Danez*, fut créé lecteur roial en Hebreu, étoit si versé en cette Langue, que les plus habiles d'entre les Juifs avouoient qu'il en savoit plus qu'eux. Le roi *François* I. lui donna l'Abbéïe de Bellosanne, dont il a joui jusqu'à sa mort arrivée en 1546.

Il n'y a point de plus savans commentaires sur le texte Hebreu de la Bible, que ceux de MERCIER, de GENEBRARD & de *Simon* de MUIS, aussi lecteurs roiaux en Hebreu.

Oronce FINE', premier lecteur en Mathematique, a mis au jour quantité de Livres qui lui ont laissé une grande réputation parmi les doctes. Il est cependant vrai que l'on remarque des fautes dans ses ouvrages; mais il ne faut pas s'étonner que ceux qui ont défriché les sciences les premiers, n'aient pas tout sçû ; on doit plûtôt admirer qu'*Oronce* FINE' en ait tant sçû dans des siecles ignorans.

CASSENDI & ROBERVAL, lecteurs roiaux, ont aussi fort excellé dans les Mathematiques.

RAMUS & CHARPENTIER son adversaire, passoient pour les meilleurs Philosophes de leur tems. Le premier périt dans le massacre de la saint-Barthelemy, d'une maniere étrange & barbare, comme le rapportent *Mezeray, Varillas & Maimbourg.*

Bien que depuis quelques années on ait fait plusieurs découvertes, qui diminuent le mérite des anciens Livres de Médecine; cependant les ouvrages de *Jacques* SILVIUS, de DURET & de RIOLAN, lecteurs en Anatomie, ne laissent pas de se soûtenir & d'être encore considerez avec distinction.

LATOMUS, PASSERAT, *Frederic* MOREL & TARIN, lecteurs en Eloquence latine, ont eu peu de pareils dans la profonde connoissance des belles Lettres.

Gabriel SIONITA, VATTIER & *Abraham* ECCHELEENSIS, lecteurs en Arabe, possedoient cette langue dans un haut degré de perfection.

DOUJAT & BAUDIN, lecteurs en Droit Canon, ont fort excellé dans leur profession.

Sans oublier *Guy* PATIN, savant de son tems, & quelques autres encore.

Ceux qui remplissent à present les chaires du College roial, dont on vient de donner les noms, sont des personnes d'élite & d'une capacité distinguée, qui soûtiennent avec honneur la gloire de leurs illustres prédecesseurs.

L'histoire qui vient d'être rapportée du College roial, a été tirée des memoires curieux, que le savant *Abbé* GALLOIS a bien voulu communiquer; & si son genereux exemple avoit été suivi par quantité de gens qui ont été sollicitez, on pourroit former, avec le tems, un corps d'histoire qui seroit de quelque utilité, ou du moins qui pourroit donner de la satisfaction aux personnes studieuses.

Vis-à vis du College roial, on entre dans la Commanderie de SAINT-JEAN DE LATRAN, qui dépend de l'ordre de Malthe.

Cette maison étoit la seule que cet ordre eût à Paris, avant que le Temple lui eût été donné, après la condamnation des Templiers. C'est un grand espace rempli de maisons tres mal bâties, où logent toute sorte d'artisans qui ne sont pas maîtres, lesquels peuvent travailler sans être inquietez par les Jurez des métiers de la Ville, parce que cette Commanderie est un lieu de franchise.

On voit dans le cœur de l'Eglise, qui est au fond de la cour, le tombeau de

Jacques de SOUVRE', pourvû de cette Commanderie, & enfuite grand Prieur de France, le même qui a fait bâtir la nouvelle maifon du Temple, dont on a parlé dans la premiere partie. Longtems avant fa mort il fit conftruire ce monument, efperant d'y être enterré ; mais la chofe a changé depuis, & fon cœur feul y repofe. Ce tombeau eft de l'invention & de la conduite d'ANGUIER l'aîné, & peut paffer pour le plus bel ouvrage que ce maître habile ait fait. Il eft tout de marbre choifi, d'un deffein affez particulier. On y voit deux termes fortant de leurs guefnes, qui font cannelées ; ou plûtot pour fe fervir des mêmes termes d'un nouvel Auteur en architecture, ce tombeau eft orné de deux colonnes hermetiques, qui foûtiennent un grand couronnement, avec un fronton, fous lequel on voit la figure de celui pour qui ce monument a été érigé, couchée fur un *farcophage*, ou forme de tombeau, de marbre noir. Les deux corps qui portent l'entablement, dans lefquels les termes font nichez de même que le fronton, font d'une efpece de breche antique. Tout cet ouvrage mérite d'être examiné comme un morceau de diftinction.

En sortant de la place de Cambray, il faut reprendre le chemin de la rue saint Jacques.

On trouvera ensuite le COLLEGE DU PLESSIS, fondé en 1322 par *Geoffroy* du PLESSIS, Secretaire du pape Jean XXII. Le cardinal de *Richelieu*, qui vouloit perpetuer la memoire de son nom, s'en declara restituteur, à cause qu'il portoit le nom de sa famille. Il laissa en mourant un fonds pour le faire rebâtir magnifiquement & pour y construire de grands logemens, qui le rendent à present un des plus beaux de l'Université.

Ce college est toûjours frequenté par un nombre considerable d'écoliers. Les Docteurs de Sorbonne en ont la direction. Ce sont eux qui y mettent le Principal & qui veillent à tout ce qui s'y passe ; ce qui fait que la discipline de ce college est estimée comme une des plus regulieres & des plus exactes que l'on puisse pratiquer pour l'éducation de la jeunesse, sur tout des pensionnaires, dont il y a toûjours un nombre assez grand, & des meilleures familles de Paris.

LE COLLEGE
DE LOUIS LE GRAND.

LES PERES JESUITES ont demeuré en divers endroits avant que de s'établir dans ce college ; & l'on peut regarder le college de sainte-Barbe comme la premiere maison qu'ils aient occupé. C'est en effet dans le college de Ste Barbe, où se forma la Compagnie de Jesus.

Saint Ignace, dont on y a longtems montré la chambre, y fit ses premieres études, & y choisit ses premiers compagnons. Ils étoient tous graduez de l'Université. *Saint François Xavier*, Apôtre des Indes, enseignoit la philosophie au College de Beauvais, dans le dessein d'être de la maison de Sorbonne ; & saint Ignace estimoit à tel point cette savante Communauté, qu'il donna à sa Compagnie, la plûpart des regles que la societé de Sorbonne observe encore à present.

Après que la Compagnie de Jesus eut été approuvée du saint Siege, un des premiers soins de saint Ignace, fut de renvoler quelques-uns de ses Disciples à Paris, où sa communauté avoit commencé. Ils logerent en 1540, au College des *Treforiers*, & ils difoient la meffe dans la chapelle exterieure des PP. Chartreux, ou à la chapelle de N. Dame des Champs, qui eft aujourd'hui l'Eglife des Carmelites du faubourg faint Jacques.

L'an 1542, les Jefuites pafferent du College des Treforiers, au College des Lombards; ils le quitterent en 1550, pour aller s'établir dans l'hôtel de *Clermont*, fitué dans la rue de la Harpe, proche du College de Juftice; cet hôtel leur aiant été donné, avec une grande fomme d'argent, par *Guillaume du Prat*, alors Evêque de Clermont; les Religieux de l'Abbéie de faint Germain des Prez, leur permirent en même tems de faire toutes leurs fonctions dans une chapelle de leur Eglife.

Sur la fin de la même année, le *Cardinal de Guife* & l'Evêque de Clermont, qui s'étoient trouvez au Concile de Trente, conçurent de l'eftime pour les Jefuites qu'ils trouverent à cette célebre affemblée; ils obtinrent en leur faveur des lettres Patentes d'établiffement du roi Henri II. Le P. *Paquier Bruet*, né à Dreux, qui avoit été compagnon de faint Ignace, & le P. *Maldonat*, furent les premiers choisis pour l'établissement d'un college, parce qu'on esperoit beaucoup de leur zele ardent, dans un tems où les heresies travailloient cruellement la religion, ce qui les fit recevoir avec plus de facilité.

François II. & *Charles* IX. leur accorderent de nouvelles Lettres Patentes dans la suite.

Dès l'année 1563, ils avoient acheté l'hôtel de Langres dans la rue saint Jacques, qui étoit ainsi nommé depuis plusieurs années, parce qu'il avoit appartenu à Bernard de la Tour, Evêque de Langres, de l'illustre & ancienne maison d'Auvergne, selon *Etienne Baluze*, dans l'histoire qu'il a publiée de cette maison en 1708, *pag.* 313, où ils ont depuis demeuré; & ils y ouvrirent leurs classes sans opposition. Les rois Charles IX. & Henri III. venoient quelquefois voir la maniere dont on y instruisoit la jeunesse.

Le roi Henri III. voulut mettre la premiere pierre au bâtiment de leur chapelle; sur laquelle cette inscription étoit gravée.

RELIGIONIS AMPLIFICANDÆ STUDIO, HENRICUS III. CHRIS-

TIANISS. REX FRANCIÆ AT-
QUE POLONIÆ, IN AUGUSTISS.
JESU NOMEN PIETATIS SUÆ
MONUMENTUM, HUNC PRIMUM
LAPIDEM, IN EJUS TEMPLI FUN-
DAMENTUM CONJECIT.
ANNO DOMINI 1582.
DIE 28. APRILIS.

Le College de ces Peres dès les premieres années de son établissement, eut des Professeurs de réputation; *Maldonat* & *Mariana* y enseignerent la theologie; & *Fronton* le *Duc*, l'Ecriture sainte; *Perpinien* & *Sirmond*, la rhetorique. Ce dernier eut pour écolier saint François de Sales, qui fut Prefet de la Congregation des écoliers. La Congregation des externes étoit déja remplie de prélats & de personnes de qualité.

Pendant quelques années ils jouirent d'une grande tranquilité; il leur fut permis d'instruire la jeunesse, mais cela dura tres-peu de tems.

En l'année 1594, ils furent chassez du roïaume par arrest du Parlement au sujet de l'attentat de *Jean Chatel*, sur la personne du roi Henri IV. & leur bibliotheque déja composée de vingt mille volumes, fut entierement dissipée, elle avoit été augmentée de celle de *Guillaume* BUDE', si connu des savans, mort en 1540; mais quoique cette bibliotheque fût tres-considerable, celle qu'ils ont assemblée depuis est infiniment plus belle, & par le nombre & par la qualité des livres choisis dont elle est composée.

HENRI IV. les rappella en 1603, & LOUIS XIII. leur permit de rouvrir leurs classes: cette permission lui aiant été demandée avec beaucoup d'instance par le Clergé & la noblesse dans l'assemblée des Etats generaux du roiaume, tenue en l'année 1615.

En 1641, le Cardinal de Richelieu Abbé de Marmoutier, leur donna le College de même nom, dépendant de cette ancienne Abbéie, qui se trouvoit dans leur voisinage, & dont ils avoient grand besoin pour s'étendre, leurs logemens étant fort serrez de tous côtez, & ainsi fort incommodes.

Le Roi en l'année 1680, leur accorda le College du Mans qui étoit dans le voisinage; à condition d'entretenir dans le College un certain nombre de doctes, uniquement appliquez à des ouvrages d'importance; & Sa Majesté joignit à beaucoup d'autres graces qu'elle leur avoit faites, celle de prendre la qualité de leur fondateur, & de permettre que le College s'appellât LE COLLEGE DE LOUIS LE GRAND, comme il paroît par l'infcription gravée en marbre fur la porte, elle y fut mife le 10 d'Octobre l'année 1682.

Ce College après leur rapel a été comme auparavant, le féjour d'un grand nombre de profeffeurs & d'écrivains célebres, qui fe font fuccedez les uns aux autres.

C'eft dans ce College, qu'ont enfeigné la théologie fcholaftique.

Le P. *Philippe* MONCEAUX,
Le P. *Louis* le MEIRAT,
Le P. *Jean* BAGOT,
Le P. *Jean* GARNIER.
Le P. *Etienne* BAUNY,
Le P. *Michel* RABARDEAU.

Ces deux derniers y ont enfeigné les cas de confcience.

Le P. *Louis* CELLOT,
Le P. *Denys* PETAU,
Le P. *François* VAVASSEUR,
Y ont enfeigné l'Ecriture fainte & les Peres.

Le P. *Pierre* BOURDIN,
Le P. *Nicolas* D'HAROUYS,
Le P. *Ignace Gaston* PARDIES,
Le P. *Claude-François* de CHALLES,
Le P. *Thomas* GOUYE,
Les mathematiques.

Le P. *Philippe* BRIET,
Le P. *Adrien* COURDAN,
Le P. *Gabriel* COSSART,
Le P. *Jean* LUCAS,
Le P. *Charles* DE LA RUE,
Le P. *Joseph* JOUVENCY,
Le P. *Gabriel-François* LE JAY,
La Rhetorique.

Outre ces illustres professeurs on a toûjours vû dans cette maison des écrivains tres doctes & tres-renommez, entre lesquels on peut nommer,
Le P. *Fronton du Duc*, mort en 1623.
Le P. *Jacques* SALIEN, en 1640.
Le P. *François* VIGER, en 1647.
Le P. *Jacques* Sirmond, en 1651, âgé de 94 ans.

Le P. *Nicolas* CAUSSIN, auſſi mort dans la même année 1651, le 2 de Juillet. On a de lui *Theſaurus Græcæ poeſeos, de Symbolica Ægyptiorum ſapientia*, & la cour ſainte dont il y a pluſieurs éditions. Il avoit été Confeſſeur du roi Louis XIII. mais aiant parlé trop librement contre le Cardinal de Richelieu, ce Miniſtre vindicatif & plus puiſſant que lui ſur l'eſprit de ce Prince, le fit releguer, & il ne parut à la Cour qu'après la mort du Cardinal.

Le P. *Denys* PETAU, en 1652, âgé de 69 ans.

Le P. *Philippe* LABBE, en 1667, âgé de 60 ans.

Le P. *René* RAPIN, en 1687.

Le P. *Dominique* BOUHOURS, en 1702.

Le P. *Jean* COMMIRE, comparable aux poëtes latins du ſiecle d'Auguſte, eſt mort dans la même année.

Le P. *Michel* LE TELLIER, ci devant Confeſſeur du roi Louis XIV.

Les écrivains qui rempliſſent dignement la place de ces grands hommes, ſont :

Le P. *Jean* HARDOUIN, Bibliothecaire, dont l'eſprit inventif & la vaſte érudition sont estimez de ceux même qui n'approuvent pas toutes ses conjectures. Il a donné la meilleure édition qui ait encore paru de *Pline l'ancien*, & beaucoup d'ouvrages sur les médailles. Il a travaillé avec application à une nouvelle édition des Conciles.

Le P. *Vincent* HOUDRY, qui a donné en vingt & un volumes, trois cens quinze sermons sur tous les sujets de la morale, à l'âge de plus de quatre-vingt ans : il a imprimé en douze ou treize tomes *in quarto*, la bibliotheque des prédicateurs.

Le P. TARTERON a traduit *Horace & Juvenal* en François : ses traductions sont des meilleures qui aient encore paru de ces fameux poëtes.

Le P. BUFFIER a publié plusieurs ouvrages qui ont été tres-bien reçus du public ; entre autres, une *Grammaire Françoise* sur un plan nouveau, & la *Pratique de la memoire artificielle*, pour apprendre l'histoire & la geographie, dont on voit tous les ans des experiences surprenantes, dans des disputes publiques, qui se font dans ce College.

Le P. GERMON, mort depuis quelque tems, s'est fait connoître par des disputes avec les PP. Benedictins, sur la Diplomatique de *Dom Jean Mabillon*, dont il prétend que les regles sont fausses & fondées sur des pieces douteuses.

Le P. LALLEMANT a donné une *Explication des Pseaumes* imprimée plusieurs fois. Il a publié un bon ouvrage sur les Evangiles.

On entre dans ce College par la grande cour des pensionnaires ; il y en a cinq autres toutes entourées de bâtimens où sont logez six cens pensionnaires au moins, la plûpart d'une naissance distinguée ; & presque autant de Jesuites précepteurs, sans compter les domestiques. La quantité des chambres y est si ingenieusement ménagée, que toutes les commoditez s'y trouvent sans aucun embarras.

Ce qu'il faut ajoûter, c'est que l'éducation est excellente dans ce College. Les belles lettres y sont enseignées avec application, par des Regens & des Professeurs, dont la capacité est éprouvée. A l'égard des mœurs, tout y est pratiqué avec une conduite exacte & édifiante, en sorte que les parens sont entierement delivrez du soin des études & de la conscience de leurs enfans.

Le P. MEGRET est Principal des pensionnaires depuis trente-six ans, &

s'aquite de ce penible emploi avec une exactitude & une vigilance furprenante.

L'Eglife de ce College n'eft pas bâtie, la chapelle qui fert d'Eglife eft peu de chofe ; les jours de fêtes on y entend une excellente mufique.

L'Autel change de tems en tems de tableau. Le faint Ignace eft de *Vignon*, la Purification de *Hallé*, & la Nativité de *Jean Jouvenet*, trois peintres eftimez, quoique leur maniere foit fort differente.

Dans un jubé on voit fur un petit autel, le corps entier de faint Maxime, martir de quinze ans, & Patron des penfionnaires ; le fang de ce martyr confervé dans une fiole n'a point perdu fa couleur.

La fale où l'on reçoit les feculiers, eft ornée de plufieurs portraits des bienfaiteurs du College, entre autres d'un portrait tres-reffemblant du Cardinal de Richelieu.

Dans les fales interieures on voit un grand tableau de *Jouvenet*, qui reprefente les Reines de Perfe aux piés d'Alexandre ; un portrait du P. *Bourdaloue*, peint après fa mort par le même maître; & un fort beau payifage de *Nicolas Pouffin*.

Un des premiers ouvrages de *Pouffin*,

dont la maniere est fort différente de celle qu'il a suivi depuis. Le coloris est fort vif, & l'on y remarque beaucoup de feu; mais il n'y paroît aucune correction dans le dessein. C'est une Vierge qui apparoît à saint Ignace.

Un portrait de saint Ignace fait de son tems & de bonne main.

Un portement de Croix de *Bassan*, qui est un de ses meilleurs ouvrages, dont les couleurs n'ont rien perdu de leur éclat.

Dans le refectoire on verra une Nôtre-Dame de Pitié d'*Annibal Carache*, & un *Jesus* en Croix, d'une bonne main, mais dont un peintre ignorant a gâté le tableau, en y ajoûtant diverses figures tres mal dessinées, & aussi mal coloriées.

On conserve dans le jardin un tombeau antique trouvé à Bourges en 1668, en creusant les fondations du Seminaire; le dessein des sculptures qui y paroissent, est du bas empire, & n'a pas la correction qui se remarque dans les ouvrages du tems d'Auguste.

Ce qu'il y a de plus curieux, c'est la bibliotheque placée dans le corps de bâtiment, au fond du jardin. Elle est de quarante-trois mille volumes au moins, & augmente confiderablement tous les ans. *Nicolas* FOUCQUET Surintendant des Finances, qui avoit beaucoup d'affection pour ce College, l'a fondé de mille livres de rente pour fon entretien, & pour l'enrichir de tout ce qui pourroit y manquer : il a fait conftruire à fes dépens les logemens où elle eft établie.

On garde dans un cabinet particulier grand nombre de médailles tres-curieufes, d'un choix & d'une confervation admirable, & plufieurs rares manufcrits, avec l'original des lettres de *Janfenius* à l'Abbé de faint *Cyran*, qui eft une piece de conféquence.

La bibliotheque a été augmentée en 1716, de celle de *Achilles* de HARLAY, mort Confeiller d'Etat dans la même année. Par un fentiment de modeftie chrétienne, à l'exemple de plufieurs grands hommes, il a voulu être enterré dans le cémetiere de faint Paul fa Paroiffe.

Cette bibliotheque compofée au moins de vingt-deux mille volumes, avoit été commencée & fort augmentée par les illuftres magiftrats fes ancêtres qui avoient aimé & fort cultivé les fciences ; il eft vrai que les manufcrits qui en faifoient la plus riche partie, en ont été diſtraits, ſelon l'intention du bienfaiteur ; mais cependant les livres imprimez, entre leſquels il s'en trouve un grand nombre de tres-rares, ſont des plus belles éditions & parfaitement bien conditionnez.

A l'extrémité de la bibliotheque on a placé un grand tableau de *Meſſer* Nigolo, dont il y a tant de beaux ouvrages à Fontainebleau, du tems de François I. qui l'avoit fait venir exprès d'Italie, où il étoit en grande réputation.

Ce tableau a été pris mal-à-propos pour un combat des Centaures & des Lapites ; c'eſt la mort d'Agamemnon aſſaſſiné dans un feſtin par Egiſte ; Caſſandre couronnée de fleurs, qu'Agamemnon venoit d'épouſer, y paroît égorgée, avec un grand nombre de perſonnes de la maiſon roiale des Atrides. Ce qu'il y a de remarquable dans cette peinture, & dans toutes celles des vieux maîtres, qui ignoroient encore la ſavante pratique des demi teintes, ou de la dégradation des couleurs encore inconnues alors ; c'eſt qu'ils donnoient un relief & un contour ſi juſte à toutes les parties de leurs figures, deſſinées d'ailleurs tres correctement, que le vrai, malgré ce défaut, y paroiſſoit exprimé d'une maniere ſurprenante.

Il faut encore voir des curiositez qui regardent les animaux étrangers, dans une galerie du premier étage, où il y a des raretez singulieres qui ne se trouvent gueres ailleurs. On y conserve entre autres une corne de Licorne d'une grandeur extraordinaire.

On fait ordinairement des actions publiques dans ce College, qui attirent toûjours de tres-grands concours.

La grande tragedie accompagnée d'un ballet qui se represente tous les ans au commencement du mois d'Aoust, pour la distribution des prix, dont le Roi veut bien faire la dépense, est un spectacle magnifique. Il s'en represente encore d'autres dans le cours de l'année.

Après Pâques on expose des énigmes à expliquer, pour lesquelles il y a aussi des prix : ce qui donne une grande émulation aux écoliers, & les anime fort à faire du progrès dans leurs études.

Le P. PORE'E, qui enseigne la rhetorique, passe pour un tres-grand Rhetoricien & excellent poëte ; les discours qu'il a faits en public sur la mort de Louis XIV. & sur celle des Princes, ont été admirez. Il a encore avec cela un grand talent pour les pieces de théâtre. Son collegue, le P. SANADON, est aussi fort estimé par plusieurs pieces de poësies latines qu'il a publiées.

Sous le quadran au fond de la cour, on lit ce Vers latin.

UT CUSPIS SIC VITA FLUIT DUM STARE VIDETUR.

Tout l'article de ce College a été fourni par le P. Tournemine.

Au sortir de ce lieu en montant un peu plus haut,

On trouvera L'EGLISE DE SAINT ETIENNE DES GRE'S, une des plus anciennes de Paris, selon l'opinion de plusieurs savans, dont saint Denys premier Evêque de cette Ville à ce que l'on croit, est le fondateur. *Adrien* de *Valois* dit qu'elle est nommée dans toutes les anciennes chartes, *Sanctus Stephanus à gressibus* ou *gradibus*, parce qu'il y avoit plusieurs degrez pour y monter, & non pas *à Græcis*, ou *des Grecs*, comme l'ont prétendu quelques nouveaux auteurs.

C'est une Collegiale composée d'un Cheffecier qui a six cens livres de revenu; & de douze Chanoines, chacun

de

DE LA VILLE DE PARIS.

de trois cens livres, à la collation de deux Chanoines du Chapitre de Nôtre-Dame qui nomment chacun à six canonicats.

On dit que *saint François de Sales*, Evêque & Prince de Geneve, instituteur des filles de la Visitation de sainte Marie, qui ont tant multiplié en France, fit dans cette Eglise ses vœux de pauvreté & de chasteté, devant la chapelle de N.D. de bonne délivrance, où il y a une grande dévotion depuis plusieurs siecles.

Vis-à-vis on trouve

LE COUVENT DES JACOBINS.

CEs Peres sont de l'ordre de saint Dominique; & la premiere fondation de ce Couvent est rapportée au tems même de ce saint Patriarche, qui vivoit en l'année 1217, sous le pontificat d'*Honoré* III. & sous le regne de *Philippe Auguste*. Ce Saint travailla avec beaucoup de chaleur, comme l'histoire le rapporte, à l'extirpation de l'herésie des Albigeois, qui faisoit de grands desordres en Languedoc. Dans le même tems il envoia deux de ses Religieux à Paris, qui logerent d'abord chez un Chanoine dans le cloître de N. D. Ensuite ils allerent au faubourg saint Jacques, entre N. D. des Champs & saint Magloire. Enfin le Doien de saint Quentin en Vermandois, leur ceda le Prieuré de saint *Jacques du Parloir aux Bourgeois*, qu'il tenoit en commende, dans lequel il y avoit des Chanoines reguliers. Cette Eglise étoit ainsi nommée, parce qu'elle étoit dédiée à saint Jacques le Majeur, proche d'une place où les bourgeois alloient ordinairement se promener, où converser ensemble. C'est de ce Patron que tout l'ordre de saint Dominique a pris en France le nom de JACOBINS.

L'Eglise de ces Peres, comme on la voit encore aujourd'hui, a été bâtie sous le regne de saint *Louis*, si l'on en croit *Belleforêt*, historien fidele. On y pourra voir les tombeaux de plusieurs Princes de la maison de France.

Comme on n'a pas entrepris de faire ici la recherche des antiquitez, on s'exemtera de raporter leurs noms qui se trouvent dans *Coroset* & dans le P. *du Breul*.

On saura seulement, qu'il y a dans l'Eglise de ces Peres vingt-deux tombeaux de Princes & de Princesses de la maison roiale, particulierement de la maison de Bourbon.

Parmi ces tombeaux, est celui de *Humbert de la Tour*, dernier Prince souverain de Dauphiné, sous le titre de Dauphin de Viennois, il est devant le grand Autel. L'histoire rapporte que se voiant sans enfans, il fit une donation de sa principauté à Philippe de Vallois, & qu'il embrassa à Lyon la vie monastique, sous la regle de saint Dominique, dans laquelle il vécut fort estimé des gens de bien. Il fut ensuite choisi pour être

D ij

Prieur de ce couvent, & nommé Patriarche d'Alexandrie. On raconte qu'il avoit causé innocemment la mort à son fils unique, dont il fut si vivement touché, que de desespoir il se resolut d'embrasser la vie religieuse. Mais d'autres disent, qu'aiant une secrette haine contre le Duc de Savoie, à qui il ne pouvoit tenir tête, il s'accommoda avec le roi de France pour lui donner un voisin puissant, tres-capable de lui résister & de le mettre à la raison.

On lit cette épitaphe sur son tombeau.

Hîc jacet R. Pater Dominus amplissimus HUMBERTUS, *primò Viennæ Delphinus, deinde relicto principatu, Frater nostri Ordinis, Prior in hoc Conventu Parisiensi, ac demùm Patriarcha Alexandrinus, & perpetuus Ecclesiæ Rhemensis Administrator, & præcipuus hujus Conventus benefactor. Obiit anno Domini 1355. Maii 22.*

Cette Eglise n'a rien de remarquable que sa grandeur, elle est longue & fort étroite.

Le grand Autel est d'une disposition assez correcte. Il est orné de six colonnes Corinthiennes de marbre de Dinan; & les armes du Cardinal *Mazarin* qui sont au milieu, font connoître que c'est lui qui l'a fait bâtir, à cause que *Michel Mazarini* Cardinal de sainte Cecile, Archevêque d'Aix son frere, étoit de cet Ordre.

Au dessus de la porte de la sacristie, il y a un tableau peint par VALENTIN, qui represente la nativité de la Vierge; le Cardinal *Mazarin* le donna pour mettre à l'Autel; mais parce qu'il se trouva hors des mesures qu'il devoit avoir, on ne put le placer comme il eut été necessaire; il le laissa à l'Eglise, où il a toûjours été conservé depuis. C'est au sentiment des gens qui s'y connoissent, un des plus beaux tableaux qu'il y ait en France.

A côté du grand Autel est la chapelle de N. D. du Rosaire, dont la menuiserie, qui est assez jolie, a été dorée avec assez de dépenses. Il y a une grande dévotion à cause des indulgences données par divers Papes, elles se peuvent gagner tous les premiers Dimanches du mois.

Dans la maison il n'y a rien de singulier à voir que la Bibliotheque, qui n'est pas considerable par la quantité de Livres qu'elle contient, quoique cependant elle ait autrefois servi à de tres-celebres docteurs.

On y conserve une chose assez curieuse, c'est la CHAIRE de saint *Thomas d'Aquin*, l'ange de l'école; elle est de bois enfermée dans une autre de même, pour empêcher que la suite des années ne la détruise. On sait que saint Thomas a professé la Theologie dans ce même couvent; & la grande classe proche de l'Eglise, qui est ornée de quantité de portraits des illustres de l'ordre, lui a servi à donner ses leçons. Elle fut rebâtie en l'année 1601, des aumônes que ces Peres reçurent pendant les stations du Jubilé universel, du commencement du siecle passé.

Quelques Prédicateurs de cette maison se sont acquis de la réputation. Le pere *Chauffemer* a été estimé un des plus profonds Theologiens & des plus éloquens de son tems. Il est mort en 1714.

Thomas CAMPANELLA, né à Silo, petite ville de Calabre, a publié plusieurs excellens traitez de philosophie, & vint se refugier en France, dans la principale maison de son ordre, après avoir été retenu vingt-cinq ans en prison par l'inquisition, sous de fausses accusations intentées par les envieux de sa doctrine; mais le Pape Urbain VIII. instruit de son innocence, l'en tira en 1634. On l'avoit traité d'une maniere étrange, en le tenant vingt-quatre heures de suite à la question. Le cardinal de Richelieu qui connoissoit son mérite, lui fit du bien. On rapporte, qu'étant tombé dans une extrême mélancholie, & aiant un furieux dégoût pour toute sorte d'alimens, un empirique lui donna de l'antimoine qui le tua sur le champ, quoique d'ailleurs il eût une fort bonne santé. Ses principaux ouvrages sont, *quæstiones physiologicæ, de sensu rerum, Atheismus triumphatus, Opuscula physica, Mathematica, Poetica, Tractatus Theologicus, Monarchia Hispaniæ*, & quelques autres. Il est mort dans le mois de Mai de l'année 1639, dans sa soixante & onziéme année.

Nicolas COEFFETEAU, qui a composé une tres-belle histoire Romaine, a passé une bonne partie de sa vie dans ce couvent. Il fut Evêque de Dardanie *in partibus*, puis nommé par le Roi successivement aux Evêchez de Lombez, de Xaintes & de Marseille. On le regardoit comme un homme des plus polis, pour la langue Françoise, & joignit à l'éloquence une grande netteté d'expression. Il mourut le 21 d'Avril 1623, âgé de quarante-neuf ans. Son tombeau est dans la chapelle de saint-Thomas.

Le P. *Noel* ALEXANDRE, sous le nom de *Natalis Alexander*, auteur d'un grand nombre d'excellens ouvrages, particulierement sur l'histoire ecclesiastique, est mort au mois d'Aoust 1724, âgé de 84 ans.

Jean PASSERAT, Professeur roial en éloquence, originaire de Troyes en Champagne, a été estimé un des plus doctes Critiques de son siecle. Il a publié plusieurs ouvrages qui ont été fort recherchez. On lui est obligé d'avoir augmenté le Dictionnaire du fameux Calepin. Il est enterré dans la même Eglise. Il mourut de paralysie, en l'année 1602, âgé de soixante & treize ans, chez le President de *Mesme*, qui l'avoit honoré pendant trente ans de sa protection & de son assistance.

Cette épitaphe qui est de sa composition, a été gravée sur son tombeau.

Hic situs in parva JANUS
 PASSERTIUS *urna*,
  Ausonii Doctor Regius Eloquii.

Discipuli memores tumulo date serta Magistri,
  Ut vario florum munere vernet humus.
Hoc culta officio mea molliter ossa quiescent,
  Sint modo carminibus non onerata malis.

VENI, ABII : SIC VOS VENITIS, ABIBITIS OMNES.

Celle-ci aussi de sa composition, faite quelques années avant sa mort, n'a pas été mise sur son tombeau, quoiqu'elle le méritât bien.

PASSERAT *ici sommeille,*
Attendant que l'Ange l'éveille ;
Il croit qu'il le reveillera,
Quand la trompette sonnera.
S'il faut que maintenant en la fosse je tombe,
  Qui ai toûjours aimé la paix & le repos,

*De peur que rien ne pese à mes
  cendres, à mes os,*
*Amis de mauvais vers ne chargez
  point ma tombe.*

La porte Saint-Jacques se trouvoit un peu plus haut. C'étoit un ancien édifice construit à la Gothique, qui incommodoit fort tout ce quartier. Il fut renversé en l'année 1684 ; & à la place on a élevé plusieurs maisons, à present occupées par divers marchands qui y sont commodement logez & en fort bon air.

Le Faubourg Saint-Jacques se trouve au-delà, il est rempli de quantité de couvens, tous de nouvelle fondation, entre lesquels il y en a qui occupent un tres grand terrain dont tout ce quartier est infiniment embarassé, il auroit été le plus beau de la Ville sans ces empêchemens.

La premiere chose remarquable de ce quartier, c'est le Couvent des Filles de la Visitation de Sainte-Marie, établi à cet endroit vers l'année 1626.

Le premier établissement de cet ordre s'étant fait en France, dans la rue saint-Antoine, comme on l'a dit ailleurs ; le lieu se trouvant trop serré pour le grand nombre de filles qui se presentoient, on fut obligé de faire un nouveau monastere dans ce faubourg, lequel depuis est devenu un des plus considerables de cet ordre qui multiplie tous les jours dans toutes les Villes du roïaume ; cependant quoique cette communauté soit tres-riche, & qu'elle acquerre tous les jours de nouveaux biens, l'Eglise n'est encore que dans une sale fort serrée, qui ne répond point du tout à la majesté que doit avoir la maison de Dieu. Il est vrai que rien n'a été negligé pour l'embellir.

L'Autel de cette Eglise ou plûtôt de cette chapelle, les jours de grandes fêtes est richement garni de chandeliers, de lampes, de reliquaires, de vases d'argent, avec mille autres choses de nouvelle invention inconnues à nos ancêtres, qui aimoient trop la simplicité, pour donner dans ces décorations exterieures ; toutes ces choses feroient un autre effet, si elles étoient placées dans un lieu plus avantageux. Le tableau de l'Autel, qui represente saint François de Sales, instituteur de la regle de ces Religieuses, est de LE BRUN.

Un peu plus avant est L'EGLISE PAROISSIALE DE SAINT-JACQUES DU HAUT-PAS, le bâtiment comme on le voit à present est de l'année 1630. On a donné ce nom à cette Eglise, à cause d'un hôpital situé à côté, dans le même endroit, où se trouve à present le séminaire de saint Magloire. Comme ce quartier avoit besoin d'une paroisse, on fit construire cette Eglise, à laquelle les Religieux de saint Magloire transporterent l'ancien titre de la maison de saint-Jacques, qu'ils venoient occuper, dont tout ce quartier portoit le nom il y avoit déja fort longtems.

Anne-Genevieve de Bourbon Condé, seconde femme de *Henry d'Orleans* II. du nom, duc de LONGUEVILLE, Princesse d'une pieté solide & édifiante, a fourni aux nouvelles augmentations de cette Eglise. Elle est morte en mil six cens soixante & dix-sept, dans le monastere des Carmelites, où elle s'étoit retirée pour vaquer plus tranquillement aux exercices de pieté, qu'elle voioit pratiquer dans cette sainte maison.

La porte de l'Eglise de SAINT-JAC-

QUES DU HAUT-PAS, est decorée d'un ordre Dorique, de quatre colonnes isolées, qui soûtiennent un entablement & un fronton avec un Attique au dessus, dont l'ordonnance est reguliere. Toutes ces choses ensemble forment un morceau d'architecture où il y a de la beauté, à cause des proportions correctes qui s'y remarquent ; & cet édifice seroit parfait en quelque maniere, si on avoit encore élevé une tour, ou un clocher pour répondre à celui qui a été construit en 1675, lequel est trop exhaussé pour sa grosseur. Les voûtes des bas côtez de cette Eglise sont tres-hardies, particulierement les deux premieres en entrant. Le reste est assez regulier. Ces ouvrages sont de GITTARD, de l'Académie d'architecture.

On remarquera sur la porte en dedans, le martyre de saint Barthelemy, peint par *Laurent* de la HIRE, d'une force & d'un goût de dessein extraordinaire.

Jean du Vergier d'Hauranne, Abbé de saint Cyran, né à Bayonne, repose dans cette Eglise. Il est mort le 2 d'Octobre 1643, âgé de soixante-deux ans, après avoir publié divers ouvrages Theologiques & de pieté qui lui acquirent beaucoup de réputation,

Jean-Dominique CASSINI, né à Boulogne, est mort à l'Observatoire dont il étoit directeur, le 15 de Septembre 1712, âgé de quatre-vingt huit ans. Les grandes découvertes qu'il a fait dans l'astronomie, l'ont fait passer pour un des plus savans hommes dans cette science.

Philippe de la HIRE, né à Paris, tres-savant Mathematicien, mort en 1718. est aussi inhumé dans la même Eglise. Il étoit de l'Academie des Sciences, Professeur roial en Mathematiques & en architecture.

LE SEMINAIRE DE SAINT MAGLOIRE est à côté de cette Eglise.

C'est une maison d'une tres-ancienne fondation, elle étoit originairement un hôpital fondé pour des pélerins qui tomboient malades en passant, pour aller à saint Jacques de Compostelle en Galice ; mais ceux qui servoient ces malades, prirent dans la suite la regle de saint Augustin, & se vêtirent de soûtanes & de capuchons blancs, & ont enfin demeuré dans cette maison jusqu'au seiziéme siecle. Leur Eglise, qui n'étoit qu'une simple chapelle à l'extrémité d'une sale longue & assez mal construite, où étoient les lits des malades, étant fort negligée, de même que tout le reste de la maison, fut donnée par les sollicitations de la reine Catherine de Medicis, aux Religieux de saint Benoist qui occupoient saint Magloire dans la rue saint Denys, où cette Reine vouloit établir les Filles Pénitentes, aufquelles elle avoit pris le Couvent pour bâtir l'hôtel de Soissons, dont elle fit son palais; ce qui fut executé, comme on l'a dit dans la premiere partie de cet ouvrage. Les Religieux de saint Magloire furent ensuite transferez à saint Jacques du Haut-Pas, où ils apporterent la châsse de leur Patron; & ces religieux Benedictins y ont demeuré jusqu'en l'année 1621, que l'on y mit des beneficiers féminaristes.

L'année suivante les Prêtres de l'Oratoire y furent reçûs, & y ont demeuré jusqu'à present. Leur institution est d'instruire les jeunes Ecclesiastiques dans les fonctions de l'Eglise & dans les exercices de la pieté chrétienne. Ce Séminaire est à present tres-renommé, & le nombre des pensionnaires y est toûjours fort considerable.

Il y a un escalier dans l'interieur de la maison, dont les premieres rampes sont d'un trait fort ingenieux.

Le R. P. le Brun, Prêtre de l'Oratoire, un des principaux de ce Séminaire, fait imprimer un ouvrage tres-important sur les prieres & les céremonies de la Messe, qui se vend chez la veuve Delaulne ; avec des *Dissertations historiques & dogmatiques sur les Liturgies de toutes les Eglises du monde chrétien*, où l'on voit ces Liturgies, le tems auquel elles ont été écrites ; comment elles se sont répandues & conservées dans tous les Patriarchats ; leur uniformité dans tout ce qu'il y a d'essentiel au Sacrifice ; & cette uniformité n'a été abandonnée que par les Sectaires du seizième siecle.

Les Ursulines sont un peu plus avant de l'autre côté de la rue.

Leur Eglise est petite, cependant l'autel est d'un dessein passable, orné de colonnes de marbre de Dinan, & d'un tableau qui represente l'Annonciation, peint par *Van-Mol*, Flaman d'origine, éleve du fameux *Rubens:* ce peintre avoit une maniere agréable & assez correcte.

Ces Religieuses instruisent gratuitement les jeunes filles, & leur apprennent non seulement à lire & à écrire, mais encore à faire des ouvrages qui leur conviennent pour gagner leur vie ; ce qui est d'une grande utilité pour le public.

Elles ont été fondées par *Madelene Luillier*, veuve de Claude le *Roux* de *sainte Beuve*, elle est décedée le 29 d'Août 1630, en réputation d'une grande pieté. Ce Couvent est le premier de cet ordre en France, & a multiplié ainsi que plusieurs autres avec tant de rapidité, qu'on peut compter à present de cette regle au moins cent trente maisons tres bien établies dans le roiaume, la plûpart en possession de biens fort considerables.

La reine Anne d'Autriche mit la premiere pierre à l'Eglise de ces Religieuses, le 22 de Juin de l'année 1629.

LES FEUILLANTINES sont du même côté, un peu plus avant. Elles suivent l'ordre de Cîteaux, reformé par le venerable Jean de la Barriere.

Elles sont venus de Toulouse, sous la conduite de Marguerite de sainte Marie Superieure, accompagnée de cinq autres Religieuses de la nouvelle reforme à la recommandation de la reine Anne d'Autriche: elles prirent possession de cette nouvelle maison avec céremonie le 28 de Novembre 1622, qui leur avoit été donnée par Anne Gobelin, veuve du sieur de Plainville, Gouverneur de Corbie.

Leur Eglise a été rebâtie de neuf, même avec assez de dépense. Le portail n'est point du tout dans les proportions d'une architecture correcte ; & c'est un extrême dommage, parce qu'il est placé fort avantageusement pour faire un tres-bel effet, si les regles de l'art y avoient été observées.

L'Autel de cette Eglise est orné de colonnes d'ordre composite, avec des rudentures ou cannelures proprement travaillées ; & le tableau du milieu est une assez bonne copie de la sainte famille de *Raphael*, dont l'original est à Versailles.

Mais les pilastres Greles de l'interieur de cette Eglise, qui soûtiennent la grande corniche, choquent étrangement la vûe des connoisseurs, par leur proportion demesurée & irreguliere. Ils ont douze diametrres au moins, & n'en doivent avoir que dix tout au plus. On ne sait quelle raison a eu MAROT, qui en a donné les mesures, de sortir ainsi des regles ordinaires, pour faire une chose choquante & aussi ridicule que celle-ci, dont la singularité ne peut être approuvée de personne de bon sens. Les figures de plusieurs Saints placez dans des niches entre ces pilastres monstrueux, sont mal dessinées ; & on est surpris de voir dans cette Eglife, quoique nouvellement bâtie, tant de chofes contre les regles ordinaires.

Tout proche font LES BENEDICTINS ANGLOIS, inftalez à cet endroit en 1657. Ils ont fait bâtir une nouvelle Eglife en 1677, fort petite à la verité, mais en récompenfe décorée de quelques embelliffemens. Elle eft ornée en dedans de pilaftres Corinthiens, & l'Autel a des colonnes du même ordre & des figures d'un deffein paffable. La menuiferie des chaires des Religieux eft affez propre.

Les chapelles de chaque côté de la porte du chœur, font ornées de tableaux affez bien peints. L'un reprefente la *fainte Vierge* avec l'enfant Jefus fur fes genoux, l'autre *faint Benoift* en méditation. La premiere de ces pieces eft tres remarquable, parce qu'elle eft de la propre main de la Princeffe *Palatine*, morte Abbeffe de Maubuiffon, laquelle pendant le cours d'une vie affez longue, s'étoit continuellement occupée à des ouvrages de piété de cette forte, dont elle a décoré fa maifon & plufieurs Eglifes.

Le corps de JACQUES II. roi de la grande Bretagne, eft en dépôt dans une chapelle vis-à-vis de la porte.

Ce Prince est mort en 1701, âgé de soixante & huit ans, après en avoir regné quatorze. L'histoire gardera long-tems le souvenir de sa pieté profonde & des grands & tristes évenemens qui lui sont arrivez, qu'il a soûtenus avec une fermeté heroïque & veritablement chrétienne.

Louise-Marie STUART, fille de Jacques II. a été mise en dépôt auprès du roi son pere. Cette Princesse s'étoit procuré par ses grandes qualitez une admiration universelle. Elle est morte à Saint-Germain en Laye, le 18 d'Avril 1712, âgée seulement de dix-neuf ans.

Les Religieux qui occupent cette maison, sont de l'ordre de saint Benoist, Anglois d'origine, refugiez en France à cause de la Religion. La reine Anne d'Autriche leur a fait des aumônes considerables, aussi-bien que plusieurs personnes de pieté, même des Anglois ont contribué à ce pieux établissement.

LES CARMELITES.

L'Eglise de ces Religieuses est tres-ancienne, & le corps du bâtiment, comme on le voit à present, a été bâti selon l'opinion de quelques-uns, sous le regne de *Robert le Pieux* ; mais la structure de cet édifice ne paroît pas si ancienne à ceux qui s'y entendent.

Cette maison étoit autrefois un prieuré de l'ordre de saint Benoist, sous le titre de *Nôtre-Dame des Champs*, d'une tres-vieille fondation, si l'on en croit quelques antiquaires. Il s'en trouve même qui ont écrit que cette Eglise avoit servi dans les tems les plus reculez, de temple à la déesse *Cerès* ; & *Charles Patin* dans son traité des médailles est de ce sentiment, prétendant, avec quelques autres, que la figure qui paroît à la pointe du frontispice, est le simulacre de cette Déesse ; & que certaines pointes de fer qu'elle a sur la tête, sont des épics de blé dont elle est couronnée. Mais outres qu'il n'y a rien du tout dans les bons auteurs qui autorise cette opinion, il suffit de n'être pas aveugle, pour voir que cette figure represente saint Michel qui pese les ames dans une balance, que les architectes ont eu raison de placer dans le lieu le plus élevé de l'Eglise, sur le fronton qui regarde le faubourg, auquel on a donné le nom de cet Arcange.

Le plus certain c'est que cette Eglise pendant quelques siecles a appartenu en titre de prieuré, à l'ordre de saint Benoist, sous le nom de *Nôtre-Dame des Champs*, lequel dépend encore à present de l'abbéie de Marmoutier, proche de la ville de Tours.

C'étoit autrefois la coûtume de mettre les corps des Rois en dépôt pendant quelques jours dans cette Eglise, où toutes les compagnies souveraines & inferieures alloient en ceremonie leur jetter de l'eau benite. De là on les portoit à l'Eglise de Nôtre-Dame, où l'on faisoit un service solemnel, ensuite ils étoient conduits avec un tres-grand appareil à saint Lazare, où il se faisoit encore une station, avant qu'ils fussent transportez à saint-Denys, pour y être inhumez.

Catherine d'Orleans, Princesse de *Longueville*, contribua beaucoup à l'établissement des Carmelites en France & particulierement à Paris, par le credit de la reine de Marie de Medicis. L'Abbé de Berulle, devenu Cardinal dans la suite, alla exprès en Espagne en 1604.

d'où il amena six Religieuses de cet ordre qui avoient été compagnes & formées par la seraphique *sainte Therese de Cepede*, dite de *Jesus*, comme les Peres Carmes Déchaussez la nomment, avec l'aprobation du Pape Clement VIII. & du roi Henri IV. Ces Religieuses étoient *Anne de Jesus*, & *Anne de saint Barthelemy*, qui avoient été disciples de sainte Therese; *Isabelle des Anges*, *Beatrix de la Conception*, *Isabelle de saint Paul*, & *Leonore de saint Bernard*, tirées de differens monasteres, fondez nouvellement dans les villes principales d'Espagne. Cette maison a été la premiere établie en France de cet ordre, lequel a multiplié jusqu'à soixante & quinze monasteres que l'on y peut compter à present.

Avant que d'introduire les Carmelites dans ce lieu, on l'avoit offert aux Chartreux pour y mettre des religieuses de leur regle, dont il y a seulement cinq monasteres dans le roiaume; mais ces Peres refuserent l'offre qu'on leur fit alors, pour plusieurs raisons importantes.

La Communauté des Carmelites est à present tres-nombreuse. Il s'y trouve toûjours plusieurs personnes de la première qualité, qui quittent le monde pour y finir leurs jours dans la pratique des vertus chrétiennes les plus austeres & les plus rigides.

L'Eglise, quoique d'un dessein ancien & tres grossier, comme on l'a dit, est cependant une des plus richement décorées de tout Paris pour les dedans, à cause des embellissemens nouveaux qui y ont été faits, qui réparent avantageusement ce défaut. En entrant on remarquera que les piliers & tous les paroirs sont peints en marbre noir vené de blanc; & que les fermetures des chapelles sont d'une riche menuiserie tres-bien dorée.

Mais ce qui est de plus curieux & qui mérite une attention plus particuliere, sont les grands tableaux, placez sous chaque fenêtre, dont les bordures sont fort enrichies de sculptures & de dorures. Ces tableaux représentent quelques points du nouveau testament, peints par les maîtres les plus habiles & les plus fameux qui se trouvoient alors.

Le premier en entrant à main gauche, est le miracle des cinq pains, par STELLA.

Le second, le festin de Simon le Pharisien, où la Madelene parfume les piés
de

DE LA VILLE DE PARIS. 97
de Nôtre-Seigneur. Ce tableau qui est d'une rare beauté, est de le BRUN.

Le troisiéme, l'entrée triomphante de Nôtre-Seigneur dans Jerusalem, avec quantité de peuple qui l'accompagne, est de *Laurent* DE LA HIRE, né à Paris.

Le quatriéme, la Samaritaine appuyée sur le bord d'un puits, est encore de STELLA.

Le cinquiéme fait voir Nôtre-Seigneur dans le desert servi par les Anges; il a été gravé à cause de sa beauté, de même que la plûpart des ouvrages de LE BRUN, entre lesquels cette piece n'est pas des moins estimées.

Le dernier, est l'apparition de *Jesus-Christ* aux trois femmes qui le cherchoient, il est encore de *Laurent* DE LA HIRE.

De l'autre côté à main droite, les six qui répondent à ceux dont on vient de parler, sont tous de *Philippe* de CHAMPAGNE, un des plus excellens Peintres qui aient paru en France, il y travailloit en 1631 & en 1632.

Le premier en entrant represente la resurrection du Lazare.

Le second, la purification de la sainte Vierge.

Tome III. E

Le troisiéme, l'adoration des Mages.

Le quatriéme, l'Assomption de la Vierge.

Le cinquiéme, la descente du saint-Esprit sur les Apôtres.

Le dernier enfin, est la nativité de Nôtre-Seigneur, avec les bergers dans l'étable.

Ces pieces sont d'une grande perfection, & satisfont beaucoup ceux qui connoissent les ouvrages de peinture.

Mais il est bon de savoir que la nativité de N. S. l'adoration des Mages & la purification de la Vierge sont peints entierement de la main de *Champagne*, pour les autres il les fit executer sur ses desseins par des Peintres habiles qui travailloient sous lui, & il les retoucha avec bien du soin d'un bout à l'autre.

L'Autel principal de cette Eglise est fort exhaussé, comme il est ordinairement dans la plûpart des Eglises des Carmelites, suivant une constitution particuliere de leur regle. C'est un corps d'architecture de quatre colonnes Corinthiennes, dont deux sont en corps avancé & deux en retrait. Elles sont de marbre de Dinan, avec des chapiteaux, des bases & des modillons de bronze doré d'or moulu. On a mis un grand bas-relief dans l'Attique auſſi de bronze doré ſur un fond de marbre noir, qui repreſente une Annonciation : il eſt de la main d'*Anſelme* FLAMEN, excellent ſculpteur. Le tableau du milieu de cet Autel eſt de GUY BOLOGNESE Peintre Italien.

Le tabernacle qui eſt tout d'orfévrerie repreſente l'arche d'alliance, il a ſur le devant un grand bas relief d'un travail admirable, & d'autres ornemens d'une ſinguliere beauté. Les jours des grandes fêtes cet Autel eſt orné de vaſes, de chandeliers & de pluſieurs choſes de cette ſorte, ſans confuſion, qui produiſent un excellent effet. On diſtingue ſur tout un grand ſoleil d'or, que l'on n'expoſe qu'une ou deux fois l'année, enrichi de quantité de pierreries d'un prix conſiderable, elles ont été données par pluſieurs perſonnes de pieté.

On eſtime la diſpoſition ingenieuſe des degrez pour monter au grand Autel, leur ſaillie, leur retour, avec la baluſtrade de marbre & la crypte, ou la chapelle ſoûterraine, qui marque en particulier l'antiquité de cette Egliſe.

Du côté de l'Evangile, vis-à-vis du chœur des religieuſes, on verra un grand tableau du GUIDE, qui repreſente la Salutation angelique, que l'on regarde comme un des plus beaux morceaux de ce fameux Peintre, qui l'avoit fait exprès pour la reine Marie de Medicis.

Toutes les chapelles répondent à la magnificence de cette Eglise.

Sur tout celle qui est dediée à la Madelene pénitente, dans laquelle il y a un excellent tableau de le BRUN, qui represente cette Sainte en état de douleur & de repentir ; on le regarde comme le plus beau & le plus parfait ouvrage qui soit sorti des mains de ce grand Peintre, & avec justice, puisque tout est admirable dans cette piece ; la correction du dessein, l'expression vive & touchante de la figure, les belles draperies disposées & jettées avec un grand art ; & enfin les accompagnemens, les lumieres, le lointain & le coloris. Toutes ces parties se trouvent à un haut degré de perfection dans cette peinture, qui a commencé la réputation dont le *Brun* a joui pendant toute sa vie.

Dans cette même chapelle est la statue à genoux du *cardinal de Berulle*, instituteur des Prêtres de l'Oratoire, à qui les Carmelites ont de tres-grandes obligations, comme on l'a déja remarqué, puisqu'elles lui sont redevables de leur établissement en France, où elles étoient in-

DE LA VILLE DE PARIS. 101

connues auparavant. Cette figure est de marbre, faite par SARAZIN en 1659. Elle est élevée sur un piédestal, aux faces duquel sont de fort beaux bas reliefs de L'ESTOCART d'Arras, tres-habile Sculpteur, le même qui a fait la chaire du prédicateur de saint-Estienne du Mont, dont on a parlé. Le lambris de cette chapelle est orné dans ses panneaux de peintures, sur les cartons de le BRUN, executées par un de ses meilleurs éleves dans la maniére de ce maître; elles representent la vie de la Madelene, à qui cette chapelle est dediée.

Au milieu de cette chapelle, on lit cette inscription sur un quarreau de marbre blanc sous lequel l'Abbé le *Camus* est enterré. C'est le même qui a fait les grandes dépenses des embellissemens de cette Eglise, où l'on peut dire qu'il n'a rien du tout épargné.

IN SPEM
RESURRECTIONIS,
HIC JACET
EDUARDUS LE CAMUS,
SACERDOS CHRISTI ET DEI.
OBIIT ANNO SALUTIS
1674.

DIE 24 FEB.

Sit in pace
Locus ejus.

Les autres chapelles ont à peu près les mêmes décorations. La partie de l'Eglise du côté de la porte est terminée par une grande tribune, dont les ouvertures sont grillées, dans laquelle les religieuses peuvent entendre le sermon lorsque l'on prêche dans la nef. Le devant de cette tribune est orné de colonnes feintes de marbre, avec les statues de saint Pierre & de saint Paul au dessus, qui sont d'une bonne main; & sur l'entablement on voit un saint Michel tout en l'air, qui précipite le démon d'une maniere fiere & hardie, dont STELLA a donné le dessein. Cette piece est remarquable & l'on ne doit pas manquer d'y jetter les yeux.

Toute la peinture de la voûte de cette Eglise est de l'ouvrage de CHAMPAGNE, Peintre très estimé, dont tous les ouvrages sont recherchez avec soin.

On admire particulierement dans un espace de l'ogive du milieu, un Crucifix accompagné de la Vierge & de saint

Jean; ces figures sont dessinées & peintes en perspectives avec tant d'art, qu'il semble qu'elles soient sur un plan perpendiculaire, quoique leur plan soit orisontal, ce qui trompe agréablement la vûe de ceux qui les regardent d'en bas.

Gerard DES ARGUES, né à Lyon, a donné le trait pour la perspective de ces pieces, que CHAMPAGNE a executées tres heureusement.

Enfin, la derniere chose qu'il faut observer dans cette belle Eglise, c'est la clôture entre la nef & le chœur; elle est formée par quatre grandes colonnes de marbre verd de mer, d'une rare beauté pour leur grandeur, chargées de flammes de bronze doré.

Sur tout il faut examiner avec soin le Crucifix aussi de bronze, placé sur l'ouverture de la porte, qui est de l'ouvrage de *Jacques* SARASIN, estimé comme une piece rare & des plus belles que ce fameux Sculpteur tres-habile dans ces sortes d'ouvrages, ait jamais faites.

En sortant de l'Eglise, on remarquera encore sur la petite porte en dehors, une Annonciation peinte en grisailles, elle est de le BRUN, c'est un morceau estimé par les peintres mêmes.

Les personnes les plus considerables,

dont la sepulture se trouve dans l'Eglise de ces Religieuses, sont :

Antoine de VARILLAS, historien renommé, mort le 9 de Juin 1696, âgé de soixante & douze ans. Il est enterré dans la nef, vis-à-vis de la seconde chapelle. Le grand nombre d'ouvrages historiques qu'il a donnez au public en tres peu de tems, a rendu son nom connu de tout le monde ; il étoit originaire de Gueret dans la province de la Marche.

On lit cette épitaphe sur son tombeau.

Clarissimo Viro
ANTONIO *de* VARILLAS,
Regi à Consiliis,
Franciæ Historiographo,
cujus
Fama latè per orbem diffunditur,
mens in libris lucet,
Corpus hìc resurrectionem expectat,
anima requiescat in pace.
Posuerunt sanguine & amicitia
conjuncti nobiles Viri,
Josephus Couturier de la Prugne,
Regi à Consiliis, Proprætor Urbis
Garacti,

*& Claudius Pillon, in suprema
Galliarum
Curia causarum Patronus,
Piæ & ultimæ voluntatis Executores.
Anno Domini*

M. D. C. XCVI.

Sœur *Louise de la Misericorde*, connue dans le monde sous le nom de Du- chesse de la Valliere, est morte dans le mois de Juin 1710, âgée de soi- xante & cinq ans, après trente six ans de religion, qu'elle a passez dans les au- steritez & dans les exercices continuels d'une pieté tout-à-fait édifiante.

Le cœur du fameux *Henry de la Tour d'Auvergne*, *Vicomte* de Turenne, *Maréchal de France*, tué d'un coup de canon le 27 de Juillet 1675, est conservé dans l'Eglise des Carmelites.

Le *Duc* de Montausier, mort en l'année 1690, est enterré dans cette Eglise. Il étoit gouverneur de *Monsei- gneur*, premier gentilhomme de la cham- bre, & gouverneur de Normandie. Son mérite l'avoit élevé à toutes ces grandes dignitez ; aussi ne vit-on personne à la Cour de son tems qui eut plus d'amour pour la verité, de zele pour la juſtice, & une plus grande droiture & de nobleſſe de cœur, ſans parler de la protection qu'il accordoit genereuſement à tous ceux qui en avoient beſoin, & qu'il prévenoit même le plus ſouvent ſans en être ſollicité: ce qui ſe rencontre tres-rarement aujourd'hui dans les perſonnes de crédit & d'autorité.

Julie d'*Angennes* de *Rambouillet*, *Du-cheſſe* de MONTAUSIER, ſon illuſtre épouſe, eſt décedée à la fin de l'année 1671, & eſt inhumée fort proche. Cette Dame a été célebrée par tant d'auteurs, ſur tout par le fameux *Voiture*, qu'il ſeroit difficile de rien ajoûter à tout ce qu'ils ont dit à ſa gloire. Sa politeſſe, ſon bel eſprit & ſon grand diſcernement pour les bonnes choſes, lui avoient procuré une eſtime univerſelle.

L'ABBAYE ROYALE DU VAL DE GRACE.

L'ABBEÏE ROIALE DU VAL-DE-GRACE.

IL faut que les étrangers demeurent ici d'accord, que l'on peut faire des édifices en France, aussi beaux & aussi reguliers qu'en Italie, où une prévention souvent mal fondée, fait admirer des choses aux ignorans, qui sont souvent médiocres & fort communes.

On ne sauroit disconvenir que le Val-de-Grace ne soit un des plus magnifiques & des plus reguliers ouvrages que l'on ait élevé dans ces derniers siecles; à considerer ce bel édifice avec tout ce qui l'accompagne, l'Eglise & le monastere, qui consiste en plusieurs spatieux logemens : on ne trouvera rien ailleurs, où il paroisse tant de grandeur & plus de magnificence.

On doit savoir d'abord, que les Religieuses du Val-de-Grace sont de l'ordre de saint Benoist. Elles avoient été autrefois fondées proche du village de Biévre, à trois lieues de Paris, dans un lieu nommé le Valprofond, fort incommode à cause des marécages & du mauvais air qui y regnoit. Comme elles étoient exposées à beaucoup d'incommoditez en cet endroit, elles demanderent la permiſſion au roi Louis XIII. de s'établir à Paris. La reine Anne d'Autriche, ſon illuſtre épouſe, ayant connu le mérite & la vertu de ces Religieuſes, fit venir d'un monaſtere de Lyon *Marguerite Veni d'Arbouze*, pour établir la reforme ; & les fit loger en 1621 au quartier de ſaint Jacques, dans une vieille maiſon qu'on appelloit alors l'hôtel de Valois, qui fut abbatue pour faire place aux ouvrages executez depuis, dans laquelle les Prêtres de l'Oratoire avoient demeuré quelques années.

Pluſieurs années après, c'eſt-à-dire en 1645, le 21 de Février, cette Reine en action de graces de la naiſſance du roi Louis XIV. après vingt-deux ans d'attente fit jetter les fondations du ſuperbe édifice qui ſe voit à preſent, où la premiere pierre fut poſée le premier d'Avril ſuivant, par le Roi lui même, alors âgé de ſept ans. On y enferma une médaille d'or du poids d'un marc trois onces, ſur laquelle ce jeune Prince étoit repreſenté, entre les bras de la Reine ſa mere, avec cette legende autour:

ANNA *Dei gratiâ*
Francorum & Navarræ Regina,
Mater Ludovici XIV. *Dei gratiâ*
Franciæ & Navarræ Regis Christianissimi.

Sur le revers, le portail de l'Eglise est representé avec cette autre inscription.

Ob gratiam diù desiderati regii
& secundi partus.
Quinto Septembr. 1638.

François MANSART, dont on a parlé si souvent, alors le plus renommé de tous les architectes François, fut choisi d'abord, comme le plus capable d'imaginer quelque chose de grand & d'extraordinaire ; & les desseins qu'il proposa furent si goûtez de tout le monde, qu'on lui confia la conduite de ce grand ouvrage, qu'il poussa jusqu'au rez de chaussée. Mais enfin pour des raisons particulieres, il fut changé ; l'on mit à sa place, le MUET, architecte general de tout l'édifice, & sous lui *Gabriel* LE DUC & DU VAL : l'un avoit la conduite des dedans, & l'autre des dehors: mais tous trois ensemble, quoiqu'en réputation, ne répondirent pas à ce que l'on attendoit d'eux. *Mansart* piqué, avec justice, de la conduite observée à son égard, se vengea de leur incapacité, mais d'une maniere aussi sage qu'elle étoit ingenieuse. Il entreprit la chapelle du château de Fresne à sept lieues de Paris, pour Guenegaud Secretaire d'Etat, où il executa en petit, le superbe dessein qu'il avoit imaginé pour le Val-de-Grace, & en fit la plus belle chose du roiaume, comme en conviennent tous ceux qui connoissent la bonne architecture.

Cependant si l'édifice du Val-de-Grace a de la beauté, il faut aussi savoir, qu'il a falu des travaux & des dépenses immenses, pour le conduire à la perfection où il se voit à present, principalement pour établir les premieres assises, à cause des carrieres profondes qui se trouverent quand on ouvrit la terre pour les poser.

Voici de quelle disposition se trouve cet édifice, qui n'a été entierement terminé qu'en l'année 1665.

D'abord on entre dans un *parvis* de vingt-cinq toises de largeur, sur vingt-deux de profondeur, separé de la rue par une longue palissade de fer de dix piés de hauteur, aux extremitez de laquelle sont deux pavillons quarrez qui terminent à droite & à gauche un ouvrage de maçonnerie, orné de colonnes toſcanes, & de niches entre deux.

Au fond de la cour ou du *parvis*, pour ſuivre l'ancien uſage de nommer ces ſortes de places devant les Egliſes, le grand portail eſt élevé ſur ſeize degrez ; mais ce qui le rend plus remarquable, c'eſt qu'il eſt orné d'un periſtyle, ou d'un portique ſoûtenu de quatre colonnes Corinthiennes iſolées, avec des niches de chaque côté, dans leſquelles on a placé ſaint Benoiſt & ſainte Scholaſtique en marbre, de l'ouvrage d'Anguier. Un ſecond ordre s'éleve au deſſus de celui-ci, avec de grands ailerons ou enroulemens aux côtez qui racordent les deux ordres ; dans le fronton du ſecond ordre qui eſt compoſite ; les armes de France & d'Eſpagne ſont placées ſur un cœur, ſoûtenu par des Anges, le tout executé par Renaudin.

Sur la friſe du portique, cette inſcription eſt gravée en lettres d'or de relief, à laquelle des Theologiens ſavans ont trouvé à redire.

JESU NASCENTI, VIRGINIQUE
MATRI.

La face de tout ce portail eſt de deux

ordres de colonnes, Corinthiennes & compofites; le fecond eft engagé d'un tiers dans le vif du bâtiment, avec tous les ornemens qui peuvent convenir à l'un & à l'autre ordre, executez par Buister. Il faut avouer en examinant ces dehors avec foin, qu'ils font d'une tres-riche & tres gracieufe apparence: cependant les parties interieures de cet édifice font infiniment plus correctes & plus magnifiques.

Toute l'Eglife eft ornée en dedans d'un grand ordre Corinthien en pilaftres, à cannelures rudentées, d'une regularité & d'une précifion qui a peu d'exemples dans les ouvrages modernes.

Le parquet de toute l'Eglife eft magnifique, divifé en grands compartimens de marbres de diverfes couleurs, qui répondent aux cartouches remplis de fculpture d'un ouvrage admirable, qui font dans la voûte. Rien n'eft plus beau que les ornemens que l'on y a placez, qui répondent à la dédicace de l'Eglife; & *François* Anguier qui les a executez, a montré à quel degré de perfection il poffedoit l'art de manier le cizeau fur les corps les plus durs. Cette voûte eft d'une pierre blanche comme le marbre. L'on y a reprefenté dans des bordures formées par des guilochis ingenieusement entrelassez, les ancêtres de la sainte Vierge, & des genies qui tiennent des cartels placez & distribuez d'une maniere tres-bien inventée.

De chaque côté de la nef, il se trouve trois chapelles separées l'une de l'autre par les pilastres couplez, lesquels soûtiennent la grande corniche qui regne dans toute l'étendue de l'Eglise, sur laquelle posent les arcs de la voûte.

Dans le dessein de *Mansart*, il devoit y avoir sur l'entablement une espece de piédestal ou d'Attique, de cinq ou six piés de hauteur, sur lequel les arcs de la voûte auroient posé ; ce qui auroit donné plus d'élevation, & par conséquent auroit empêché que cette voûte n'eût paru trop surbaissée & trop pesante, qui est le seul défaut qui s'y trouve à present.

Le dôme qui est de onze toises de diametre, est soûtenu par quatre grands arcs doubleaux : dans les pendentifs on a placé les quatre Evangelistes, d'un excellent ouvrage de sculpture, avec les armes de France & d'Autriche acollées & des accompagnemens d'une rare invention.

Au dessous & un peu plus bas, on a disposé dans les pans coupez entre les pilastres ébrasez autant de balcons dorez dans des niches qui se trouvent sur les portes de quatre petites chapelles de figure ovale, pratiquées dans les massifs des gros jambages qui soûtiennent le dôme.

Le grand Autel est sous l'arc du fond opposé à la nef. Il est tout-à-fait magnifique, orné de six grandes colonnes torses de deux piés de diametre, d'ordre composite, de marbre de Barbanson noir veiné de blanc, les seules qu'il y ait en France de cette forme, dont la dépense a monté à dix mille francs la piece. Cet Autel qui peut avoir huit toises de hauteur, est de l'invention de *Gabriel* LE DUC, architecte qui avoit de la pratique dans l'art de bâtir. ANGUIER a travaillé à tous les ornemens, & les a modelez lui même avec un extrême soin; mais il faut dire aussi que ce baldaquin est inférieur à celui de saint Pierre de Rome, lequel a 16 toises de hauteur; & est tout de bronze.

Ces riches colonnes élevées sur des piédestaux aussi de marbre, sont chargées de palmes & de rinceaux de bronze doré, qui produisent un excellent effet. Elles sont posées sur un empattement spherique, élevé environ de trois piés,

Grand Autel du Val de Grace.

& soûtiennent un baldaquin formé par six grandes courbes qui rachettent au milieu un petit plafond, sur lequel est encore un amortissement de six consoles terminé par une croix posée sur un globe. Chaque courbe est sur l'entablement d'une colonne, avec des soubassemens de marbre, sur lesquels sont des Anges de sept piés de proportion, qui tiennent les encensoirs, & sur les mêmes entablemens s'appuient des faisceaux de palmes accommodez en festons, après lesquels de petits Anges sont suspendus, qui tiennent des cartels où sont écrits des versets du *Gloria in excelsis Deo*. Les grands Anges, les petits & tout le baldaquin, sont dorez d'or bruni. Les chiffres qui sont dans le dé des piédestaux, les bases, les chapiteaux, les modillons, ainsi que les rosons de bronze dans le sofite ou le plafond de la corniche, toutes ces pieces sont dorées d'or mat.

Sur l'Autel qui est entre ces colonnes, l'enfant JESUS dans la crêche est representé en marbre, accompagné de la sainte Vierge & de saint Joseph, qui sont des plus beaux ouvrages d'ANGUIER le jeune.

Au milieu & derriere ces belles figures qui sont grandes comme nature, il s'éleve un tabernacle tout doré, en forme de niche, soûtenue de douze petites colonnes posées sur un plan courbe, qui portent un demi dôme, quatre de face, le reste dans l'enfoncement. C'est dans ce tabernacle que le saint Sacrement est exposé, les jours de grandes fêtes que l'on accompagne de quantité de chandeliers, de vases & d'autres choses de prix.

Ce que quelques critiques ont trouvé à redire, c'est que cet Autel n'a nulle proportion avec tout le reste de l'édifice, étant d'un bien plus grand volume qu'il ne devroit être pour le lieu où il est placé; & cet ouvrage le plus magnifique qu'il y ait en France, auroit eu bien plus d'avantage, si on l'avoit posé directement sous le dôme, ou du moins si on ne l'avoit pas si fort enfoncé sous le grand arc, où il paroît trop serré dans toutes ses parties; ce qui empêche d'en voir les principales beautez.

Derriere le grand Autel, est une espece de pavillon bombé, aussi de marbre, orné de quatre pilastres, au milieu duquel par une grande ouverture cintrée, fermée d'une grille de fer doré, les Religieuses peuvent faire leurs prieres, lorsque le saint Sacrement est exposé. L'interieur de ce lieu, decoré de peintures de MIGNARD, & de plusieurs beaux ornemens de sculpture, est un des plus considerables de tout le Val-de-Grace; mais comme il est difficile de le voir, on n'en dira rien. On trouve cependant que la disposition de ce pavillon est contraire aux regles generales, qui demandent que le fond d'un temple soit toûjours concave; au lieu que celui-ci est bombé ou convexe, qui est la figure opposée.

Mais tous ces legers défauts n'empêchent nullement, que cet édifice ne soit tres digne d'admiration.

Ce qui surprendra encore avec plus de raison, & qui arrêtera pluslongtems la vûe des curieux, c'est la grande & magnifique peinture à fresque du dôme, laquelle donne une satisfaction parfaite, à ceux qui aiment & qui connoissent les belles choses.

Ce grand ouvrage represente la gloire des bienheureux dans le ciel, disposez par groupes, les Prophetes, les Martyrs, les Vierges, & les Confesseurs, que l'on reconnoît par un attribut, ou par un symbole particulier. Les Rois, les Patriarches, les Chefs d'ordre, les Peres de l'Eglise, saint Benoist, sainte Scolastique, & la reine Anne d'Autriche elle même, sont dans les parties les plus basses; de même que l'autel & le chandelier à sept branches, au pié duquel est le livre des sceaux & l'agneau immolé. Le nombre de toutes les figures monte au moins à deux cens, & les plus grandes sont de seize à dix sept piés de proportion, les autres de moindre grandeur selon le lieu où elles sont disposées. En un mot, on remarque dans cette magnifique peinture tout ce que les saintes Ecritures ont pû faire comprendre du séjour des bienheureux dans la gloire éternelle. Au plus haut, la vûe se perd dans des espaces infinis, qui ne font paroître que des objets confus & à demi formez, à cause de l'éloignement & d'une grande lumiere qui semble en sortir.

Tous ces grands travaux de peinture qui est à fresque, comme on vient de le dire, sont de *Pierre* MIGNARD, qui a fait le salon & la galerie de saint-Clou, excellent peintre, comme on en doit juger par les beaux ouvrages qui sont sortis de ses mains, lesquels ont eu un applaudissement universel.

Dans la frise, sous la grande corniche qui regne tout autour du dôme, on lit cette inscription en grandes lettres de bronze doré.

ANNA AUSTRIA, D.G. FRANCORUM

REGINA, REGNIQ RECTRIX,

CUI SUBJECIT DEUS OMNES HOSTES,

UT CONDERET DOMUM

IN NOMINE SUO, ECC.

A. M. D. C. L.

MOLIERE a fait en vers, une belle description de la peinture de ce dôme, qu'il presenta à la Reine mere en 1660, dont il reçut de grands applaudiffemens à la Cour. On trouve cette description dans le recueil des comedies de cet auteur imprimé en huit volumes *in douze*.

A droit & à gauche du grand Autel, font les deux grilles qui occupent les vuides des arcs en trompe, de l'extrémité de la croisée, terminée en rondpoint, lesquelles font d'une grandeur extraordinaire, travaillées & finies comme si le fer étoit aussi maniable que le plomb. Celle qui est à droite, sepère le chœur des Religieuses, de l'Eglise. Il est voûté & revêtu d'une belle menuiserie. On y a placé un petit jeu d'orgues, qui sert aux Religieuses lorsqu'elles chantent en musique ; ce qui arrive dans quelques fêtes de l'année.

De l'autre côté est une chapelle tendue de noir, fermée d'une grande grille de fer, qui répond à celle dont on vient de parler.

Il s'éleve au milieu un lit de velours noir sur une estrade de quelques piés, garni de crépines & de galons d'argent, avec une representation couverte d'un poil bordé d'hermines, sur lequel est une Croix de toile d'argent. C'est où repose le cœur de la reine *Anne d'Autriche* mere du roi Louis XIV. fondatrice de cette maison.

On a pratiqué sous cette chapelle une espece de caveau incrusté de marbre, autour duquel plusieurs niches sont disposées, pour mettre les cœurs de tous les Princes & Princesses de la maison roiale, dont on rapportera ici les noms, avec l'année de leur mort.

Anne d'Autriche, reine de France, épouse du roi Louis XIII. décedée au Louvre le 20 de Janvier 1666, âgé de 64 ans 4 mois.

Marie-Therese, Infante d'Espagne, reine de France & de Navarre, épouse du du roi Louis XIV. décedée à Versailles le 30 de Juillet 1683, âgée de 44 ans & 10 mois.

Marie-Anne-Christine-Victoire de Baviere, épouse de Louis Dauphin de France, décedée à Versailles, le 20 d'Avril 1690, âgée environ de 30 ans.

Louis Dauphin, petit-fils du roi Louis XIV, décedé à Marly, le 18 de Février 1712, âgé de 29 ans 7 mois & douze jours.

Marie-Adelaïde de Savoye, épouse de ce Prince, est décedée à Versailles, le 12 du même mois & de la même année, six jours avant le Prince son époux, elle étoit âgée de 26 ans trois mois & 6 jours.

N. Duc de Bretagne, arriere petit-fils du roi Louis XIV. fils de *Louis de France* alors Duc de Bourgogne, décedé au même lieu, le 13 d'Avril 1705, âgé de 9 mois & 19 jours.

N. Dauphin de France, son frere puisné, arriere petit-fils du roi Louis XIV. fils de *Louis Dauphin de France* & de la Princesse *Marie Adelaïde* de Savoye, est mort le 7 de Mars 1712, âgé de 5 ans & deux mois.

Charles Duc de *Berry*, petit fils du roi Louis XIV. décedé à Marly, Vendredy quatre de May 1714, à cinq heures du matin, âgé de vingt-sept ans & neuf mois.

Philippe de France, Duc d'Orleans, frere unique du roi Louis XIV. mort à faint-Clou le 9 de Juin 1701, âgé de 60 ans & 8 mois.

Henriette-Anne Stuart, fille de Charles I. roi de la grande Bretagne, premiere femme de Philippe de France duc d'Orleans dont on vient de parler, decedée à faint Clou le 30. de Juin 1670, âgée seulement de vingt-six ans & deux jours.

Anne-Marie-Louise d'Orleans, duchesse de *Montpensier*, fille du premier lit de *Jean Gaston* de France, duc d'Orleans, frere de Louis XIII. elle est decedée au palais d'Orleans, le cinq d'Avril 1693, âgée de soixante-six ans & deux mois.

Marie-Louise-Elisabeth d'Orleans, duchesse de Berry, morte le 21 de Juillet 1719, âgée de vingt-trois ans & deux mois, fille de Philippe de France duc d'Orleans, Regent du roiaume, & de Françoise Marie de Bourbon legitimée de France. Cette Princesse étoit veuve de Charles duc de Berry, petit-fils du roi Louis XIV.

Elisabeth-Charlotte Palatine de *Baviere*, Douairiere d'Orleans, le 8 de Decembre 1722.

Philippe de *France*, duc d'Orleans son fils, Regent du roiaume, mort à Versailles Jeudi deuxiéme de Decembre 1723, à huit heures du soir.

Les cœurs de plusieurs enfans du roi Louis XIV. & de Philippe duc d'Orleans son frere unique, sont aussi placez dans le même lieu, dont on n'a pas jugé à propos de parler à cause de leur bas âge.

La sacristie de ce monastere est fournie de tres riches ornemens donnez par la reine Anne d'Autriche, aussi-bien que de plusieurs reliquaires d'or & d'argent enrichis de pierreries, entre lesquels il y en a d'un fort grand prix & d'un tres-beau travail.

Mais on estime entre autres choses, un grand soleil d'or émaillé de couleur de feu, tout garni de diamans, sur les arrêtes des raions, sur le cercle & sur la croix, soûtenu par un Ange du même ouvrage, dont les bords de la robe sont aussi enrichis de diamans. La seule façon de cette riche piece a coûté quinze mille livres, & l'ouvrier a été sept ans entiers occupé à y travailler.

Les Chapelles de cette Eglise ne font pas encore achevées. Elles doivent être dediées à des Saints qui ont illustré le diadême, par leurs pieuses actions & par des vertus qui leur ont attiré la véneration des fideles.

Ces chapelles doivent porter les titres de trois Rois & de trois Reines.

Celles qui sont du côté du Septentrion, seront sous l'invocation de *S. Canut*, roi de Dannemarc; de *sainte Bathilde*, reine de France, & de *saint Erric*, roi de Suede. Du côté du midi, les trois qui répondent à celles-ci, seront sous l'invocation de *sainte Clotilde*, de *saint Louis* & de *sainte Radegonde*, qui ont porté la couronne de France. On conserve dans le trésor de cette maison les reliques de ces Saints & de ces Saintes, qui doivent être placées dans l'ordre que l'on vient de dire, si le dessein arrêté s'execute.

Le chiffre de marbre blanc qui est au bas des degrez de l'Autel, composé seulement de deux lettres L & A, entourées de palmes & de lauriers, est à remarquer.

Il y a encore beaucoup d'autres choses singulieres à observer, qu'il seroit fort difficile de décrire, que les yeux des curieux distingueront aisément.

L'interieur du couvent répond parfaitement à la magnificence de cette Eglife. Les cloîtres, les dortoirs, les cellules, le chapitre & toutes les autres pieces neceffaires pour une nombreufe communauté font regulierement ordonnés, particulierement l'appartement de la Reine-mere, difpofé à la Capucine.

Les Religieufes du Val-de-Grace menent une vie tres-auftere, parce qu'elles fuivent la regle reformée de S. Benoift. Elles élifent entre elles une Abbeffe du corps de la Communauté, dont l'autorité ne dure que trois ans feulement.

Les principaux revenus de cette Abbéie roiale fe tirent de la menfe abbatiale de faint-Corneille de Compiegne, qui y a été affectée.

En fortant il ne faut pas oublier de jetter les yeux fur les dehors de l'Eglife & de remarquer exactement l'architecture, les ornemens & tous les accompagnemens du dôme, lequel paroît magnifiquement decoré. Il eft couvert de plomb, avec de grandes bandes dorées; & fur le plus haut, il s'éleve un campanille ouvert de tous côtez, entouré d'une baluftrade de fer qui fert d'amortiffement. Ce campanille ou lanternin, enrichi de vafes & d'autres ornemens, termine en piramide, à l'extremité de laquelle on a posé une grosse boule de bronze doré d'or bruni, & une croix au dessus, qui fait le couronnement de tout l'ouvrage. Toutes ces choses sont d'une riche invention, & éclatent de la dorure qui y a été emploiée par tout.

Ce dôme est d'un trait savant & d'un contour si agréable aux yeux, qu'il ne se voit rien du tout ailleurs qui y puisse être comparé ; avec cela il est si élevé, qu'on le distingue de fort loin sans peine, particulierement en arrivant à la ville, du côté de Charenton & de Villejuif.

Dans le dessein general des édifices du Val-de-Grace, il devoit y avoir une place d'une bonne grandeur de figure ovale, vis-à-vis de la principale entrée. Elle devoit être entourée d'édifices d'une même simetrie, avec une fontaine au milieu, ce qui eût merveilleusement concouru à procurer de l'agrément à tout ce grand édifice. Il auroit été vû d'une maniere bien plus avantageuse, dans toutes ses parties, que l'on ne le voit à present.

En sortant du Val-de-Grace, on pourra aller voir LE COUVENT DES CAPUCINS, qui ne fournit rien de remarquable. Il a été bâti en 1613, des liberalitez de plusieurs personnes de charité, pour servir de noviciat à la province de Paris.

Ces Peres ont deux fort bons tableaux de le Brun, dans les chapelles de leur Eglise; l'un est une presentation au temple, l'autre une assomption de la sainte Vierge, qui se trouvent assez proche l'un de l'autre.

Le cloître selon la maniere de ces Peres est petit & serré; sur les parois on a écrit des Sentences en vers latins & françois, pour exciter à dévotion ceux qui s'y promenent ; mais le clos qui se trouve derriere la maison est fort étendu, il fournit une promenade tres-agréable, & de grandes commoditez à cette nombreuse communauté.

Vis-à-vis des Capucins, dans la rue qui perce, jusqu'à la Barriere de la rue d'Enfer, on trouvera LE MONASTERE DE PORT-ROYAL, occupé par des religieuses Bernardines reformées.

Ce monastere fut fondé en l'année 1625, sous les auspices de la reine *Anne d'Autriche*.

Pour établir cette nouvelle maison, on fit venir quelques religieuses de la fameuſe Abbéie de Port roial des Champs de l'ordre de Cîteaux, entierement détruite en 1710, où la Communauté étoit nombreuſe & en réputation de vertu & de regularité. La mere de l'Abbeſſe qui gouvernoit alors cet ancien monaſtere, étoit de la famille des *Arnaulds* qui a toûjours produit des perſonnes tres illuſtres en pieté & en ſcience ; cette dame acheta l'hôtel de Clagui dans le Faubourg ſaint Jacques, avec pluſieurs Jardins qui ſe trouvoient aux environs, elle ſe fit religieuſe dans cette nouvelle Communauté, quoique dans un âge aſſez avancé, & ſes filles qui étoient à Portroial des Champs, quitterent leur ancienne maiſon pour former ce nouvel établiſſement avec leur mere qui en fut la premiere Abbeſſe. Deux petits-fils de cette illuſtre Dame nommez le *Maître*, ſe retirerent à Port-roial des Champs. *Arnauld Dandilly* les ſuivit en 1644, enſuite le fameux *Antoine Arnauld*, Docteur de Sorbonne, & pluſieurs autres hommes celebres en ſcience & en piété, qui défendoient la doctrine de *Janſenius*, Evêque d'Ypres, auſſi bien que *Jean du Vergier*, Abbé de *ſaint Cyran*, que l'on peut regarder comme le Patriarche des Janſeniſtes ; ces ſavans donnerent dans la suite des ouvrages excellens au public, qui eurent une très-grande réputation.

L'Eglise des Religieuses de Port-roial, est des plus jolies; & quoiqu'elle soit d'une grandeur médiocre, elle renferme cependant des beautez qui ne se rencontrent pas toûjours dans les plus grandes fabriques. Les voûtes sont d'un trait savant & ingenieux, & les ouvertures sont menagées, avec beaucoup d'art. Le PAUTRE, Architecte renommé, y a employé toute la force de son art; ce qui est cause que les curieux considerent ce petit morceau comme un chef d'œuvre d'architecture.

Dans l'Eglise de ces Religieuses on conserve une épine de la couronne de Nôtre-Seigneur, en faveur de laquelle il s'est fait de grands miracles, reconnus universellement de tous ceux qui en ont été, pour ainsi dire, témoins oculaires.

Le tableau de l'Autel de cette Eglise, qui represente une céne, peint en 1648, est de CHAMPAGNE : on l'estime beaucoup, & les curieux le regardent comme le plus beau qui soit sorti des mains de cet habile peintre. Les deux tableaux des côtez sont aussi de la même main: l'un represente la Samaritaine, & l'autre est une Vierge d'après RAPHAEL, copiée tres-fidelement sur l'original de ce grand maître.

On conserve dans la même Eglise une *Hydrie*, ou *Cruche* antique, qui a servi, à ce que l'on prétend, aux nôces de Cana.

A côté de la grille du chœur des religieuses, on lit l'épitaphe de *Louis* de PONTIS gentilhomme Provençal, qui avoit longtems vécu dans le grand monde, où il avoit eu des avantures fort singulieres, comme lui-même le raconte dans ses memoires redigez par *Antoine le Maître* de SACY, écrits avec beaucoup de bons sens & de politesse. Il est mort dans la retraite de Port-roial des Champs, le 14 de Juin 1670, âgé de 92 ans.

Dans tout le reste du quartier de saint Jacques, il n'y a rien de remarquable, après les choses dont on vient de parler.

A l'extrémité du côté de la campagne dans une situation avantageuse, on distinguera

étages, de quatorze toises ou environ de hauteur, dont les fenêtres sont cintrées. La face principale de cet édifice est terminée par deux tours de figure octogone de la même hauteur & de la même symetrie que le reste, une grande esplanade relevée en terrasse, & revêtue d'une maçonnerie solide, fait face à tout le corps du bâtiment.

Il y a dans l'interieur de grandes sales, qui ne sont pas encore embellies des ornemens qui y doivent être ; mais ce qui paroîtra de plus singulier & de plus beau, c'est la structure de tout l'ouvrage, à laquelle on a aporté tous les soins imaginables, pour la rendre de longue durée.

On n'a emploié que des pierres d'élite, posées par assises égales & continuées dans toute l'étendue des faces de l'édifice ; ce qui étoit sagement pratiqué par les anciens, comme une chose qui servoit beaucoup à la longue durée des bâtimens, & dont on voit encore bon nombre d'exemples dans les antiques d'Italie, & ailleurs.

Dans toute la construction de l'Observatoire, on n'a emploié ni fer, ni bois, & l'on a voûté par tout, avec un extrême soin.

L'escalier est une piece de consequence qui donne un extrême plaisir aux plus habiles connoisseurs. Il est d'un trait tout-à-fait hardi depuis le bas jusqu'en haut, où l'on voit des effets surprenans de la coupe des pierres, qui ne se trouvent point ailleurs. Il a cent cinquante-six degrez jusqu'à la terrasse ; & la rampe de fer qui regne tout du long, est d'un excellent travail.

Comme cet édifice est à plusieurs étages, il s'y trouve trois voûtes l'une sur l'autre, la derniere desquelles est un grand arc de quarante huit piés de diametre. Le dessus est en plate forme, ou en terrasse, au lieu de toît, que l'on a pavée de cailloux taillez & liez avec du ciment, de peur que l'eau du ciel ne pénetre & ne gâte les joints des pierres qui font les liaisons du dessous.

L'étage superieur de la tour octogone du côté de l'Orient, n'est pas voûté comme tous les autres endroits ; le mur de cette tour a un creneau de chaque côté, qui va selon la meridienne de la Ville.

Cette partie a tres-longtems servi dans le bas, au celebre *Jean-Dominique* CASSINI, à faire ses observations astronomiques, dont tant de Journaux ont parlé si avantageusement.

Dans la partie superieure, *Philippe de la* HIRE y a fait des observations & des experiences qu'il a communiquées de tems en tems au public, dont plusieurs Journaux ont parlé avec tant d'éloges.

Sur le pavé du premier étage de la tour Occidentale, on a dessiné à l'ancre une carte universelle, en cercle, dans laquelle le pole Septentrional est le centre. Ce qu'il faut remarquer, c'est que cette carte n'est pas une copie des autres; mais qu'elle en est plûtôt une correction, aiant été dressée sur les observations astronomiques, qui ont été recueillies de toutes les parties du monde ; ce qui fait qu'elle est fort differente de toutes les autres cartes qui ont paru jusqu'ici. Elle est écrite & dessinée avec beaucoup de propreté & d'exactitude ; & l'on ne pourroit rien desirer davantage, sinon qu'elle pût durer plus longtems. C'est un ouvrage de SEDILEAU & de CHASELLES, tous deux Académiciens renommez.

Dans une sale particuliere, on conserve un grand nombre de modeles de machines tres-industrieuses, la plûpart inventées par les membres de l'Academie roiale des sciences, entre lesquelles il y en a plusieurs de l'invention de *Claude*

Perault, premier Architecte du Roi, membre de la même Academie, tres-versé dans les mechaniques, le même dont on a parlé.

On y verra aussi un miroir de métail, d'une grandeur extraordinaire, qui étoit autrefois conservé dans la bibliotheque roiale.

Jacques CASSINI a fait un progrès extraordinaire sous son illustre pere, le plus grand Astronome de ces derniers siecles, mort en l'année 1712. Il est de l'Academie des sciences de la societé roiale de Londres, & pourvû d'une charge de maître des comptes.

Claude COUPLET, Tresorier pensionnaire de l'Academie des sciences & garde des instrumens, a aussi son logement dans l'Observatoire ; il est de l'Academie roiale des sciences & en réputation à cause de ses rares connoissances sur quantité de choses.

En sortant de l'Observatoire, on doit voir LA MAISON DES EAUX, autrement nommée LE REGARD DE SAINT-LAURENT, bâti en 1615, en même tems que le palais de Luxembourg, pour recevoir quatre-vingt-quatre pouces d'eau, qui viennent du village de

Rongis, à trois lieues de Paris, du côté du midi, & passent par le magnifique Aqueduc que la reine *Marie de Medicis* a fait construire à Arcueil, sur les desseins de DE BROSSE, que les curieux doivent aller voir comme un des plus beaux & des plus grands ouvrages qu'il y ait dans ce genre, sans même en excepter ceux des anciens Romains.

Il ne faut pas oublier de dire que ce magnifique Aqueduc, qui a six toises de hauteur plus que l'ancien, a été construit sur celui que l'Empereur Julien avoit fait élever pour conduire les eaux à son palais des Thermes, dont on parlera dans la suite.

Il faut savoir que plusieurs fontaines de Paris viennent de ce reservoir, lequel a sa premiere décharge à Luxembourg, où les eaux se distribuent ensuite pour les quartiers les moins éloignez.

On peut ajoûter à cette occasion, qu'il y a seulement cinquante-deux fontaines publiques dans la ville de Paris, dont les eaux viennent de trois endroits differens, de *Rongis* du côté du midi, de *Belleville*, & du *Pré saint Gervais* du côté du nord. Il est vrai cependant que les deux pompes du pont Nôtre Dame & celle de la Samaritaine, en fournisſent une quantité aſſez grande, pour la commodité de pluſieurs quartiers.

On a ſuputé qu'il y avoit pour la conduite de ces eaux, onze mille huit cens quarante toiſes de tuyaux de plomb, ſous le pavé des rues; & que ces mêmes eaux viennent de la campagne, par des rigoles de pierre, qui ont ſix mille cinq cens toiſes de longueur. Ce dénombrement a été tiré d'un plan fait par les ordres du Prevôt des Marchands; cependant on peut dire, que Paris n'a pas encore aſſez d'eaux. Il y a des quartiers qui en manquent, ou du moins qui n'en peuvent avoir que par le ſecours des porteurs d'eau, dont le nombre eſt tres-grand, qui vont la chercher aſſez loin. Rome, Naples & Florence, ſituées dans des payïs infiniment plus ſecs & plus arides que le territoire de Paris, ont une abondance ſurprenante d'eaux vives qui coulent à tous les coins des rues; & il n'y a gueres de maiſons particulieres dans ces Villes, qui n'aient des fontaines dans les cours, les ſales & les jardins; ce qui procure de grandes commoditez, comme il eſt aiſé de l'imaginer.

On trouve dans *Frontin*, qui a fait un traité curieux des Aqueducs de l'ancienne Rome, qu'ils fourniſſoient par jour huit cens mille muids d'eau à cette fameuse Ville : ce qui marque bien la magnificence des anciens, & l'attention particuliere qu'ils avoient pour les commoditez publiques ; ce qui devroit servir d'exemple aux Magistrats pour procurer à la ville de Paris une plus grande abondance d'eau, sur tout à plusieurs quartiers qui en manquent absolument.

La route du faubourg saint-Jacques & celle *de la rue d'Enfer*, qui se réunissent dans la campagne voisine, au-delà de l'Observatoire roial, sont les plus frequentes de toutes celles de la Ville, à cause des differens endroits où elles conduisent, & de la prodigieuse quantité de toute sorte de marchandises qui arrivent par leur moien de diverses provinces éloignées & tres-fertiles.

On a compté dans des années abondantes, qu'il entroit par cette route, c'est à-dire par les barrieres qui sont aux extrémitez de ce faubourg, quarante voitures de vin & d'eau de vie par jour, l'un portant l'autre : chaque voiture chargée de six à sept pieces pour l'ordinaire, sans les autres denrées de toute espece, comme poisson salé, sucre, épiceries, marchandises des Indes, laine, plume, chanvre &c. ce qui marque la prodigieuse consommation qui se fait dans Paris, universellement de toutes choses.

Ce fut en l'année 1571, sous le regne de *Charles* IX. que les premiers coches, ou carosses, comme on veut bien les nommer à present, furent premierement établis pour la Ville d'Orleans, qui se trouve sur cette route. Rouen & Lyon suivirent bientôt cet exemple, ainsi que plusieurs autres villes qui demanderent cet établissement avec instance ; ce qui a tellement multiplié depuis, qu'il n'est presque point de ville un peu considerable dans le roiaume, qu'il n'ait des voitures reglées pour Paris ; mais ces voitures pouroient être plus commodes & moins coûter, si on étoit attentif à la chose publique, comme on l'est partout ailleurs.

On doit encore ajoûter à cet égard, que la plûpart de ceux qui ont entrepris les voitures publiques, ont gagné des sommes tres-considerables & se sont fort enrichis aux dépens du public, malgré les dépenses qu'ils sont obligez de faire pour l'entretien de leurs nombreux équipages. On devroit les obliger à procurer plus de commoditez aux Voiageurs, de qui ils tirent un si grand profit.

Il ne sera pas tout-à-fait hors de propos d'ajoûter ici, que les postes ou les courses de cheval n'ont paru en France que sous le regne de Louis XI. vers l'année 1477. Alors on donna le nom de postes aux logemens où l'on tenoit les chevaux prêts, pour les courses & pour les courriers ordinaires ; c'est ce que *Bergier* dit dans son excellente *histoire des grands chemins de l'Empire*.

Avant que de rentrer dans la Ville par la rue d'Enfer, on trouvera LA MAISON DES PRETRES DE L'ORATOIRE, nommée L'INSTITUTION, parcequ'elle leur sert de noviciat. L'Eglise est claire & assez bien bâtie, mais elle ne contient rien de beau.

Dans la chapelle de la Vierge, on a pratiqué à côté de l'Autel une espece de niche de marbre noir, où le *Cardinal de* BERRULLE est representé à genoux, de l'ouvrage de *Sarazin*: elle a été faite pour enfermer un bras de ce *Cardinal*, Instituteur des Prêtres de l'Oratoire en France.

Cette maison a été fondée par *Nicolas* PINETTE, Trésorier de *Jean Gas-*

ton de France Duc d'Orleans, frere unique du roi Louis XIII. Il avoit amassé de grands biens au service de ce Prince, dont il employa la plus grande partie à la construction des édifices que l'on voit à present, & à aquerir les terres qui sont enfermées dans le vaste enclos qui est derriere cette maison, où il y a des bosquets & des jardins tres agréables & assez étendus, dont la vûe a beaucoup d'agrémens.

Plusieurs personnes de distinction se retirent dans cette maison pour vaquer tranquillement au grand ouvrage du salut, sous la conduite & la sage direction des Prêtres de l'Oratoire.

LES CHARTREUX.

CE monastere que l'on trouve en rentrant dans la Ville, est tres-considerable par son antiquité & par sa fondation.

Saint Louis donna aux Religieux de saint Bruno, autrement nommez *Chartreux*, qui étoient déja établis à Gentilly, le vieux château de *Vauvert*, situé dans le même lieu où est à present le Couvent de ces Peres. C'étoit auparavant une maison roiale bâtie par le roi Robert, fort délabrée & abandonnée depuis plusieurs années, dans laquelle on dit que les malins esprits habitoient ; mais à present on n'est pas assez simple pour croire ce que les historiens credules de ces siecles-là rapportent, quand ils ajoûtent que ces malins esprits faisoient en cet endroit de si grands désordres & maltraitoient les passans si cruellement, que le Parlement fut obligé d'ordonner par arrêt, que la porte qui conduisoit de ce côté-là, fût murée ; cependant sans vouloir s'ingerer à refuter cette opinion particuliere, dont le peuple a été imbu pendant plusieurs siecles, on pourroit dire après des personnes habiles & ver-

DE LA VILLE DE PARIS. 143.

sées dans la recherche des antiquitez, que la rue d'Enfer qui conduit aux Chartreux, est nommée dans les vieux titres *Via inferior*, comme qui diroit, la rue basse, par rapport à la rue saint Jacques, qui étoit appellée *Via superior*; ainsi c'est sans aucune raison que l'on croit que le nom de la rue d'Enfer vient des esprits malins qui habitoient autrefois le château de Vauvert.

Malgré cependant cette forte autorité, les chroniques de ces Peres disent qu'aussitôt qu'ils furent établis dans le château de *Vauvert*, ils chasserent bien vite ces malins esprits, par leurs austeritez & par leur vie pénitente & mortifiée; ce qui engagea saint Louis à leur rendre de frequentes visites, accompagné de toute sa cour. Ce Prince charmé de leur sainte vie, leur donna des terres & des rentes suffisantes pour leur entretien. Plusieurs personnes à son exemple, contribuerent à la dépense des édifices de leur maison, & leur firent des biens si considerables, que cette Communauté, qui n'est pas des plus nombreuses, n'étant composée que de quarante Religieux peut-être considerée comme une des plus riches du roiaume.

La maison de ces Peres occupe un terrain tres vaste ; car outre que les cellules sont grandes, & qu'elles ont chacune plusieurs Chambres, commodement disposées, & un jardin particulier, il y a encore un fort grand clos de quatre-vingt-dix arpens de terres labourées, qui entoure toute la maison, dans lequel on pourroit tirer sans peine un alligne-ment pour la rue d'Enfer.

Cet allignement seroit d'un grand agrément pour cette rue & d'une commodité tres-considerable pour l'entrée de la Ville qui n'est pas aussi belle & aussi avantageuse de ce côté là, qu'elle pourroit être, quoiqu'elle soit des plus frequentées à cause des principales provinces du roiaume, où elle conduit, & qui y abordent continuellement.

L'Eglise des Chartreux n'a rien de beau ni de remarquable, parce qu'elle est bâtie d'un goût simple & assez grossier ; mais les *stales* ou chaires des Religieux, sont des mieux travaillées qui se voient en cette Ville. La menuiserie en est ornée de pilastres d'ordre composite & de sculptures tres-bien executées. Les chaires des Freres à l'entrée de l'Eglise, dont les pilastres Ioniques sont plus espacez les uns des autres, sont plus agréables à la vûe. Un Pere de la maison a conduit tout cet ouvrage.   On

DE LA VILLE DE PARIS. 145

On a mis au-dessus plusieurs grands tableaux entre les fenêtres, ils representent une partie de l'histoire du nouveau Testament, & sont regardez comme des pieces d'émulation des plus renommez peintres de ces derniers tems.

On distingue entre autres les deux plus grands qui se trouvent aux côtez de l'Autel ; celui qui est sur la porte de la sacristie, est de *Boulogne* l'aîné ; l'autre vis-à-vis, est de *Jouvenet*, dont la composition est admirable.

Les autres sont :

La femme attaquée du flux de sang, qui touche les vêtemens de Nôtre Seigneur, de *Boulogne* le jeune.

La fille de Jayr ressuscitée, de la *Fosse*.

Le miracle des cinq pains, d'*Audran*.

La Samaritaine, de *Coypel* pere.

Les aveugles de Jérico, de *Coypel* fils.

La Cananée, la Piscine, le Lazare & le Centenier ; ces quatre tableaux sont de *Corneille* le jeune.

Le tableau placé sur le grand Autel, qui represente Nôtre-Seigneur au milieu des Docteurs, est de *Philippe de Champagne*.

Le petit cloître à côté de l'Eglise

Tome III.   G

est tout ce qu'il y a de plus curieux & de plus remarquable chez ces Peres.

Il est orné d'une architecture dorique en pilastres, avec des tableaux dans les arcs, qui representent en vingt-deux pieces, la vie de saint Bruno leur fondateur, & sont accompagnez de cartouches entre deux, où la vie de ce Saint est décrite en vers latins d'une composition ingenieuse.

Les tableaux qui se trouvent dans les extrémitez, sont les vûes de quelques lieux remarquables.

De la Ville de Paris du côté du Louvre, comme elle étoit au commencement du siecle passé, avant qu'on eût abbatu la porte Neuve peu éloignée du Pont roial ; & la porte de Nesle, dans le lieu où est à present le College des Quatre Nations.

De la Ville de Rome, comme elle est à present.

De la grande Chartreuse, proche de Grenoble.

De la Chartreuse de Pavie, fondée par *Jean Galeas Visconti*, Duc de Milan, qui passe pour la plus belle maison, non-seulement de cet ordre, mais on pourroit ajoûter, de tous les ordres religieux que l'on connoisse en l'Europe.

Les autres sont des caprices du peintre.

Toutes les peintures de ce petit cloître sont d'*Eustache* le SUEUR, né à Paris, qui y travailloit en mil six cens quarante-huit. Il fut seulement trois ans occupé à ces ouvrages, qui sont considerez comme tout ce qu'il a fait de plus beau & de plus correct. Depuis quelque tems, on a fait mettre dessus des volets de bois pour empêcher qu'on ne les gâte, comme quelques jaloux de la réputation de cet homme incomparable avoient commencé, par une malice lâche & criminelle. On ne découvre ces tableaux que dans de certains jours, ou bien lorsque les curieux demandent à les voir ; cependant si ces volets empêchent qu'on ne défigure ces rares pieces, d'un autre côté l'air épais qui s'enferme entre deux, les détruit entierement. Il est constant qu'on ne voit point de plus belles peintures en France que celles-ci, parce que l'on y trouve tout ce que l'on demande dans les ouvrages les plus corrects, & les plus estimez.

Dans les peintures de ce petit cloître on a representé l'histoire apocriphe d'un Chanoine de Paris nommé *Raimond Diocre*, Prédicateur célebre, mort en reputation de sainteté en 1084. On dit que son corps aiant été apporté dans le chœur de Nôtre-Dame pour y faire son service, il leva la tête hors de son cercueil, à ces mots de la quatriéme leçon de l'office des morts, *responde mihi*, & qu'il répondit à haute voix, *justo Dei judicio condemnatus sum*. On ajoute que ce prodige fut la cause de la retraite de saint Bruno, Instituteur des Chartreux, son ami particulier, qui y étoit present; cependant plusieurs savans critiques ont refuté cette fable ; entre autres, *Jean* de *Launoy*, dans son traitté curieux, de *vera causa secessus sancti Brunonis* ; & le P. *Jean Columbi*, Jesuite, dans un ouvrage intitulé, *dissertatio de Carthusianorum initiis*.

Les vîtres de ce petit cloître doivent être regardées. Elles sont dans des bordures de fleurs peintes en apprêt, aux coins desquelles il y a des camaieux, qui representent des Peres du desert. Au milieu de chaque vître, il y avoit un carreau peint de la même maniere, mais en couleurs differentes; toutes ces pieces avoient été copiées d'après SADELER, qui en a dessiné & gravé deux volumes estimez, & on n'avoit point à Paris de peintures de cette sorte plus belles que celles-ci ; mais après avoir remarqué qu'une partie des grands carreaux avoit été volée, on a ôté ce qui en restoit, & l'on n'a laissé que les camaieux qui sont aux coins.

Dans le grand cloître on remarquera un tableau, qui represente la fondation de quatorze Religieux dans cette maison, par *Jeanne* de *Châtillon*, Comtesse de Blois en 1290. *Pierre* de *Navarre* en 1396, fonda quatre Chartreux, ce qui est marqué par une gravure dans le même cloître.

Ce qu'il y a encore à voir dans cette maison, c'est le refectoire, où ces Peres ne mangent que les Dimanches & les fêtes; les autres jours ils prennent leurs repas en particulier dans leurs cellules, qui sont disposées en quarré autour du cémetiere, ou grand cloître.

Chaque cellule est composée de quatre ou cinq chambres de plein-pié, boisées par tout & simplement meublées. Chez quelques-uns de ces Peres, il y a des bibliotheques assez curieuses; & chez Dom Prieur, il y en a une estimée, par le nombre & la qualité des livres qui la composent.

Ces bons Religieux après avoir rempli les heures de leurs exercices spirituels & celles de l'étude de la sainte Ecriture, & des Peres de l'Eglife, n'aîant pas des travaux de corps communs, ils cultivent eux-mêmes leurs petits jardins, les uns écrivent des livres de chant pour le chœur avec des caracteres ; les autres s'ocupent à de petits ouvrages de menuiferie, de tour & autres chofes femblables, utiles & induftrieux.

Auffi un hiftorien fidele a judicieufement remarqué, que la principale raifon qui a fait que ces Religieux ont mieux confervé la pureté de leur premier Inftitut, que les autres moines ; c'eft qu'ils fe font de tous tems éloignez avec foin des intrigues du monde, de la frequentation des femmes & de l'ambition de parvenir aux prélatures ; trois écueils qui ont toûjours été & qui feront toûjours funeftes aux ordres religieux. *Mezerai*.

On conferve dans le chapitre un excellent crucifix de *Champagne*, & un autre tableau de la Madelene aux piés de Nôtre-Seigneur qui lui apparoît fous la forme d'un jardinier, de l'ouvrage de le *Sueur*.

Il y a quelques tombeaux dans le grand cémetiere.

Jean des CORDES, qui a paffé pour un homme d'une profonde litterature y eft enterré. Il eft mort en 1642, âgé de

72 ans. Il avoit amassé une nombreuse bibliotheque, à laquelle il avoit joint celle de *Simon Bosius*, laquelle étoit fournie d'excellens livres, comme on le voit par le catalogue, à la tête duquel *Naudé* a mis la vie de *Jean* des *Cordes*. Cette curieuse bibliotheque passa depuis au Cardinal Mazarin ; c'est la même qui est à present au College des Quatre-Nations, mais fort augmentée depuis.

Pierre d'ANET, Abbé de saint Nicolas de Verdun & Curé de sainte Croix de la Cité, est mort en 1709. Il est auteur de quelques dictionaires estimez qu'il avoit composez pour l'usage de Monseigneur le Dauphin, entre autres de celui intitulé *Dictionaire des antiquitez Grecques & Romaines*, dans lequel il paroît qu'il avoit une grande connoissance des anciens auteurs.

On compte dans le roiaume soixante & dix-sept couvens de l'ordre des Chartreux, tous richement fondez, & en possession de biens fort considerables qui leur procurent abondamment toutes les commoditez, dont ils peuvent avoir besoin.

On lit dans un journal fidele une chose singuliere qui ne déplaira pas au lecteur ; savoir que le 25 de Mars de l'année 1586, jour de l'Annonciation, le roi *Henri* III. accompagné de soixante des nouveaux pénitens, dont il étoit Instituteur, partit à pié du Couvent des Chartreux, pour aller en procession à l'Eglise de Nôtre-Dame de Chartres, à dix huit lieues de Paris, d'où ils revinrent deux jours après. Ils étoient tous dans leurs habits de cérémonie, dont la forme étoit bizarre & singuliere. On ne put s'empêcher d'admirer cette dévotion outrée, laquelle n'eut pas cependant beaucoup d'applaudissemens. On a remarqué dans l'histoire de la ligue que le roi Henri III. pratiqua cette dévotion publique pour détruire la fausse opinion que le peuple avoit conçue de lui à son desavantage, qu'il favorisoit le roi de Navarre & les heretiques.

En l'année 1706 & 1707, les Peres Chartreux ont fait élever deux maisons fort logeables & d'un dessein tres-bien entendu, dans un terrain qui leur appartenoit. La plus grande est de la conduite de le BLON, dans laquelle la *Duchesse* de *Vendosme* a fait de grandes augmentations en 1716, pour y trouver les commoditez qui lui étoient necessaires. Les vûes de ces deux maisons sont étendues & fort agréables par les nombreux

DE LA VILLE DE PARIS. 153
objets qu'elles fourniffent; on peut même avancer, qu'il y en a peu en cette Ville qui jouiffent d'un air plus pur & plus fain, & où il fe trouve plus de commoditez.

Tout proche eft un petit monaftere de *Feuillans*, établi en 1633, fous le titre des ANGES GARDIENS, où il n'y a rien à remarquer.

De là il faut defcendre vers l'endroit où étoit autrefois la *porte faint Michel*, abbatue en 1684, pour donner plus d'ouverture à ce quartier, autrefois trop ferré.

Quelque tems après on a bâti au même lieu, une fontaine en niche, ornée de deux colonnes Doriques fous un arc affez élevé, mais d'un deffein qui n'eft que trop repeté, & qui n'eft pas d'une invention trop ingenieufe pour le lieu où il eft emploié. Ces chofes font de BULET, architecte de l'Academie.

Ces vers de SANTEUL font gravez en lettres d'or, fur un marbre de Dinan, pofé dans le fond de la niche.

G v

154 DESCRIPTION

HOC IN MONTE SUOS RESERAT

SAPIENTIA FONTES;

NE TAMEN HANC PURE

RESPUE

FONTIS AQUAM.

1687.

La rue de la Harpe commence à cet endroit & d'une même suite ; en descendant quelques pas, on distinguera de quoi occuper la curiosité la plus exacte & la plus étendue.

LA SORBONNE.

LA SORBONNE.

Cette célebre & magnifique maison demande pour être examinée une attention toute particuliere, puisqu'elle fait un des principaux ornemens de la Ville à cause de la haute réputation où les savans qui l'occupent sont parvenus ; & de la beauté de l'architecture dont les édifices sont décorez. Le *Cardinal* de RICHELIEU a fait embellir cette maison comme elle est à present, avec une dépense roiale ; & ce Ministre se fit une gloire toute particuliere d'en être le restaurateur.

C'étoit autrefois un vieux college, dont la structure étoit fort simple, quoique le lieu fût en tres-grande réputation depuis plusieurs siecles.

Cette célebre maison a été premierement fondée par *Robert Sorbon* ou *Sorbonne*, originaire d'un village voisin de Reims en Champagne, dont il prit le nom selon l'usage de son tems. Il avoit été Chanoine de Cambrai, ensuite de Paris, Aumônier & Confesseur du roi saint Louis, à la suite duquel il avoit fait des voiages d'outre mer. Ce bon Prince voulut bien fournir à la dépense de cette fondation, comme il paroît en quelque maniere, par cette petite inscription gravée sur une lame de cuivre, attachée audessus de la petite porte de l'Eglise en dedans, dont voici la copie.

LUDOVICUS REX FRANCORUM, SUB QUO FUNDATA FUIT DOMUS SORBONÆ, CIRCA ANNUM DOMINI M.CCLII.

Le *Cardinal* de RICHELIEU, qui ne cherchoit qu'à immortaliser son nom, fit rebâtir ce College de fond en comble, & n'épargna rien pour le rendre magnifique. Il se servit de *Jacques* le MERCIER, habile architecte, qui conduisit l'ouvrage après quelques années de travail, au point de perfection où il paroît à present. Cependant il ne fût pas entierement achevé pendant la vie du Cardinal, qui mourut bien plûtôt qu'il ne s'y attendoit.

Ce qu'il faut remarquer d'abord, c'est la place quarrée devant la porte de l'Eglise, qui a une issue dans la rue de la

Harpe, par le moien de quelques maisons du college des Tréforiers, qui ont été abbatues exprès.

Cette place n'est pas des plus confiderables par fa grandeur, mais cependant elle n'en est pas moins belle. A droite & à gauche elle est bordée d'affez belles maifons. D'un côté elle a un grand corps de logis de maçonnerie en refands ruftiques, dans lequel est la claffe de theologie, pour les externes, qui viennent prendre leçon de fix Docteurs, qui changent d'heure en heure, trois le matin & trois l'après midi.

Cette claffe est grande & élevée, l'on y prononce tous les ans le panegyrique du roi Louis XIV. fondé par la Ville en 1684; & l'on y foûtient des Thefes, où il fe trouve ordinairement des concours extraordinaires de perfonnes de diftinction.

A main droite de cette place, est la *Chapelle du college de Cluny*, qui procure quelque forte de décoration, quoiqu'elle foit Gothique, en occupant une face prefque entiere de cette place, & en difpofant les yeux à remarquer la différence groffiere & ruftique de bâtir des fiecles paffez, d'avec la maniere correcte & étudiée de ces derniers tems.

Si on jette les yeux sur le portail de l'Eglise de Sorbonne, à l'entrée de cette place, rien ne satisfera davantage. Les proportions sont si justes, & les points de vûe si bien entendus, que les parties les plus reculées de cet édifice semblent être placées à propos pour décorer ce portail, & pour y servir d'ornemens particuliers. Le dôme n'est pas fort élevé : il est accompagné comme celui du Val-de-Grace, de quatre campanilles & de statues, avec des bandes de plomb doré. L'amortissement en lanterne est entouré d'une balustrade de fer, qui fait le couronnement de tout l'édifice. Ces choses differentes se rapportent les unes aux autres si heureusement, qu'on ne peut desirer une plus belle ordonnance, ni une décoration exterieure plus parfaite.

Le portail de l'Eglise disposé avantageusement au fond de la place est de deux ordres. Le premier est Corinthien avec des colonnes engagées ; & le second est composite, mais formé seulement par des pilastres qui répondent aux colonnes. Dans les espaces entre deux, en haut & en bas, il y a quatre niches, où sont placées des statues de marbre, de l'ouvrage de GUILLAIN.

Les dedans de cette Eglise sont d'une médiocre grandeur & n'ont pas toute la lumiere qu'ils devroient avoir, parce que l'ouvrage a été bâti avec trop de solidité & d'épaisseur. L'ordre Corinthien regne tout autour en pilastres, qui portent une grande corniche d'une excellente proportion. On a placé dans des niches l'une sur l'autre, entre ces pilastres, les douze Apôtres & des anges de grandeur naturelle, qui sont de deux Sculpteurs habiles, nommez BERTHELOT & GUILLAIN. Ces figures sont de pierre de Tonnerre, qui a la blancheur du marbre, mais non pas le poli ni la dureté.

Le dôme en dedans a quelques ornemens de peinture qui n'ont rien du tout d'extraordinaire. On distingue cependant les quatre Peres de l'Eglise, peints à fresque par CHAMPAGNE, entre les arcs doubleaux qui le soûtiennent.

Le pavé est en grands compartimens de marbre de diverses couleurs, dont la disposition est assez bien imaginée.

Le grand Autel a été élevé sur les desseins que *Pierre* BULET a donnez, qui ont été preferez à ceux de plusieurs habiles Architectes qui avoient été consultez sur ce sujet.

Pour placer cet Autel de la maniere qu'il est à present, on a détruit un des plus beaux endroits de l'Eglise, qui étoit disposé en demi cercle, ou en niche; à la verité cet espace étoit trop serré pour faire quelque chose de beau.

Au lieu de ce demi cercle, on a fait un fond uni, où l'Autel a été placé le mieux qu'il a été possible. La décoration est de six colonnes Corinthiennes de marbre de Rance, dont les bases & les chapiteaux sont de bronze doré d'or moulu, aussi bien que les modillons & les rosons du sofite de la corniche. Les deux colonnes du milieu forment un corps en ressault couronné d'un fronton, sur lequel il y a deux anges appuiez qui sont de deux Sculpteurs differens, ARCIS & VANCLEVE; les autres colonnes sont en retraite & deux encore en retour, des deux côtez, entre lesquelles on a placé deux excellentes figures de marbre, dont l'une represente la Vierge, qui est de le COMTE; & l'autre, saint Jean l'Evangeliste, de CADENE. Un grand Attique regne sur tout ce riche ouvrage, où sont placez des Anges, qui sont de *Baptiste* TUBI. Rien n'est plus orné que cet Autel; les marbres & les bronzes dorez n'y ont pas été épargnez, & tout y a été emploié avec magnificence.

A la place du tableau, on a mis un grand crucifix de marbre de six à sept piés de proportion, sur un fond noir, de l'ouvrage d'ANGUIER, qui a apporté ses soins & toute son application pour en faire son chef-d'œuvre, avec lequel il a terminé glorieusement tous ses travaux, puisque c'est la derniere piece qui soit sortie des mains de cet excellent Sculpteur. Aussi doit-on dire que cette piece est d'une rare beauté, car sans parler de la correction du dessein qui se trouve dans toutes les parties à un haut degré de perfection; l'attitude & l'expression touchante du Christ, causent de l'admiration.

Sur le haut de l'Autel, dans le fond qui se trouve sous l'arc de la voûte, on a peint un Pere éternel dans une gloire, accompagné de plusieurs anges en adoration. Ce beau morceau de peinture qui termine tout cet ouvrage, est de VERDIER, sur un dessein de le BRUN.

Le tabernacle est de marbre blanc, enrichi de vases, de bas-reliefs & de plusieurs ornemens de bronze doré, mais d'une invention mediocre.

Le Cardinal de Richelieu a donné un soleil d'or, qui a coûté plus de vingt-mille livres, dont le travail est estimé.

La chapelle de la Vierge est aussi richement decorée. Le corps de l'architecture est de marbre blanc, de même que la corniche & l'entablement; mais les colonnes sont de marbre de Rance, les chapiteaux Corinthiens, les modillons & tous les differens ornemens sont de bronze doré, recherchez & finis avec bien de la propreté.

La place du tableau est creusée en niche, garnie dans le fond de lames de bronze doré, sur un dessein de Mosaïque, dans laquelle est une belle figure de la sainte Vierge, qui tient l'Enfant Jesus sur ses genoux, de l'ouvrage de *Martin des* JARDINS, duquel on a parlé au sujet de la place des Victoires.

Les petites chapelles sont embellies de colonnes Corinthiennes de marbre vené, avec des chapiteaux de bronze doré; cependant on trouve fort à redire que les piédestaux aussi bien que ceux du grand Autel, soient de marbre noir; ce qui produit un vilain effet, qu'on a tâché de corriger ou du moins d'adoucir, en chargeant le dé de ces piédestaux de plusieurs ornemens de bronze doré, qui representent des encensoirs, des chandeliers, des lampes, des croix & d'autres choses à l'usage du service divin.

TOMBEAU DU CARDINAL DE RICHELIEU.

Mais un des plus remarquables ornemens de cette magnifique Eglise, est le tombeau du *cardinal* de RICHELIEU, posé au milieu du chœur.

Ce fameux Ministre est representé sur une forme de tombeau antique, à demi couché, soûtenu par la religion, & à ses piés la science affligée. Deux genies pleurant se trouvent derriere qui tiennent les armes de Richelieu, ornées du chapeau de Cardinal & du cordon du saint-Esprit. Ce monument est d'une excellente invention & d'une rare beauté ; & il seroit difficile de trouver ailleurs quelque chose de mieux imaginé & de plus correctement executé. Ce bel ouvrage qui est de GIRARDON, n'a été posé qu'en l'année 1694. On a des estampes tres-bien gravées, qui le representent de tous côtez ; de même que la crypte, ou le caveau qui se trouve dessous, dans lequel repose le corps du Cardinal.

Comme il fallut ouvrir le parquet de l'Eglise pour poser ce monument, on se vit engagé d'entrer dans le caveau ; ce qui donna occasion de faire un procès verbal de tout ce qui s'y trouva, dont voici une copie fidelle, pour la satisfaction des curieux, qui pourront en tirer quelques lumieres utiles à l'histoire de ce fameux ministre.

Dans une cave au milieu du chœur de l'Eglise de Sorbonne, repose le corps du cardinal Duc de RICHELIEU, *dans un cercueil de plomb enfermé dans un cercueil de bois, couvert d'un velours noir, avec un galon d'argent, & sur le velour noir, une grande croix de toile d'argent environ d'un pié de large ; le tout couvert d'un poile de velours noir, avec une croix d'argent, posé sur trois barres de fer scellées en travers du caveau. Au bout dudit caveau est attaché à la muraille une lame de cuivre de trois piés & demi de haut & de deux piés de large ; au haut de ladite lame sont les armes du Cardinal gravées sur le cuivre, & au dessous l'épitaphe qui contient ce qui suit.*

Icy repose le grand ARMAND-JEAN DU PLESSIS, CARDINAL DE RICHELIEU, *Duc & Pair de*

France : *Grand en naissance, grand en esprit, grand en sagesse, grand en science, grand en courage, grand en fortune ; mais plus grand encore en pieté. Il porta la gloire de son Prince, par tout où il porta ses armes, & il porta ses armes presque par toute l'Europe. Il a fait trembler les Rois, & il y a peu de Trônes où il n'eût fait monter son maître, si la justice n'eût conduit tous ses desseins. Son illustre nom mettoit la frayeur dans l'ame de tous les ennemis de l'Etat, & la mettra encore dans celle de leurs descendans. Si l'on comptoit ses jours par ses victoires, & ses années par ses triomphes, la posterité croira qu'il aura vécu plusieurs siecles, & son histoire n'aura rien à craindre qu'elle même, qui étant toute pleine de prodiges & de merveilles, aura peine à persuader aux siecles éloignez ce que le nôtre a vû avec admiration. Comme il fut toûjours* équitable, il fut invincible. Ses ennemis n'ont jamais eu d'autre avantage que le seul d'être surmontez par luy ; & comme il fut infiniment prudent, il fut infiniment heureux. La grandeur des évenemens justifia la droiture de ses intentions. Sa diligence ne put être prévenue, ni sa vigilance surprise, ni sa prévoyance trompée. Il n'a jamais manqué à ses amis, & ses ennemis même se fioient plus à sa parole, que s'ils eussent eu des places en ôtages. Rien ne resistoit à la force de son éloquence ; la grace & la majesté étoient sur son front, en sa taille & en toutes ses actions. Ses graces imprimoient le respect ; ses paroles lioient les cœurs, & ses mains liberales ne laissoient point de merite sans récompense. Il abbatit l'heresie & la religion par la prise de la Rochelle, cette orgueilleuse ville que l'on estimoit imprenable, & par la reduction de plus de deux cens places qui avoient depuis longtems partagé l'autorité roiale. Vainqueur du dedans, il porta au dehors les forces de son Roi. De tant de villes conquises, Pignerol, Arras, Brisach, Monaco, Perpignan & Sedan, sont les principales. La gloire de ses ouvrages de pieté pour l'instruction & la perfection des Chretiens, & pour la conversion des Heretiques, surpasse encore celle de ses conquêtes & la force de son genie, ayant accordé en lui deux choses qui sembloient incompatibles, la Religion & l'Etat. Il avança toûjours du même pas les progrès de l'un & de l'autre. Il fut le protecteur de la vertu, des sciences & des beaux arts. Enfin sa réputation a été sans tache; & il doit être justement appellé, le Heros des derniers siecles. Que peut on dire de plus? Sa mort a été digne de sa vie. Comme il possedoit les grandeurs sans en être possedé, il s'en est détaché sans peine,

& a vû le bout de sa carriere avec joie, parce qu'il voyoit des couronnes immortelles. Il est mort comme il a vécu, grand, invincible, glorieux & pour dernier bonheur, pleuré de son Roi ; & pour son éternel bonheur, il est mort humblement, chrétiennement & saintement.

Qui que tu sois, tu n'as garde de refuser tes prieres à un si grand homme ; mais en priant souviens-toy, que tu rends ce pieux devoir à celuy qui par ces superbes bâtimens de la celebre Sorbonne, a laissé un si grand monument de sa pieté.

Ce grand Cardinal mourut à Paris le quatriéme jour de Decembre mil six cens quarante-deux, âgé de cinquante-sept ans trois mois moins un jour.

Paul PELISSON, dans son histoire de l'Acacadémie Françoise, écrite avec tant de politesse & d'exactitude, dit dans la page 360, que cette épitaphe est de la composition de *Georges* de SCUDERY, gouverneur

gouverneur de N. D. de la Garde, de l'Académie Françoife, Auteur de quantité de pieces de theâtre, de romans, & d'autres ouvrages, dans lefquels il paroiffoit beaucoup plus d'imaginations poëtiques & de politeffe de ftile, que de veritez hiftoriques.

Le *Cardinal* de *Richelieu*, felon l'Abbé *Richard*, dans la parallele qu'il en a fait avec la *cardinal Ximenès*, eft né à Paris le cinquiéme de Septembre 1585 ; cependant il eft certain que cette éminence qui fe piquoit d'ancienne nobleffe, dépenfa plus de dix millions exprès pour embellir le château de Richelieu, dont il prit le nom, afin de perfuader qu'il y avoit pris naiffance.

On n'a gueres d'exemple dans toute l'hiftoire, qu'aucun miniftre ait porté fi fouverainement fon autorité, & ait joui de plus grandes richeffes. Pendant dix-huit ans, ou environ, qu'il a été à la tête des affaires, il a fait des chofes extraordinaires dont on parlera longtems, & des dépenfes immenfes en bâtimens, en penfions & en gratifications. Il poffedoit quinze grands benefices, entre lefquels il y avoit trois chefs d'ordre.

Voici, felon le même Auteur, les titres

magnifiques qu'il se donnoit ordinairement.

Armand Jean du Plessis, Cardinal Duc de RICHELIEU *& de Fronsac, Evêque de Luçon, Abbé general de Cluny, de Citeaux & de Prémontré, Abbé de saint Arnould de Mets, de Charoux, de la Chaise-Dieu, de Fleury, de Pontlevoy, de saint Lucien de Beauvais, &c. Pair de France, Commandeur des Ordres du Roi, Grandmaître, Chef & Surintendant general de la navigation & commerce de France, Gouverneur & Lieutenant general pour le Roi en Bretagne, Secretaire & puis premier Ministre d'Etat.*

On doit aller ensuite dans l'interieur de la maison, au milieu de laquelle il y a une grande cour d'un quarré long, entourée de bâtimens, une partie de laquelle est plus élevée que l'autre ; ce qui donne un air de grandeur & de majesté au superbe portique de l'Eglise, lequel ter-

LA SORBONNE.
Du côté de la Cour.

mine cette cour d'une maniere tout-à-fait magnifique.

 Ce portique que l'on pourroit nommer selon *Vitruve*, *prodomos*, ou *decastyle*, parce qu'il est formé de dix colonnes, dont six sont de face, est élevé sur un grand zoc, ou empatement qui a quinze degrez pour arriver au Vestibule. Les colonnes Corinthiennes dont il est formé, sont détachées du corps du bâtiment de plus de dix piés, elles soûtiennent un entablement couronné d'un fronton, dans le tympan duquel sont les armes du Cardinal, avec deux statues de chaque côté sur des acroteres. Toutes les moulures de l'architrave sont arasées, comme on en voit quantité d'exemples dans les édifices antiques, sur tout au Pantheon & au temple d'Antonin & Faustine, dans le *Campo-Vaccino* à Rome, afin qu'elles ne fassent qu'une seule table pour faire place à cette inscription.

ARMANDUS JOANNES,
CARD. DUX DE RICHELIEU,
SORBONÆ PROVISOR,
ÆDIFICAVIT DOMUM
ET EXALTAVIT TEMPLUM

SANCTUM DOMINO. M. DC. XLII.

On trouve la porte de l'Eglife fous ce magnifique portique, il eft à peu près dans la même difpofition que celui du *Pantheon* à Rome, le plus fuperbe monument qui foit refté des anciens, où la magnificence & la perfection de l'art paroiffent le plus; que *Jacques* LE MERCIER a tâché d'imiter en bien des parties, mais qu'il n'a pas entierement fuivi, puifque le portique de la Sorbonne a moins de colonnes, & eft orné de figures; ce qui ne fe trouve pas dans celui du Pantheon, ou de la Rotonde.

Il faut cependant convenir qu'il ne fe trouve point d'édifice moderne qui approche plus de la beauté du portique du *Pantheon*, que tous les plus fameux Architectes ont regardé jufqu'ici, comme l'ouvrage le plus correcte & le plus magnifique qui foit refté fur pié de la magnificence, & du goût prétieux des anciens.

Tous les appartemens qui regnent autour de cette cour, ont beaucoup de fimplicité. Les entre-foles avec leurs petites fenêtres d'une vilaine proportion, ne produifent pas un bon effet à la vûe.

Ces appartemens sont occupez par trente-six Docteurs de la maison & societé de Sorbonne, qui ont un droit particulier d'y être logez. Entre ces Docteurs, il y en a plusieurs qui ont des Bibliotheques particulieres assez nombreuses, mais que l'on ne voit pas aussi commodément que la grande, qui est commune à toute la maison.

De toutes les bibliotheques de Paris, celle-ci doit passer pour une des plus nombreuses & des plus considerables. Elle est dans un lieu vaste & fort éclairé, qui occupe le dessus des deux grandes sales, dans lesquelles on fait les actes publiques. Le nombre des volumes qui la composent est grand ; avec les Livres du Cardinal de *Richelieu*, entre lesquels il y avoit beaucoup de manuscrits rares & tres-bien conditionnez, on y trouve ceux de *Michel* le MASLE, prieur des Roches, chantre de l'Eglise de Paris, secretaire du même Cardinal, qui les légua à cette maison.

Entre les manuscrits, on montre un *Tite-live* en deux grands volumes *in fol.* d'une vieille traduction Françoise, environ du tems du roi *Jean*, enrichi de miniatures à la tête, de chaque chapitre & de vignettes sur les marges, qui sont tres bien peintes, où l'on voit ce bel or-couleur dont le secret est perdu, à ce que l'on prétend depuis deux siecles. Il est d'un brillant admirable, sans s'écailler; ce qui vient de la détrempe que l'on mettoit dessous, dont on ignore à present la composition. Ce grand ouvrage est d'un Religieux Benedictin, dont le portrait paroît à la tête.

Parmi les volumes les plus singuliers & les plus curieux de cette bibliotheque, on conserve les premieres éditions imprimées à Paris, dans la maison même de Sorbonne, par trois Allemans, que l'on fit venir en 1470, sous le regne de *Louis* XI. exprès de leurs payis, où ils étoient déja en réputation, nommez *Martin* CRANTS, *Ulrich* GERING, & *Michel* FRIBURGER. Ce fut deux illustres docteurs de cette même maison, dont on ne sauroit assez louer le zele & l'amour qu'ils avoient pour les sciences, appellez *Guillaume* FICHET & *Jean* de la PIERRE, qui leur procurerent tous les secours possibles, à qui on a l'obligation de l'imprimerie en France, & particulierement à Paris, la premiere établie dans le roiaume, qui passe à présent, comme tout le monde en doit convenir, pour la plus belle & la plus parfaite de l'Europe.

Vingt ans auparavant, ou environ, l'art d'imprimer avoit été découvert à Mayence, par *Jean* FAUST & par *Pierre* SCHOEFFER, & cette heureuse découverte fit grand bruit dans le monde, comme il est aisé de se l'imaginer. Les premieres éditions qui parurent à Paris, donnerent tant d'admiration, non-seulement pour leur beauté, mais aussi à cause de leur ressemblance, que les Libraires Allemands qui en apporterent les premiers dans cette Ville, furent obligez de prendre la fuite, aiant été accusés de magie, parce qu'on ne pouvoit comprendre ni s'imaginer, qu'il fut possible de trouver tant de conformité, entre un si grand nombre d'exemplaires sur la même matiere.

André CHEVILIER, Docteur & Bibliothecaire de Sorbonne, a fait un excellent traité *in quarto*, de l'histoire de l'imprimerie à Paris, qu'il a donné au public en l'année 1694, dans lequel il rapporte sur ce sujet un grand nombre de choses curieuses, qui donnent beaucoup de satisfaction aux savans.

On conserve plusieurs volumes rares dans une des armoires à l'extrémité, reliez la plûpart en maroquin de Levant.

Il se trouve dans cette bibliotheque

un bien plus grand nombre de Livres de Theologie, que d'autre forte. On y remarquera quantité de bibles différentes, recherchées avec un tres grand foin & beaucoup de dépenfe, dont le nombre monte au moins à huit cens ; ce qui ne fe trouvera point ailleurs, non pas même dans la fameufe bibliotheque du Vatican.

A chaque extrémité de la bibliotheque, il y a des cheminées, fur l'une defquelles eft le portrait du Cardinal de *Richelieu*, en habit de cérémonie ; & fur l'autre, celui de *Michel* le MASLE, fon fecretaire, dont on a parlé. Sur le devant de celle qui eft du côté de la porte, on a mis un bufte de bronze du même Cardinal, de l'ouvrage de Jean VARRIN, qui vient de la fucceffion de la Ducheffe d'*Aiguillon*, niece du Cardinal, laquelle le laiffa après fa mort à cette maifon, avec d'autres biens, dont elle avoit joui fa vie durant. Le Roi défunt a fait prefent à cette bibliotheque de toutes les belles eftampes qu'il avoit fait graver, defquelles il y a plufieurs grands volumes *in folio*, reliez tres proprement, dont les principaux font les tableaux, les ftatues, le caroufel, les tapifferies, les diffections curieufes faites à l'Académie roiale des Sciences, & quelques autres.

On conserve une sphere de bronze dans une armoire, à l'extremité de la bibliotheque, dont le travail est fort estimé.

Il y a encore une autre bibliotheque derriere l'Eglise, dans un appartement qui donne sur le jardin, moins nombreuse que la premiere à la verité, mais qui conserve cependant quantité de Livres rares & singuliers.

Sur la porte de l'Eglise du côté de la place, on lit encore cette inscription.

DEO OPT. MAX.
ARMANDUS CARDINALIS
DE RICHELIEU.

Après avoir vû ce que la Sorbonne contient de plus singulier, on reprendra le chemin de la rue de la Harpe, en passant une seconde fois au travers de la place qui est devant l'Eglise.

La principale chose qui se remarque dans cette rue, est LE COLLEGE D'HARCOURT, fondé en l'année 1280, par *Raoul d'Harcourt*, Chanoine de l'Eglise de Paris.

On tient exercice dans ce College pour les basses classes, qui sont assez bien remplies de pensionnaires & d'écoliers externes à cause de la bonne discipline qui s'y observe. La porte est d'un dessein qui a de la beauté ; elle est en voussure d'une bonne proportion, ornée de refands, & d'un grand entablement avec un Attique au dessus. La baye ou l'ouverture de la porte est enfermée dans un chambranle, avec un couronnement circulaire qui porte dessus. Toutes ces choses ensemble demanderoient un point de vûe plus avantageux, & une place devant cette porte feroit un excellent effet ; ce qui étoit aisé de faire en la plaçant plus haut, vis-à vis de l'Eglise de Sorbonne. Cette porte a été construite en 1674.

En descendant plus bas, on passera devant les colleges de J U S T I C E, de BAYEUX, de NARBONNE, & devant celui de SEEZ, où les exercices ont cessé depuis quelques années, de même que dans plusieurs autres de l'Université.

Plus bas dans la même suite, on remarquera une vieille maison, ornée de sculptures Gothiques, bâtie à ce que l'on prétend, par *Jean* FERNEL, premier médecin du roi Henri II. un des plus grands hommes qui ait paru en France dans sa profession. Il a même occupé cette maison, estimée autrefois comme une des plus belles, dans un tems où l'on n'avoit pas rafiné sur l'art de bâtir, comme on a fait depuis.

Vis-à-vis de la rue de Sorbonne, dans la rue des Mathurins, est l'HÔTEL DE CLUNY, qui appartient à la fameuse Abbéie de ce nom.

C'est un ouvrage Gothique des plus entiers & des plus grands qui se voient à present sur pié en cette Ville, qui autrefois a été consideré comme un édifice de consequence. Il a été élevé en l'année 1505, sur un autre tres-ancien édifice, que le nombre des années avoit fort endommagé, par *Jacques d'Amboise*, Evêque de Clermont, Abbé de Cluny, de Jumieges & de saint-Alire. Ce prélat étoit neveu de l'illustre Cardinal *Georges d'Amboise*, si renommé & si cheri sous le regne de Louis XII. le pere de la patrie, dont il étoit premier Ministre ; ce grand homme à qui

H vj

180 DESCRIPTION

tous les hiſtoriens donnent des louanges extraordinaires, eſt mort à Lyon le 25 Mai 1510, âgé ſeulement de cinquante ans, entre les bras de ce ſage Prince, qui le pleura pendant pluſieurs jours, à cauſe de ſes grandes & rares qualitez, qui lui avoient procuré l'amour & la veneration de tout le monde. Cet édifice n'a autre choſe de remarquable que ſa ſolidité, & la diſpoſition des appartemens eſt telle, qu'il y auroit bien des choſes à refaire, s'il falloit les accommoder à la mode qui regne à preſent.

LE PALAIS DES THERMES.

LE PALAIS DES THERMES.

Ans la rue de la Harpe, derriere l'hôtel de Cluny, dont on vient de parler, les curieux de l'antiquité, & des vieilles ruines ne doivent pas negliger d'aller voir les restes magnifiques du palais de *l'empereur Julien*, que l'on nommoit autrefois, *le palais ou la maison des Thermes*.

Ces monumens sont d'autant plus précieux, qu'il ne se voit rien en cette Ville, ni peutêtre dans tout le reste du roiaume, qui soit si considerable & plus digne de l'attention des curieux, & des amateurs de l'antiquité.

L'on ne peut s'empêcher de dire ici que la negligence paroît trop grande, pour des monumens qui font tant d'honneur à la Ville de Paris, qui ne devroient pas être abandonnez, ou negligez comme l'on voit ceux ci. Les Magistrats qui ont soin des édifices publics, sur les sages exemples de ceux de la Ville de Rome, de Verone & de plusieurs autres endroits, pourroient veiller avec plus de soin à la conservation de ces restes magnifiques, que tant de siecles ont respectez, qui sont si considerables par leur admirable structure, & plus encore pour avoir été élevez par *Julien*, avant qu'il fut parvenu à l'empire, c'est-à-dire vers l'année 357, dans le tems qu'il se préparoit à faire la guerre aux Alemans qui se proposoient de faire une irruption dans les Gaules, & de ravager les terres soumises à l'empire Romain, comme ils avoient déja fait plusieurs fois auparavant. Julien revint encore dans les Gaules en 360, comme il l'a marqué lui-même dans son *Misopogon*, c'est-à-dire dans l'ouvrage qu'il composa contre le peuple d'Antioche, qui s'étoit moqué de lui, à cause de la longue barbe qu'il affectoit de porter. Il est vrai que les beaux arts sous son empire commençoient à tomber & à diminuer infiniment de la perfection & de la regularité, où ils avoient été sous les regnes précedens. Cependant l'on peut dire que l'on remarque encore dans ces précieuses ruines, des restes qui se sentent de la bonne & correcte maniere de bâtir que les anciens pratiquoient, comme les connoisseurs habiles en conviennent unanimement.

Ces monumens ont paru si considerables aux savans, que *Dom-Bernard de Montfaucon* ne les a pas oubliez dans son grand ouvrage de l'Antiquité expliquée, où il en parle comme d'une chose tres-remarquable.

Le docte *Dom-Jean* MABILLON, dans son excellent traité de *Re Diplomatica*, croit que *Childebert*, & d'autres Rois de la premiere race, avoient demeuré à cet endroit, & qu'ils y avoient tenu leur cour ; ce qu'il conjecture à cause de quelques chartes qu'il a trouvées datées du palais des *Thermes*.

Adrien de Valois dans sa savante dissertation *de Basilicis quas primi Francorum Reges condiderunt*, est du même sentiment : ce qu'il prouve avec bien de la netteté & de la force. Le même auteur prétend que ce palais étoit entouré de grands parcs, qui s'étendoient bien avant de chaque côté, qu'ils alloient jusqu'à sainte Geneviéve du Mont, & jusqu'aux environs de saint Germain des Prez. Peutêtre qu'il étoit resté assez de bâtimens de l'ancien palais de *Julien*, jusqu'au regne de Childebert fondateur de l'abbéie de saint Vincent à present saint Germain, pour y pouvoir habiter en ces tems-là, où la grandeur immense & fastueuse des édifices n'étoit pas encore devenue à la mode pour donner une idée magnifique de ceux qui les habitent.

Pour voir ces ruines commodément, il faut entrer dans une fort vilaine maison de la rue de la Harpe, à l'enseigne de la Croix de fer, occupée par des messagers, dans laquelle on trouvera plusieurs anciens arcs qui marquent une haute antiquité, & dans le fond une espece de sale tres-vaste, dont la voûte sans cordons est fort exhauſſée & tout-à-fait hardie, parce qu'elle n'est fabriquée que de maſtications, c'est à-dire de pierres au hazard, dont nos architectes ne connoiſſent plus à present la compoſition.

Comme il est permis de former des conjectures sur ce qui paroît, on pourroit dire que cette grande sale, s'il est permis de l'appeller ainsi, a pû servir de quelque temple profane. Les trois niches creuſées dans le mur méridional, peuvent fortifier cette conjecture, parce qu'il paroît qu'elles ont été faites ainsi pour placer des idoles; mais à parler franchement, il est bien difficile de rien déterminer là-deſſus, & le silence des hiſtoriens laiſſe la liberté de former tel jugement que l'on voudra.

Cependant la plus commune opinion, c'est que cette grande sale étoit destinée pour l'usage des bains, comme les Romains les disposoient ordinairement, & l'on prétend que les arcs antiques qui se voient encore à present au village d'Arcueil, sont les restes d'un aqueduc, bâti exprès par l'empereur Julien, pour conduire les eaux de cet endroit dans le palais, qu'il occupoit à Paris.

Les soûterrains de cet édifice sont aussi à remarquer; & quoiqu'ils n'aient pas toute la grande & la vaste étendue qu'ils avoient autrefois, on ne peut s'empêcher de croire par ce qui en reste, qu'ils alloient fort loin, sans que l'on puisse bien juger à quel usage ils étoient destinez.

Tout ce que l'on peut avancer de plus assuré, c'est que ces ruines ont de la grandeur & de la noblesse, & sont parfaitement bien construites; ce qui fait juger que c'étoit autrefois un édifice de grande consequence, & élevé avec beaucoup de soin. Les voûtes en sont si solides & si bien liées, que l'on y a porté dessus assez de terre, pour en faire un jardin, dans lequel on entre par le quatriéme étage de l'hôtel de Cluny, où il y a des fleurs & des arbustes qui y croissent; & ceux qui demeurent dans cet hôtel s'y viennent promener, comme fur une terrasse solide qui auroit été construite tout exprès.

L'on ne peut s'empêcher d'admirer non-seulement la beauté & la grandeur de ces ruines, mais encore la propreté du travail. Le petit moilon piqué est posé dans une distance si correcte, avec quatre assises de brique entre deux, qu'il est aisé de juger par leur arrangement, de l'excellence des siecles passez, où l'on donnoit des soins particuliers pour la construction des édifices.

Les architectes étoient autrefois si appliquez à leur art & avoient des connoissances si étendues pour toutes les parties d'un bâtiment, que sans se contenter de donner simplement des desseins generaux comme ils font à present, pour les décorations exterieures, ou pour les commoditez des dedans, ils entroient dans le détail de la fabrique & dans la recherche des materiaux, si on en croit *Vitruve*, rien ne doit échapper aux lumieres d'un habile architecte, jusqu'à la musique même, dont il doit connoître les principales parties ; mais les maçons d'à-present qui se qualifient insolemment du titre d'architectes, font bien éloignez de se donner tant de fatigue &

de tant étudier ; auſſi voit-on que les ouvrages qu'ils élevent tous les jours avec des dépenſes immenſes & dont on leur abandonne aveuglément la conduite, tombent en ruine peu de tems après avoir été élevez, parce qu'ils ne s'étudient pas à rechercher la ſolide conſtruction, malgré les exemples que les édifices antiques & Gothiques leur fourniſſent & leur expoſent tous les jours devant les yeux : ce qui ſera cauſe ſans doute, que les édifices élevez dans ces derniers ſiecles ne feront pas grand honneur à ceux qui les ont conſtruits.

A l'extrémité de la rue de la Harpe, en tournant à main gauche, à l'entrée de la petite place qui eſt à l'extrémité du pont ſaint Michel, il ſe trouve une borne ſur laquelle on remarque encore une tête aſſez mal formée. Elle a été miſe à cet endroit pour conſerver la memoire d'un évenement tragique arrivé ſous le regne de *Charles* VI. dont il a déja été fait mention dans l'article du petit Châtelet.

On ajoûtera encore cependant, que le 12 de Juin 1418, ſur les deux heures après minuit, *Perrinet* le CLERC, fils d'un marchand de fer, Echevin de la Ville, prit fous le chevet du lit de fon pere, les clefs de la porte faint Germain, & l'ouvrit à huit cens hommes de cavalerie du Duc de Bourgogne, commandez par Jean de Villiers de l'Ifle-Adam. Ces troupes s'étant répandues dans les principaux quartiers de la Ville à la faveur de la nuit & du filence, commirent des excès & des cruautez épouventables. Ils égorgerent impitoiablement les évêques de Coutance, de Bayeux, d'Evreux, de Saintes & de Senlis. Ils commencerent par le palais, d'où ils tirerent le Connétable & le Chancelier qui furent maffacrez les premiers, & dont ils expoferent les corps qui furent enfuite trainez par les rues. Enfin il fut égorgé un tres-grand nombre de perfonnes de marque dans cette extrême confufion. Les chofes aiant été appaifées peu de jours après, & les Bourguignons chaffez de la Ville par la bravoure des Parifiens; *Perrinet* le CLERC fe fauva avec eux heureufement pour lui. Le peuple juftement irrité d'une fi étrange perfidie, ne le pouvant tenir pour le punir comme il le méritoit, porta par toutes les rues la figure de ce traitre infigne, pour être vûe & outragée de toute la populace. On érigea ensuite une statue de pierre à sa memoire, dans le même endroit, où cette borne est plantée, sur laquelle la tête de ce traître à sa patrie se voit encore à present, & il n'y a pas encore longtems que l'on trouva dans une cave de la maison voisine des fragmens de cette figure.

En continuant le chemin à main gauche, on entre dans LA RUE SAINT ANDRE' DES ARCS, laquelle reçoit son nom de l'Eglise paroissiale qui est à l'entrée.

Cette Eglise n'étoit autrefois qu'une petite chapelle, sous le titre de saint Andeole, disciple de saint Policarpe, qui a pris dans la suite des années le nom de saint André Apôtre. Elle étoit située au milieu d'un champ planté de vignes & d'arbres fruitiers, dont le fond appartenoit à l'Abbéie de saint Germain des Prez. Cette chapelle fut érigée en paroisse vers l'année 1212, dans le même tems que saint Côme: tous les environs de ces deux Eglises n'étoient auparavant que des champs ou des vergers, où il y avoit tres peu de maisons, qui se trouvoient pourtant déja enfermées dans les murailles, que Philippe Auguste avoit fait conſtruire dès l'année 1192.

On croit que cette Egliſe eſt nommée *Saint André des Arcs*, à cauſe qu'il y avoit quelques vieilles arcades reſtées d'un ancien bâtiment ruiné qui en étoit proche ; cependant un ſavant dans les recherches de l'antiquité, croit que cette Egliſe a reçû ce nom d'un grand jardin, dans le voiſinage du lieu, où eſt à preſent *la rue Hautefeuille*, qui ſervoit ordinairement aux jeunes gens, pour s'exercer à tirer de l'arc, de la même maniere qu'il ſe pratique encore dans quelques Villes du roiaume.

Le bâtiment de cette Egliſe eſt fort ſimple & fort déſagréable ; mais cependant il ne faut pas negliger d'y entrer, pour voir les tombeaux de quelques perſonnes illuſtres qui y ſont inhumées.

Chriſtophle de THOU & *Jacques Auguſte* de THOU ſon fils, ont leurs ſépultures dans une chapelle à côté du chœur, à main droite en entrant par la grande porte de cette Egliſe. Leur réputation eſt encore ſi précieuſe aux gens de bien, & à tous les ſavans, qu'ils ne font aucune difficulté de dire que la France n'a point produit de plus illuſtres perſonnages ; & l'on regarde l'hiſtoire de

Jacques Auguste de *Thou*, comme un des plus beaux ouvrages de ces derniers siecles. Elle est écrite en latin ; ce qui a donné occasion aux étrangers de la lire & d'en concevoir une si haute estime, que de tous les Livres d'histoire, c'est celui auquel ils s'attachent avec plus d'assiduité & de soin.

De *Larrey*, dans son histoire d'Angleterre, dit, que Jacques Auguste de *Thou*, caracterise si bien les actions & les personnes, dont il donne la description, & qu'il conserve dans la grandeur & la beauté des expressions, une exactitude, une fidelité & une impartialité, que ceux mêmes qu'il condamne sont obligez de respecter. *Cette lumiere de la France*, comme l'appelle l'historien *Cambden*, qui l'étoit lui-même d'Angleterre ; *ce prince de l'histoire*, comme il le nomme, mourut le 7 de Mai 1617, illustre par sa famille, qui tire son origine du château de *Thou*, en Champagne, & qui avoit donné des grands hommes à la France depuis plusieurs siecles ; mais plus illustres encore par son érudition, son integrité & sa capacité, soit dans les fonctions de sa charge de Président à mortier, soit dans la composition de son admirable histoire, si univerfellement eftimée de tous les favans, dont une partie a été traduite par du *Rier*, en 3. vol. *in fol.*

Cette belle hiftoire ne comprend que depuis le regne de Louis XII. jufqu'en l'année 1608, divifée en 138 Livres.

François Augufte de THOU, Confeiller du Roi en tous fes Confeils d'Etat & privé, maître des requêtes, fon fils aîné, eut la tête tranchée à Lyon, en l'année 1642, pour n'avoir pas revelé le fecret que le Comte de Cinqmars fon ami lui avoit confié, d'une confpiration tramée contre le Cardinal de Richelieu. Ce miniftre fe fervit de ce pretexte pour perdre un homme de diftinction, aimé du roi Louis XIII. dont le pere à la verité avoit écrit quelque chofe dans fon hiftoire, qui n'étoit pas avantageux à fa nobleffe; en quoi ce Cardinal fit bien voir fon humeur cruelle & vindicative, & fon extrême autorité : mais felon les memoires d'*Artagnan*, pag. 153, le Cardinal ne furvêcut pas longtems à ces triftes victimes de fon ambition & de fa vengeance, puifqu'il rendit fon ame à Dieu, vingt-deux jours après leur execution.

On raconte qu'une dame de beaucoup d'efprit, propre fœur de *François Augufte* guste de Thou, se trouvant dans l'Eglise de la Sorbonne, lorsque l'on faisoit un service pour le repos de l'ame du Cardinal, ne pût s'empêcher de dire fort à propos, ce que Marthe dit à N. S à la resurrection du Lazare: *Domine si fuisses hîc, frater meus non esset mortuus.*

Dans cette même chapelle on voit le buste en marbre de *Christophle* de Thou, avec son épitaphe que voici, qui marque les grands emplois qu'il a eu.

D. O. M.

Christophoro Thuano August. F. Jac. *Equiti, qui omnibus Togæ muneribus summa cum eruditionis, integritatis, prudentiæ laude perfunctus, amplissimosque honores sub Franc. I. Henr. II. Regibus consecutus, Senatus Parisi. Præses, deinde Princeps sacri Consistorii Consiliarius, mox Henr. tunc Aurel. ac demùm Franc. Andeg. D. Cancellarius: Tandem cùm de Judiciario ordine emendando, quæstura Regno fraudib. ac rapinis vindicando & scholar. disciplina restituenda cogitaret, nulla inclinatæ ætatis incommoda anteà expertus, ex improvisa febri decessit.*

Uxor liberique mœr. P.
Vixit Ann. LXIV. D. 5.
Obiit anno salutis 1582.
Calend. Novemb.

On voit aussi dans la même chapelle le tombeau de *Jacques Auguste* de THOU, avec l'épitaphe qui suit.

JACOBO AUGUSTO THUANO CHRISTOPHORI *filio, in regni Consiliis assessori, amplissimi Senatus Præsidi, litterarum quæ res divinas & humanas amplectuntur, magno bonorum & eruditorum consensu peritissimo, variis Legationibus summa sinceritate ac prudentia functo, viris principibus ævo suo laudatissimis eximiè culto: Historiarum scriptori quod ipsæ passim lo-*

DE LA VILLE DE PARIS. 195
quuntur celeberrimo, Christianæ pietatis antiquæ retinentissimo.

Vixit annos 63.
Menses 6. dies 29.
Obiit Lutetiæ Parisiorum
Nonis Maii 1617. parcissimè censuisse videtur, qui tali viro sæculum defuisse dixit.

Tous les ornemens de ce tombeau sont de *François* ANGUIER, Sculpteur, qui n'a rien fait que de beau, le même qui a travaillé depuis au Val-de-Grace & a d'autres ouvrages diſtinguez.

On pourra lire dans le chœur de cette Egliſe à côté du grand Autel, l'épitaphe de la *Princeſſe* de CONTY, dont la pieté a été en veneration à tout le monde. On y voit une belle figure de marbre à demi-boſſe, de la main de GIRARDON ; elle repreſente par attributs, la Foi, l'Eſperance & la Charité, trois vertus qui convenoient parfaitement à cette illuſtre Princeſſe, qu'elle pratiqua toute ſa vie, avec l'édification de toute la France.

I ij

DESCRIPTION

A LA GLOIRE DE DIEU

ET A LA MEMOIRE ETERNELLE

D'ANNE-MARIE MARTINOZZI,

Princesse de Conty.

Qui détrompée du monde dès l'âge de dix-neuf ans, vendit ses pierreries pour nourrir pendant la famine de 1662, les pauvres de Berry, de Champagne & de Picardie, pratiqua toutes les austeritez que sa santé put souffrir; demeura veuve à l'âge de vingt neuf ans, consacra le reste de sa vie à élever en Princes Chrétiens les Princes ses enfans, & à maintenir les Loix temporelles & ecclesiastiques dans ses Terres, se reduisit à une dépense tres-modeste, restitua tous les biens dont l'acquisition lui fut suspecte, jusqu'à la somme de D. CCC. mille livres, distribua toute son épargne aux pau-

vres dans ses Terres & dans toutes les parties du monde, & passa soudainement à l'éternité après seize ans de perseverance, le 4. Fevrier 1672. âgée de 35 ans.

Priez Dieu pour elle.

LOUIS ARMAND DE BOURBON, PRINCE DE CONTY, ET FRANCOIS-LOUIS DE BOURBON, PRINCE DE LA ROCHE-SUR-YON, SES ENFANS, ONT POSE' CE MONUMENT.

Louis Armand de *Bourbon* Prince de CONTY, fils aîné de cette Princesse, est déposé dans le même tombeau. Il est mort à Fontainebleau, le 9 de Novembre 1685, âgé de 24 ans.

De l'autre côté aussi dans le chœur, on voit le tombeau de *François-Louis* de *Bourbon, prince* de CONTY, frere puisné du Prince dont on vient de parler.

Ce monument est assez semblable à celui qui est vis-à-vis, & les accompagnemens n'ont rien du tout d'extraordinaire. Il est de marbre plaqué, sur le jambage de l'arc. On y a représenté une vertu pleurante dans une attitude de douleur, dont les draperies sont jettées avec art.

On lit cette épitaphe gravée en lettres d'or, sur un marbre noir, dans le quadre du piédestal bombé & profilé avec le gros pilier sur lequel tout l'ouvrage est appliqué.

FRANC. LUD. BORBONIUS

REG. SANG. PRINCEPS

DE CONTY.

Natus Lut. Parif. Prid. Kal. Maii, an. 1664.
In Belgicar. Urbium, Cortraci, Dixmudæ, Lucemburgi obsidionibus Posito Tyrocinio.

In Hungariam adversus Turcas profectus,
Lotharing. Principi, Duci veterano juvenis, admirationi fuit.

Domum reversus tradidit se in disciplinam Patrui Condæi,
Qui paulo post extinctus, in eo revixit.
A prima usque pueritia Delphino unice dilectus.
In Germaniâ Philippoburgum, Manheimum, aliasque urbes expugnanti:
In Flandria Principis Arausic. Impetus incredibili celeritate prævertenti,
Comes ubique affait, & adjutor.
LUDOVICO MAGNO *Montes &*
Namurc obsidenti
Utilem operam navavit.
Ad Steenkercam, ad Nervvindam,
Laborantem & penè inclinatam aciem ita restituit,
Ut Lucemburgius victor maximam ei partem gloriæ concederet.
In Poloniam Bonorum judicio & voluntate ad regnum vocatus.
Contraria dissidentium civium

factione defideranti Patriæ
redditus,
Otium minimè iners bonarum artium
ftudiis, lectioni, eruditis colloquiis
impendit.
Ingenio magno & excellente, ita
aptus ad omnia,
Ut quicquid ageret, ad id unum
natus esse videretur.
De familia, de amicis, de humano
genere optimè meritus,
Gallorum amor, & deliciæ ; heu
breves.
Dignam Chriftiano Principe
Et pretiofam in confpectu Domini
Mortem obiit Lut. Parif. VIII Kal.
Mart. an. Chrif. 1707. æt. 45.
Ad fanctos Piæ
Matris cineres,
Uti ipfe jufferat,
Uxor mœrens pofuit.
R. I. P.

André du CHESNE, un des plus favans hommes que la France ait produit

pour l'histoire & pour la recherche des maisons illustres, est mort le 30 de May 1640.

Pierre HOZIER, Genealogiste, Juge & Intendant general des armes & blazons de France, que l'on consultoit avec soin, est mort le 29 de Novembre 1660, âgé de soixante & neuf ans.

Louis COUSIN, President à la cour des monoies, né à Paris, est mort le 26 de Février 1707. Il étoit de l'Academie Françoise, & s'étoit appliqué à faire plusieurs traductions utiles, entre autres des historiens ecclesiastiques, grecs & latins, & de l'histoire Bizantine en plusieurs volumes *in quarto*, où à la tête de chaque auteur il a mis une préface fort curieuse & fort instructive. Il a travaillé pendant quinze ans au Journal des savans, & il paroît par la quantité d'ouvrages qu'il a mis au jour, qu'il étoit tres-exact & tres-laborieux.

Il a fondé onze boursiers au college de Laon, qui doivent être entretenus de toutes choses pendant le cours de leurs études; & cette fondation qui produit de grands fruits, marque bien sa charité pour les pauvres, & son zele pour les personnes studieuses.

Sous les orgues de cette Eglise est enterré *Robert* de NANTEUIL, mort le 18 de Decembre 1678, âgé de quarante-huit ans. Il étoit excellent graveur, particulierement pour les portraits, qu'il faisoit en pastel d'une maniere admirable. Les curieux font des recueils de ses pieces, dont le nombre est considerable.

On peut lire dans la nef de cette Eglise, l'épitaphe d'un magistrat de grande reputation, dont voici la copie.

A LA GLOIRE DE DIEU,

Et à la memoire éternelle de Messire JEAN-BAPTISTE RAVOT *Chevalier Seigneur d'*OMBREVAL, *& Conseiller du Roi en tous ses Conseils, & son premier Advocat general en sa Cour des Aydes, décedé le 17 de Janvier 1699, âgé de 45 ans, après en avoir passé 17 dans l'exercice de sa Charge.*

Dame Genevieve BERTHELOT *son épouse, a fait poser cette*

dite épitaphe, & a donné à l'Oeuvre de cette Eglise la somme de 200 liv. pour faire dire une messe à perpetuité le jour de la mort du défunt. Messieurs les Marguilliers se sont obligez de faire executer la fondation, & d'en avertir la veille l'aîné de ses descendants.

Sebastien le Nain de Tillemont, Prêtre, est mort à Paris sa patrie, entre les bras de sa famille, le 10 de Janvier 1680, âgé de 60 ans. Son corps fut porté à Port roial des champs, mais cette abbéie fondée par saint Louis aiant été détruite dans le mois de Janvier de l'année 1710, tout ce que renfermoit son tombeau, fut apporté au commencement de 1711, à saint André la paroisse de sa famille, & fut déposé vis-à-vis de la chapelle de la Vierge. Il s'étoit attiré l'estime du public, par les doctes écrits qu'il a publiez pendant sa vie, & par ceux qui ont paru après sa mort. Ses nombreux ouvrages ne servent pas peu tous les jours à éclaircir l'histoire de l'Eglise, par les savantes & curieuses recherches qui s'y trouvent répandues par tout.

Dans le cémetiere de la même Eglise, est le tombeau de Charles DU MOU-LIN Jurisconsulte tres renommé, Avocat au Parlement de Paris sa patrie. On l'appelloit à cause de sa profonde science dans le droit, le *Papinien François*. Il est mort le 28 de Decembre 1566, âgé de soixante ans. On l'accusa d'avoir suivi les nouvelles erreurs de son tems, & les jaloux de son mérite & de sa réputation lui firent beaucoup de peine à cet égard ; mais sur la fin de sa vie il reconnut la veritable religion, & mourut en bon chrétien entre les bras de *Claude d'Espense* illustre théologien de son siecle & de *François Curtin*, Curé de sa paroisse.

A l'extremité de la rue saint André des Arcs, il se trouve encore quelques vieilles maisons sur pié, restées des siecles passez, entre lesquelles on en distinguera une, où l'on voit sur la porte un éléphant en sculpture, chargé d'une tour ; elle a appartenu autrefois à *Jacques* COYTIER, médecin de *Louis* XI. duquel l'histoire de ce regne parle fort souvent. Cet adroit médecin sut tirer de ce Prince tout ce qu'il voulut, en le menaçant de la mort.

Comines rapporte des choses si singulletes sur cet article, que l'on a cru faire quelque plaisir au lecteur curieux de les marquer ici.

Cet historien exact & fidele, dit, que ce médecin reçut de ce Prince jusqu'à dix mille écus par mois, somme prodigieuse en ce tems là, sans les évêchez, les benefices & les terres pour lui & pour ses créatures, que ce Prince lui donnoit aveuglément. Le même auteur ajoûte encore en propres termes, *que ce médecin lui étoit si tres-rude, que l'on ne diroit pas à un valet, les outrageantes & rudes paroles qu'il lui disoit, & si le craignoit tant ledit Seigneur, qu'il ne l'eût osé envoyer hors d'avec lui, pour ce que ledit médecin lui disoit audacieusement ces mots* : Je sçai bien qu'un matin vous m'envoyerez comme vous avez fait d'autres, *mais par un grand serment qu'il lui juroit*, Vous ne vivrez pas huit jours après. *Ce mot épouvantoit si fort le Roi, qu'il ne cessoit de le flater & de lui donner, ce qui lui étoit un grand purgatoire en ce monde.*

Le médecin *Jacques Coytier*, avoit pris pour sa devise un abricotier, dont le nom avoit du rapport au sien, comme on le voit par une vieille sculpture sur la porte d'un escalier resté encore sur pié, dans le fond de la cour de cette maison; & l'on préfume que ce fut après le ftratagême heureux dont il fe fervit pour fauver fa vie. *Louis* XI. dégoûté de lui & revenu des fourberies & des rufes de ce médecin de cour, donna ordre au grand Prevôt fon cher confident, de l'arrêter & de fe défaire de cet importun, comme il avoit fait de plufieurs perfonnes qui déplaifoient à ce Prince bizarre & capricieux. *Coytier*, averti par le Prevôt, qui étoit fon bon ami, des ordres fâcheux qu'il avoit à lui donner, fongea ferieufement à éluder le malheur qui le menaçoit; & comme il avoit de l'efprit, & qu'il favoit la foibleffe extrême que le Roi avoit pour la vie, il fit entendre au Prevôt ce qu'il avoit dit plufieurs fois au Roi lui-même, qu'il étoit tres fâché d'apprendre cette trifte nouvelle; mais que ce qui l'affligeoit encore bien davantage, c'étoit que depuis tres-longtems il favoit par une fcience particuliere, que le Roi ne vivroit pas quatre jours après lui, que c'étoit un fecret qu'il vouloit bien lui confier, comme à un ami difcret & fidele. Le Prevôt qui donna ingenuement dans le panneau, ne manqua pas de faire promptement ce recit au Roi, qui en conçut tant de peur, qu'il ordonna qu'on laissât *Coytier* en repos, mais qu'il ne parût plus en sa presence. Le rusé & adroit médecin qui ne demandoit rien davantage, se retira tres volontiers pour jouir des biens excessifs qu'il avoit pillez à la Cour pendant son crédit, & fit bâtir cette maison dans un champ qui se trouvoit à cet endroit proche des murs de la Ville. Il prit pour devise ou pour symbole, selon l'usage grossier de ce tems-là, un abricotier dans un écusson penché, qui se voit encore en sculpture sur la porte, dont on a parlé, parce que le mot en est composé de son nom & d'*Abri*, pour faire entendre que *Coytier* étoit à l'abri, ou en sûreté dans ce lieu de retraite, éloigné de la Cour.

Sur la même porte, il se lit encore à present une inscription, accompagnée de la sainte Vierge, de saint Jacques, patron de *Coytier*; & d'un Evêque. Cette inscription est en lettres enfermées les unes dans les autres, comme on en voit des exemples dans les écritures de la premiere & de la seconde race des Rois de France, dont cependant on ne se servoit plus sous le roi *Louis* XI. il y avoit déja tres-longtems.

JACOBUS COYTIER MILES ET
CONSILIARIUS AC VICE-PRÆSES
CAMERÆ COMPUTORUM
PARISIENSIS
AREAM EMIT, ET IN EA
ÆDIFICAVIT HANC DOMUM
ANNO 1490.

L'HÔTEL DE CHATEAU-VIEUX à côté de la maiſon dont on vient de parler, & dont la ſtructure paroît du même tems, a ſervi autrefois aux anciens Ducs de Bourgogne. C'eſt à préſent une maiſon garnie, où peuvent loger toutes ſortes de perſonnes, qui ont beſoin de réſider à Paris, pour vaquer à leurs affaires.

En l'année 1707, on a bâti à côté une maiſon dans un tres-bel emplacement, mais ſur un deſſein fort médiocre. On condamne ſur tout la diſpoſition de la porte, ainſi que du principal escalier & de plusieurs autres parties ausquelles il étoit tres-aisé de donner de plus belles formes & des proportions plus correctes, sans faire de grandes dépenses.

La porte de Bussy, qui se trouvoit à l'extremité de la rue *saint André des Arcs*, par laquelle on sortoit pour entrer dans le faubourg saint Germain, a été renversée en l'année 1673, par un arrêt donné exprès, duquel on a gravé une copie sur un marbre posé à l'endroit où étoit autrefois cette porte.

Avant que de quitter le quartier de l'Université, il faut aller dans la rue des Cordeliers, dans laquelle il se trouve encore quelque chose de remarquable.

L'Eglise paroissiale de Saint Côme, est fort proche de la *rue de la Harpe*. Elle a été bâtie à peu près dans le même tems que l'Eglise de saint André des Arcs, vers l'année 1212, par *Jean* Abbé de saint Germain des Prez. Il fit construire l'une & l'autre, ne voulant pas perdre un ancien domaine qui lui appartenoit, dont le Curé de saint Severin prétendoit s'emparer, à cause du voisinage de son Eglise. *Estienne* Evêque de Paris, qui étoit aussi bien-aise d'augmenter sa jurisdiction, representoit que le territoire dont il s'agissoit, étoit trop éloigné de saint Sulpice, la paroisse du faubourg, & qu'il étoit impossible que le Curé pût vaquer exactement à toutes ses fonctions, à cause de l'éloignement.

Cependant on doit observer ici, qu'il s'en falloit infiniment que la Ville ne fût peuplée alors, comme elle est à present. Le quartier dont il s'agissoit, n'étoit occupé que par quelques maisons de campagne entourées de vignes & de jardins, pour lesquelles cependant on édifia ces deux paroisses; dans la suite elles sont devenues considerables, principalement celle de saint André des Arcs, dont on a parlé ci dessus.

Sur quoi on peut évidemment connoître que dans les siecles passez, la discipline & la police de l'Eglise étoient observées avec une extrême exactitude, ne permettant pas qu'un seul Curé eut un si grand troupeau à diriger, comme il se voit à present dans les grandes paroisses de cette Ville, qui pourroient fournir tres-abondamment de quoi former plusieurs autres cures, d'une grande étendue & d'un revenu plus que suffisant.

Ces deux cures dont on vient de parler, ont passé depuis à la nomination de l'Université, par une convention faite avec les Abbé & Religieux de saint-Germain des Prez, au sujet d'une satisfaction que ces derniers furent obligez de donner à l'Université, à cause d'un désordre arrivé dans le Pré aux clercs, entre les écoliers & les domestiques de l'Abbéie de saint-Germain. Cet accord se fit en 1346.

Le tableau de l'autel de l'Eglise de saint Cosme, qui represente une resurrection de N. S. est de *Houasse*, peintre de l'Académie. La menuiserie ornée de colonnes Corinthiennes, est d'un dessein assez bien imaginé.

Il y a plusieurs anciens tombeaux, dont les auteurs des antiquitez de Paris n'ont pas manqué de parler, & de rapporter les épitaphes, qui se peuvent lire dans leurs ouvrages.

Claude Torgnel d'ESPENCE, Docteur de la maison de Navarre, étoit un tres-savant homme, & des plus emploiez aux grandes affaires de la religion. Il assista au colloque de Poissy, tenu en l'année 1662, où il fit des merveilles contre Beze & les autres Miniſtres qui l'accompagnerent à cette fameuſe conference qui ne produiſit aucun fruit. De *Thou* parle de ce grand homme avec des éloges extraordinaires ; & dit que par ſes doctes écrits, par la ſainteté de ſa vie & par les ſervices importans qu'il avoit rendus à l'Egliſe, il merita plus qu'il n'obtint le chapeau de cardinal. Le même auteur remarque, qu'il mourut de la pierre, qui eſt la triſte & douloureuſe récompenſe que le travail aſſidu donne aux gens de Lettres.

L'épitaphe qui ſuit eſt attachée ſur ſon tombeau.

Nobiliſſimo, piiſſimo, omnique diſciplinarum genere cumulatiſſimo D. CLAUDIO ESPENCÆO, *Theologorum hujus ſæculi facili principi, paterno quidem genere, ex clariſſimo Eſpencæorum, materno illuſtri Urſinorum familia orto, divini verbi præconi celeberrimo, pauperum patri benigniſſimo, qui cùm per 46. annos continuos in hac prima omnium Academia litteris humanio-*

DE LA VILLE DE PARIS. 213

ribus, Philosophicis & divinis, operam cum omnium incredibili admiratione navasset, à Rege Christianissimo Francisco I. Melodunum, Henrico II. Bononiam, à Francisco II. Aureliam, à Carolo IX. Pissiacum Religionis componendæ ordinandæque nomine inter primos hujus augustissimi regni proceres partim legatus, partim Orator de re Christiana sanctissime doctissimeque disceptasset, permultos in sacrosanctam scripturam commentarios edidisset, tandem gravissimo calculi morbo diu multumque vexatus, cum omnium principum, senatorum, nobilium, plebeiorumque luctu ac desiderio obiit, anno ætatis 60. die 5. Octobris 1571.

Guido Gassarus Flaminius Prior sanctæ Fidei apud Columerios ejusdem Amanuensis, & per annos 17. negotiorum gestor devinctissimus, hanc effigiem cum suo elogio viæ Domini charissimi & benignissimi me-

moriæ erigebat, & mærens ponebat anno 1572. die ultima Januarii.

Voici l'épitaphe de Pierre du Puy, Conseiller & Bibliothequaire du Roi, qui a été en grande réputation parmi les plus savans & fort aimé des gens de bien à cause de sa vertu, & de son profond savoir; on doit encore dire que le nom de ce grand homme sera toûjours respecté dans la république des Lettres pour les excellens ouvrages qu'il a publiés.

PETRUS PUTEANUS CLAUDII PUTEANI, *Senatoris amplissimi filius, ex Claudia Sanguina filia Barbaræ Thuanæ, quæ fuit Christophori Thuani Senatus Principis soror, Clementis Puteani juris ævo suo peritissimi nepos. Optimis parentibus optime respondit: Doctrina, pietate, prudentia, fide, gravitate, constantia probatissimus: Regi à consiliis & bibliothecis: imperii Gallicani jura, exemptis summo labore provisis, Rempublicam*

DE LA VILLE DE PARIS. 215
ministrantibus consultissime suggessit, procerum & clarissimorum ubique virorum officiis, observantia, frequenti conventu celeberrimus. Vixit annos sexaginta novem, mensem unum. Hic situs XIX. *Cal. Jan. an.* CHR. M. DCLII. *immortalis per Christum vitæ gratiam expectat.* JA-COBUS PUTEANUS *fraternæ gloriæ consors, orbitatis suæ mæstitiam, Nicolai Bigallii verbis amicitiæ veteris honorem testantibus, quanto per Christianæ modestiæ præcepta fas est, solatio consolatur.*

LA MAISON
DE SAINT COSME
OU
L'ECOLE DE CHIRURGIE.

Elle est fort voisine de l'Eglise dont elle porte le nom, dans *la rue des Cordeliers*.

Cette célebre école a été fondée, à ce que l'on croit, par saint Louis, vers l'année 1268 ; cependant on trouve que cette compagnie ne fut entierement établie que sous Philippe le Bel, par les soins & les sollicitations de *Jean* PITTARD. Le roi saint Louis, par un zele de charité, avoit déja ordonné que tous les premiers lundis de chaque mois les maîtres en charge feroient gratuitement la visite de tous les pauvres malades qui se presenteroient : ce qui s'observe encore à present avec exactitude, suivant l'intention de ce Prince pieux, & charitable.

La même compagnie, par une fondation de plus de quatre cens ans, envoie à Luzerche

Luferche deux fois l'année, quatre députez de fon corps, en qualité de recteurs de la confrerie, à la fête de faint Côme & de faint Damien, & à celle de faint Simon faint Jude, pour faire la vifite de tous les malades, qui viennent exprès en ce lieu de divers endroits ; ce qui procure un extrême foulagement aux gens de la campagne.

Bienaife, fameux chirurgien de la même communauté, pour ranimer les exercices qui étoient fort ralentis par la fuite des tems, a fondé deux profeffeurs de trois cens livres d'appointemens chacun, pour enfeigner l'anatomie & les operations chirurgicales ; ils font à la nomination conjointement de l'Archevêque de Paris, du Recteur de l'Univerfité, du premier Médecin & du premier Chirurgien du Roi, & du plus proche parent du fondateur.

En l'année 1691, la communauté des chirurgiens a fait bâtir une fale tres-commode pour les exercices, dans laquelle un grand nombre de perfonnes peuvent voir aifément les operations qui s'y font. Le lieu eft difpofé en amphithéatre, avec plufieurs bancs les uns fur les autres, mis en degrez ; comme ce lieu eft percé avantageufement tout autour, la lumiere qui y est necessaire se répand par tout.

La porte de cette sale est ornée d'un ordre Ionique & de quelques sculptures symboliques de l'art.

Au milieu, ces inscriptions sont gravées sur un marbre de Dinan.

AD CÆDES HOMINUM PRISCA AMPHITHEATRA PATEBANT:

UT LONGUM DISCANT VIVERE, NOSTRA PATENT.

On lit cette seconde inscription vis-à-vis, sur la porte de la sale, où se font les assemblées & les visites des pauvres, qui se presentent, attaquez de quelque indisposition.

CONSILIOQUE MANUQUE.

On ne doit pas se dispenser de dire à la louange des chirurgiens qui composent la communauté de saint Côme, qu'ils ont porté la perfection de leur art infiniment plus loin qu'on n'avoit point encore fait auparavant eux, comme il est aisé d'en juger par les operations merveilleuses & par les cures extraordinaires qu'ils font tous les jours ; ce qui vient autant du soin & de l'exactitude avec laquelle ils s'appliquent à se perfectionner & à acquerir des connoissances dans leur profession, que des examens rigoureux qu'ils sont obligez de subir pour être reçûs maîtres.

La communauté des Chirurgiens de Paris est nombreuse, & il s'en trouve parmi eux plusieurs tres habiles. Ils observent un ordre & une police admirable ; ce qui rend ce corps considerable & fort distingué, duquel aussi le public reçoit tous les jours des secours utiles & tres-salutaires.

LE COLLEGE DE PREMONTRE' situé à l'extremité de la rue *Hautefeuille*, proche du couvent des Cordeliers, n'est pas beaucoup éloigné de la maison de S. Côme, dont on vient de parler. L'Eglise est revêtue d'une menuiserie travaillée avec assez de dessein. Le grand Autel & le tabernacle sont d'une invention ingenieuse, & la fermeture du chœur est d'un ouvrage de serrurerie qui a de la beauté.

Ce college est fort ancien, aïant été bâti à cet endroit en l'année 1255, dans une petite rue nommée alors la rue des étuves, parce qu'il y en avoit en ce tems-là. L'ordre de Premontré, dont saint Norbert est l'Instituteur, suit la regle des Chanoines reguliers de saint Augustin. Le chef d'ordre, où le General fait ordinairement sa résidence, est dans le diocese de Laon en Picardie; & on compte que cet ordre qui est considerable dans l'Eglise, occupe quatre-vingt-huit couvens, qui la plûpart ont le titre d'Abbéies, desquels on tire souvent des sujets pour remplir des cures, qui s'acquittent tres-dignement de leurs fonctions & de leurs devoirs.

Vis-à-vis la porte de l'Eglise du college des Premontrez, est la rue PIERRE SARAZIN autrefois le cémetiere des Juifs, si l'on en croit *Sauval*, où l'on voit à present

LES REPRESENTATIONS

ANATOMIQUES

EN CIRE COLORE'E.

LEs heureuses découvertes qui ont été faites dans l'anatomie, aiant rendu cette science une des plus utiles parties de la Physique; c'est procurer un très grand avantage au public, que de lui rendre agreables les objets de cette importante étude, en lui ôtant l'horreur & le dégoût que la confusion & la mauvaise odeur des parties du corps humain ont coûtume de produire ; & c'est de quoi l'on est redevable à *Guillaume* des Noues, de l'Acacadémie des Sciences de Boulogne, qui a parfaitement executé cette belle & rare science, dont personne, avant lui, ne s'étoit encore avisé.

La réputation de bon Chirurgien & d'habile Anatomiste qu'il s'étoit acquise à Paris, aiant déterminé le Senat de Gennes à le demander pour exercer son art dans la Ville capitale de cette Republique, & dans le grand Hôpital y faire des éleves pour perpetuer les belles connoissances qu'il auroit communiquées ; *Des Noües* accepta l'honneur que la République lui faisoit & alla passer à Gennes douze années de tems, où il se procura l'estime des Seigneurs & de tous ceux de sa profession, qui assisterent aux démonstrations.

Mais aiant fait un traité de douze ans, pendant lequel terme il s'étoit obligé d'enseigner l'anatomie continuellement & sans relâche, excepté les deux mois de vacances, ce qui étoit fâcheux à cause de la grande chaleur qu'il y faisoit & l'incommodité de ne pouvoir se servir que des cadavres morts à l'hôpital, étant privé de ceux venus rarement par la justice, pour plusieurs raisons ; la principale, c'est que les nobles, en habits de penitens les enterrent après les avoir exhortez pendant trois jours & trois nuits, l'executeur present dans un endroit, qu'ils apellent la petite Chapelle.

Il prepara particulierement pendant un mois & demi, travaillant nuit & jour, le corps d'une femme grosse de neuf mois, dont il remplit toutes les arteres de cire rouge & les veines de cire bleue, tant la mere que l'enfant, dont il dissequa & enbauma generalement toutes les parties de ces deux cadavres qu'il démontra ensuite au public dans une assemblée de deux mille personnes; le Senat s'y trouva avec tout ce qu'il y avoit de plus illustre dans la Republique, & tous les envoiez des Princes, qui applaudirent à une découverte si surprenante.

Mais cet ouvrage qui avoit réussi après tant de peines & avec tant de succès & qui fut admiré de tout le monde, perdoit neanmoins de jour en jour son beau coloris naturel, à l'égard des muscles & des viscères ; ce qui fit venir en pensée à l'Auteur d'en faire un general artificiel qui pût imiter entierement la nature, sans changer les coloris naturels, ce qui étoit tres-difficile ; mais son industrie lui fournit d'autres moiens pour supléer au reste ; & c'est alors qu'il commença à travailler aux anatomies artificielles dont la principale composition est de cire colorée.

C'est donc à *Guillaume* des Noues à qui la Republique des Lettres est redevable d'une si belle invention dont personne ne s'étoit avisé avant lui, comme le prouvent les beaux ouvrages qu'il a donnez en ce genre & qu'il donne tous les jours au public sur cette matiere ; ce qu'il a fait voir dans le livre qu'il a publié à Rome en 1706, & qu'il se propose de faire réimprimer bientôt à Paris, fort augmenté & corrigé, dans lequel on verra qu'il s'est servi de *Julio Zombo*, & de *François de la Croix* morts depuis quelques années, qui travailloient sous lui comme Sculpteurs à ces sortes d'ouvrages de cire : ce qui engagea *Guillaume* des *Noües* d'instruire *Elie* des *Noües* son neveu, & *N*.... *Parozel*, qui continuent de travailler sous lui.

On y voit des corps de tous âges &
de tous sexes bien representez au naturel,
dessinez tres-correctement, où sans craindre la puanteur & le dégoût, on peut
à loisir examiner toutes les parties du
corps humain.

Voici la liste de ces nouvelles anatomies que l'on peut voir chez l'auteur à
present logé dans la rue *Pierre-Sarazin*,
proche des Cordeliers.

1°. L'anatomie d'un enfant de neuf
mois, venu au monde n'aiant qu'un
œil au milieu du front, où l'on peut
observer tout ce qui est de particulier
au fétus & different des adultes.

2°. Le corps d'une femme grosse de
neuf mois, ou l'on voit l'enfant prêt à
sortir, ce qui rend cette anatomie trescurieuse, en voiant les reins, les capsules atrabilaires, la grande artere, la
veine cave & leurs ramifications, seringuées, ou supposées telles, avec toutes les parties destinées à la generation.

3°. Le corps d'un homme qui est sur
ses piés dans une belle attitude, dépouillé de sa peau, utile aux chirurgiens,
aux sculpteurs, aux peintres & aux
dessinateurs, parceque l'on y voit tresdistinctement l'anatomie exterieure des
muscles.

4°. Le corps d'une femme, dont la tête, le cou & la poitrine sont ouverts & anatomisez, particulierement la tête, où l'on fait la démonstration de toutes les parties du cerveau, parce quelles se séparent & se démontrent.

5°. Le corps d'une autre femme anatomisé generalement dans toutes les parties, où l'on découvre distinctement le squelet d'un côté & toutes les veines & les arteres de l'autre, les premieres en cire bleue & les secondes en cire rouge.

Il en est de même dans la tête, dans la poitrine & dans le bas ventre, où l'on les a conduits tres distinctement dans tous les visceres, jusqu'aux ramifications les plus délicates, ce que l'on appelle en termes de l'art *anjeologie*, ou l'anatomie de tous les vaisseaux, on voit aussi tous les canaux particuliers & les excretoires.

6°. Un autre corps de femme grosse de six mois, ouvert avec la matrice pour y bien observer l'enfant dans la situation naturelle, où il est, jusqu'à ce qu'il se tourne pour en sortir, & pour y observer le placenta qui est attaché au fond de la matrice. Les boyaux, le foye, l'estomac, le diafragme, le pericarde, le cœur, les poulmons, le médiaſtin & d'autres parties s'y voient.

7°. Deux petites filles qui ſe tiennent par le ventre & par la poitrine, compoſent un ſeul corps par leur attachement indiſſoluble, un nombril, un cordon ombilical, deux têtes, quatre bras & quatre jambes.

L'auteur outre toutes les choſes dont on vient de parler & que l'on démontre tous les jours aux curieux, a encore de nouveaux ſujets qui ſurprennent, qu'il a achevez depuis le 15 de Juillet 1723 & dans l'année 1724.

On peut encore voir l'anatomie de la tête, du cou, de la gorge en particulier, les parties de la poitrine, du bas ventre, celles de la generation de l'homme & beaucoup d'autres qu'il importe de connoître ; c'eſt pourquoi l'auteur les a diſpoſées de maniere qu'elles peuvent être ſéparées du ſujet, ce qui eſt un avantage tres grand pour ceux qui vont chez l'auteur faire des cours d'anatomie.

Le cerveau ſe voit de deux manieres, de la premiere il reſte attaché à la tête, & de la ſeconde il en eſt tiré tenant ſeulement à la partie ſuperieure de l'os du crane, dont on a ôté la baſe, pour faire voir tout ce qui en dépend.

L'anatomie d'un grand homme s'y voit encore, dont la tête, la poitrine & les extremitez superieures & inferieures sont préparées, mais particulierement le bas ventre. On a pris soin de representer au naturel, toutes les maladies que l'on appelle *Hernies*, ou descentes des parties, ce qui a été fait à la priere des chirurgiens qui traittent ces sortes de maux, & à celle des malades qui en sont attaquez, ou qui craignent de l'être, particulierement depuis qu'elles sont devenues si frequentes & si dangereuses, si l'on n'y remedie promptement.

On remarquera encore toute l'anatomie du corps naturel d'une femme grosse & de l'enfant qu'elle portoit, dont il a parlé dans le livre qu'il a fait imprimer à Rome en 1706, & que cet ouvrage achevé il y a 36 ans, s'est si bien conservé par le moien des embaumemens, qu'il n'a reçu aucun dommage ni alteration depuis.

Les curieux, & particulierement les étrangers, ne doivent pas sortir de Paris, sans y avoir vû ces belles anatomies artificielles, qu'ils ne voient point ailleurs.

Description

Le Couvent

des Cordeliers

CE monastere, qui est fort peu éloigné des lieux dont on vient de faire la description, fut fondé vers l'année 1217, sous le pontificat du pape Honoré III. lorsque saint François vivoit encore à Assise, dont la réputation se répandoit alors avec éclat par toute l'Europe.

Dans le même tems il vint en France quelques Religieux du nouvel ordre dont ce grand Saint étoit instituteur. Les premiers qui arriverent à Paris, furent logez chez des bourgeois; mais ensuite à la sollicitation du Pape, qui écrivit en leur faveur à Guillaume Evêque de cette Ville, ils se firent connoître; & en 1230, Eudes Abbé de saint Germain des Prez, leur donna le lieu où ils sont à present établis. Les Rois de France leur firent ensuite de grands biens; mais saint Louis fit plus que les autres, en faisant édifier l'Eglise, non pas comme elle est à présent, mais comme elle étoit avant l'incendie. Ce malheureux embrasement s'étendit sur une partie des cloîtres, consuma entiérement l'Eglife, & ruina plufieurs tombeaux de marbre des princes & des princeffes du fang roial, qui étoient dans le chœur, dont à peine a-t-on quelque memoire à prefent. Cependant, au raport de *Gilles Corozet*, les principaux étoient, celui de *Marguerite*, reine de France, femme de *Philippe le Hardy* ; de *Jeanne*, reine de France & de Navarre, femme de *Philippe le Bel*, fondatrice du College de Navarre ; le cœur de *Philippe le Long*, & d'autres qu'il feroit trop long de nommer ici.

Pour l'édifice de l'Eglife on n'en peut guere trouver de plus incommode & de plus defagreable. Il a été conftruit ou réparé, comme il eft à prefent, par les foins de *Chriftophe* de *Thou*, premier Prefident du Parlement. Henri III. donna quelque chofe pour la réparation après l'incendie dont on a parlé ; mais l'ouvrage fut interrompu, à caufe des troubles prefque continuels de fon regne, & ne put être achevé qu'en l'année 1606. fous le roi Henry IV. que *Jacques-Augufte* de *Thou*, fils de Chriftophe, premier Prefident du Parlement, en prit le même foin, & y fit mettre la derniere main.

Cet incendie extraordinaire arriva le

19 de Novembre 1580. fur les neuf heures du foir, & dura trois jours de fuite avec une violence extrême. Un Cordelier décedé à Pontoife, déclara à la mort qu'il en avoit été l'auteur, fans y avoir penfé ; voulant achever fon office, il prit une bougie qu'il attacha au lambris de la chapelle de faint Antoine de Padoue, où il y avoit quantité de vœux de cire attachez ; mais s'étant endormi, le feu y prit, & gagna avec tant de fureur, qu'en un moment tout le comble fut embrafé, & l'Eglife réduite en cendre en fort peu de tems, fans qu'il fût impoffible d'y apporter du fecours.

Le grand Autel a été fort reparé en 1703. Il y a un tableau au milieu, peint par *Franco* en 1585 ; mais ces nouvelles reparations n'ont pas entierement caché les défauts qui s'y trouvoient auparavant, & on auroit bien mieux fait de tout renverfer pour élever un ouvrage d'une invention plus ingenieufe & mieux entendue, peutêtre même qu'il n'en eût pas beaucoup coûté davantage. Le tabernacle eft d'un affez bon deffein, ainfi que les divers ornemens de bronze dont il eft embelli, qui produifent une décoration affez fupportable.

Grand nombre de perfonnes de diftinction ont leur sepulture dans cette Eglise; & la Communauté des Cordeliers a fourni autrefois des savans du premier rang.

Nicolas de LIRA, dont on voit le tombeau au milieu du Chapitre, étoit estimé un des plus savans de son siecle, en tout genre de science. Il étoit fils d'un célebre Juif, de la ville de Lire dans le diocese d'Evreux, parfaitement instruit de la veritable Religion, il se fit baptiser & prit l'habit de saint François dans le monastere de Verneuil, & ensuite fut envoyé à Paris, où il enseigna & composa plusieurs livres qui restent de lui. Sa mort est marquée sous l'année 1349.

Jean SCOT, surnommé le Docteur subtil, a paru avec une extrême reputation dans cette maison. Il a donné lieu par sa profonde doctrine à une opinion particuliere que l'on suit & que l'on enseigne encore dans quelques écoles, fondée neanmoins sur les principes d'Aristote.

Le Précepteur de saint Thomas & de saint Bonaventure est enterré dans l'Eglise. Il se nommoit *Alexandre* de ALES, Anglois d'origine, que l'on appelloit ordinairement le Docteur irrefragable à cause de sa profonde doctrine. Son tombeau autrefois placé au milieu de la nef, a été transferé dans le Chapitre depuis quelques années. Ce fameux Docteur est mort le 10 d'Aoust 1245.

Proche de la porte du chœur, on remarquera celui du *Prince* de CARPY, representé en bronze à demi couché. Il vivoit sous le regne de François I. qui le fit Gouverneur du Piémont, après le Duc de Brissac. Il est mort en 1535, âgé de 55 ans. C'étoit un homme de guerre d'une rare vertu, fort estimé à cause de sa valeur & de sa sage conduite.

Le *Colonel* FORLICK a été inhumé dans un lieu peu éloigné. Il rendit un grand service au roi Charles IX. en le conduisant avec toute la Cour depuis Meaux jusqu'à Paris, au milieu d'un bataillon de six mille Suisses qu'il commandoit, contre les Huguenots, à la tête desquels étoient le Prince de Condé & l'Amiral de Châtillon, qui furent tres-mortifiez d'avoir manqué leur coup. Cet évenement est rapporté fort au long dans les historiens, sous l'année 1567.

François de BELLEFOREST, historien renommé de son tems, est mort le premier de Janvier 1583. âgé de 53 ans.

On estime entre ses ouvrages les annales de France en deux vol. *in fol.* & une histoire de neuf rois de France qui ont porté le nom de Charles, une cosmographie universelle en trois vol. imprimée en 1575, & quelques autres ouvrages dans lesquels il paroît beaucoup de travail.

Louis de *Luxembourg*, *Comte* de SAINT-POL, Connétable de France, qui eut la tête tranchée dans la Greve, le 19 de Decembre 1475, sous le regne de Louis XI. a été enterré dans cette Eglise. Selon les memoires de ce tems-là, le concours du peuple fut si grand pour voir cette fameuse execution, que l'on y pouvoit compter plus de deux cens mille personnes : ce qui marque bien que ce n'est pas d'aujourd'hui, que la Ville de Paris est tres peuplée.

Dans la chapelle de Gondy repose *Dom Antoine* de Portugal, qui prit le titre de Roi après la fameuse défaite de *Dom Sebastien* par les Maures, arrivée en Afrique au mois d'Août de l'année 1578. Il portoit auparavant le nom de *Prieur* de *Crato*; mais Philippe II. le chassa de ses Etats en 1581. Ce Prince dénué de tous secours, après avoir tout tenté pour remonter sur le trône de ses ancêtres, se retira en France, de tout tems l'azile assuré des Princes malheureux : Enfin reduit à la derniere misere, il mourut en 1595, âgé de 64 ans. Il eut cependant cette rare consolation dans son extrême infortune, de trouver un domestique fidele & un ami sincere dans la même personne, qui ne l'abandonna jamais, malgré ses tristes avantures. Cet ami se nommoit *Dom Diego Bothey*, de la maison des anciens rois de Bohême, & des plus grands seigneurs de la cour de Portugal. Il est mort en 1607, & a été enterré à côté de son maître.

Dom Antoine a composé dans sa retraite, des Pseaumes penitentiaux en latin, que *Pierre* du *Rier* a traduits en françois.

Plusieurs tres illustres familles dans la robe ont leurs sepultures dans des chapelles particulieres.

Les *Longueil* y sont enterrez depuis plus de trois cens ans ; c'est une famille tres-ancienne, & des plus illustres dans la robe.

Les *Besançon* y ont aussi leurs tombeaux dans une chapelle decorée de plusieurs ornemens de sculpture dorée, qui se trouve du côté de la sacristie, où les *Lamoignon* & les *Bullion*, qui en descendent par les femmes, sont aussi inhumez.

Guillaume de Lamoignon, entre autres, est enterré dans le même lieu. Il étoit d'une noble & ancienne famille originaire du Nivernois qui a produit de grands hommes, & l'on peut ajoûter que depuis plusieurs années les principales dignitez du Parlement, cet auguste corps, le plus illustre & le plus ancien du roiaume, ont été occupées par des personnes d'un rare merite qui en sont sorties.

Voici quelques épitaphes que l'on y doit mettre incessament.

D. O. M.

Carolus de Lamoignon *Miles,*
Longa apud Nivernenses generis
nobilitate clarus,
Dominus de Basville & de Courson,
In suprema Regni curia Senator,
Dein
Libellorum Supplicum Magister,
Tandem
Regi ab omnibus Consiliis
Et inter honoratos Curiæ Senatores
receptus :

Hic in antiquo Besançoniæ gentis monumento
Cum Carola de Besançon amantissima Uxore
Expectat resurrectionem.
Vivere cœperat 1. Jan. 1514.
Obiit 1. Novemb.
1573.

Cette épitaphe est de la composition de *Guillaume de Lamoignon*, premier Président du Parlement, qui la fit pour son ayeul. Celle qui suit est la sienne, faite par son fils *Chrétien de Lamoignon*, mort Président à mortier, dont la sépulture est à saint-Leu, comme on l'a dit ci-dessus.

ICY GIST

GUILLAUME de LAMOIGNON
Marquis de Basville, Comte de Courson, Baron de Saint Yon, Premier Président du Parlement.
Sa pieté sincere, son profond savoir,
Sa fermeté inébranlable pour la justice,

DE LA VILLE DE PARIS. 237.

Sa fidelité pour ses amis, & sa
tendresse pour ses enfans
Rendront sa memoire illustre dans
tous les siecles.
Il mourut dans sa soixantiéme année
Regretté de son Roi, honoré des
grands, aimé des peuples.

Passant ne refuse point tes prieres
Pour celui qui ne refusa jamais son
pouvoir
Et son autorité pour soulager les
malheureux.

Ce grand Magistrat est mort dans le mois de Decembre de l'année 1677. C'étoit un homme d'un merite tres-rare, qui rendoit la justice sans severité ; & les savans qu'il aimoit, trouvoient chez lui un azile tres utile par son crédit & par ses bienfaits.

L'épitaphe qui suit est de la sœur du même premier President. Cette sainte & vertueuse fille avoit emploié toute sa vie à des œuvres de pieté, & à secourir les pauvres & les malheureux, d'une maniere qui n'a point eu d'exemple depuis sa mort.

238   Description

ICY GIST

Madeleine de Lamoignon

fille de Chretien de Lamoignon

Marquis de Basville, grand Président du Parlement.
Elle fut uniquement occupée Pendant une longue vie du soin de Soulager toute sorte de malheureux.
Il n'y a point de Provinces en France, ni de payis dans le monde qui n'aient ressenti les effets de sa charité.
Elle nàquit le....
Elle est morte le....

Les autres familles distinguées sont, les *Le Maître*, dont le chef *Gilles le Maître*, premier Président du Parlement sous le regne de Henri II. étoit un Magistrat d'une integrité distinguée, & d'une grande capacité. Il est mort le 5 de Decembre de l'année 1562, âgé de soixante & trois ans. On voit dans une chapelle de cette Eglise son tombeau élevé, sur lequel il est representé avec Marie Sapin sa femme.

Les familles anciennes des *Riants*, & des *Briçonnets*, y ont aussi leurs sepultures, ainsi que celles des *Aiméret*, *de Gazo*, *de La Croix*, de *Lehardi*, de *La Trouffe de la Palu-Bouligneux*, des *Faucon de Ris*; dont il y a eu plusieurs Premiers Presidents du Parlement de Normandie, *des Vertamons*, & de quelques autres.

Ce qu'il y a de passable chez ces Peres est le nouveau cloître construit en 1683. qui contient plus de cent chambres toutes commodes & fort claires. Il est quarré oblong, au milieu duquel il y a un preau en jardin & un jet d'eau. Les quatre coridors sont voutez correctement, & les ouvertures en cintres grillées, où l'on n'a pas manqué de mettre les armes de plusieurs personnes devotes qui ont contribué aux frais de ce bâtiment.

Le Refectoire, le Chapitre & la Bibliotheque meritent aussi qu'on se donne la peine d'y entrer.

La Communauté des peres Cordeliers est une des plus nombreuses du roiaume; on y a compté autrefois jusqu'à sept cens Religieux, & plusieurs étudians y viennent de diverses Provinces pour se faire passer Docteurs en Theologie, afin de se mettre en consideration dans l'ordre.

Il faut remarquer, que la regle de S. François, particulierement dans cette maison, a produit pendant plusieurs siecles de tres-grands SS. & des Theologiens tres-profonds, dont l'Eglise a reçû des secours considerables ; mais il s'en faut beaucoup que le credit de cet ordre soit à présent aussi grand en France, qu'il est en Espagne, en Portugal & dans les Indes occidentales, où ces Peres ont introduit des usages inconnus en ces payis-ci.

Les Cordeliers avancent & tâchent de persuader en Espagne & dans les Indes, selon une nouvelle relation de la mer du Sud par *Fraisier*, Ingenieur du Roi, *pag.* 220. imprimée en 1716 ; que saint François fait regulierement tous les ans une descente en purgatoire pour en tirer tous ceux qui sont morts dans le saint habit de son ordre, qui se vend des sommes considerables à ceux qui ont cette devotion, c'est ce qu'un auteur renommé avoit déja remarqué avant lui, & qu'il cite, dont voici le passage.

Morientes in professione & habitu ordinis minorum ultra annum non passuros in pœnis Purgatorii, quoniam B. Franciscus
ex

DE LA VILLE DE PARIS. 241
ex divino privilegio quotannis ad Purgatorium descendit, suosque omnes ad cœlum deducit. SPOND. *an.* 1443.

Il y a dans l'Eglise de ces Peres quelques célebres Confréries, entre autres *l'Archiconfrérie des dévots & des dévotes du saint Sepulcre de Jerusalem*, érigée & fondée par le Roi saint Louis, au retour de son premier voyage de la Terre sainte, pour la suite des Seigneurs & des Chevaliers du saint Sépulcre : le Roi & tous les Princes pour marquer leur dévotion en voulurent être ; ce qui a été imité depuis, puisque le Roi & les Princes en sont encore à present, & signent tous les ans dans le livre des Confréres. On dit dans leur Chapelle tous les Dimanches & les Fêtes solemnelles, une grande Messe où il y a Eau-benite, Prône, Pain-beni & Offrande; & le premier Dimanche après Pâque, qui est le Dimanche de *Quasi modo*, une Messe & un Sermon en Grec. Le Prince de Conty s'est déclaré Protecteur de cette Confrérie, qui a été établie aux Cordeliers, parce qu'ils ont toujours eu la garde des saints lieux de la Terre sainte.

La Chapelle des Pélerins du saint

Tome III. L

Sepulcre a été décorée depuis quelque tems d'une assez belle menuiserie; & le Tableau placé au milieu de l'Autel, qui représente une descente de Croix, paroît de la main d'un bon Maître.

Les Orgues de cette Eglise sont estimées; mais ce qui les distingue le plus, c'est le Jeu de *Louis* MARCHAND, le premier & le plus habile Organiste que l'on connoisse à present, & dont la reputation s'est étendue dans une partie des Cours de l'Europe, où il s'est fait entendre avec admiration & avec un plaisir extrême: ce qui lui attire encore tous les jours bien des amateurs de la Musique, qui trouvent une rare perfection dans son jeu.

En sortant de cette Eglise, il faut remarquer la statue de saint Louis qui est sur la porte, estimée des antiquaires comme une des plus ressemblantes qui ait été conservée jusqu'ici de ce Roi pieux.

Ce quartier a été fort élargi en l'année 1672. on a percé deux rues nouvelles qui vont sur les fossez de Monsieur le Prince, l'une desquelles se nomme *la rue de l'Observance*, à cause que la porte du Couvent de Cordeliers y donne; l'autre *la rue de Touraine*, parce qu'elle est voisine de l'hôtel de Tours, qui appartient à l'Archevêque de ce nom.

On a menagé en même tems une petite place dans la premiere de ces rues, devant la porte de l'Eglise de ces Peres, qui n'eſt pas inutile.

La porte de ſaint Germain, abatue en 1673, étoit aſſez proche des endroits dont on vient de parler. On avoit bâti à la place de cette porte une fontaine qui a été détruite depuis, & refaite vers l'année 1717, mais aſſez negligemment, ſur laquelle on lit ces vers de **J. B.** de Santeul.

Urnam Nympha gerens domi-
nam tendebat in Urbem,
Hic stetit, et largas læta
profudit aquas.

Il ne ſera pas inutile d'ajoûter ici qu'on auroit procuré à ce quartier, ainſi qu'à tous les autres de la Ville, de tres-grandes commoditez, en imitant ce qui ſe pratique ſagement dans toutes les villes d'Italie, où les noms des rues ſont marquez en grands caracteres, ſur les maiſons qui font le coin, afin d'épargner aux perſonnes qui n'en ſont pas inſtruites la peine de le demander.

Voilà en general ce que contient le

quartier de l'Université, qui n'est pas à la verité des plus agréables de la Ville, quoique sa situation en soit tres-avantageuse; il étoit cependant aisé de le décorer comme on a fait quelques autres, & il seroit permis d'avancer qu'il le meritoit, l'Université aiant procuré dans les siecles passez une tres-grande réputation à la Ville de Paris ; elle fait même encore à present infiniment d'honneur à cette fameuse Ville, par le nombre des savans illustres qui la composent & qu'elle produit tous les jours & par la bonne & utile instruction qu'elle donne à la jeunesse qui y vient étudier de divers endroits de l'Europe.

Depuis un siecle, la Ville de Paris a augmenté si extraordinairement, que les nouveaux plans qui en ont été levez depuis peu, sur l'état où elle se trouve à present, donnent de l'étonnement, en les comparant aux anciens qui se conservent encore dans les cabinets de quelques Curieux.

On peut même assurer tres-hardiment, qu'elle augmente encore tres-considerablement tous les jours par les nouvelles & prodigieuses fortunes que divers particuliers, autrefois absolument inconnus, y ont fait dans ces dernieres années ; la dépense & le luxe immoderé des Gens d'affaires n'aiant jamais paru avec tant d'éclat, comme l'on l'a dû remarquer depuis environ trente ans.

On a élevé avec d'extrêmes dépenses, dans divers endroits autrefois entierement abandonnez, & qui ne servoient qu'à y jetter des immondices, des maisons magnifiques, la plûpart embellies de meubles & d'ajustemens si riches, & d'un dessein si recherché, qu'elles pourroient aisément servir à loger des Souverains, par leur grandeur & par toutes les diverses commoditez qui s'y trouvent abondamment.

Quelques autres d'une inclination plus sage & plus utile aux sciences & aux beaux arts, assemblent des bibliotheques nombreuses & choisies, dans lesquelles les savans & les amateurs des belles lettres trouvent sans peine tout ce qui convient à leur goût, & à tout ce qu'ils peuvent desirer.

Plusieurs dont le nombre est considerable, forment des Cabinets tres-curieux, en médailles de tous genres, en diversitez curieuses, bronzes antiques & modernes, pierres gravées, tableaux des maîtres renommez, desseins originaux, estampes de tous les Graveurs &

de tous les payis ; enforte qu'il eſt tres-vrai de dire, qu'il n'eſt point à preſent de Ville dans toute l'Europe, où il ſe trouve tant de belles choſes en tout genre ; ce qui a fourni aſſez de matiere pour augmenter cette nouvelle Deſcription.

Il étoit même fort aiſé d'aller plus loin, de faire uue deſcription plus étendue & un détail plus curieux & bien mieux circonſtancié, ſi les perſonnes qui poſſedent des choſes ſingulieres, avoient été plus acceſſibles, ou moins reſervées à les faire voir ; ce qui ne ſe pratique point en Italie, ni ailleurs, où ceux qui ont en poſſeſſion quelques curioſitez de diſtinction, ſont ravis de les communiquer, pour en conferer avec les connoiſſeurs, pour en tirer des lumieres utiles & tres inſtructives, dont les ſciences & les beaux Arts recevoient des ſecours infinis.

Il faut eſperer que ce bel uſage, & ſi neceſſaire à la republique des lettres, pourra s'introduire chez la Nation eſtimée la plus accueillante & la plus polie de toute l'Europe ; ce qui ne ſera pas d'un mediocre ſecours pour les curieux & pour les étrangers, & contribuera encore infiniment à la réputation de la Ville de Paris.

LE QUARTIER
DE SAINT GERMAIN.
DES PREZ.

Depuis les années 1672 & 1673, que l'on a renverfé quatre anciennes portes, qui féparoient ce quartier du refte de la Ville, & plufieurs pans d'anciennes murailles, il ne faut plus confiderer ce quartier comme un faubourg qu'il étoit autrefois. C'eft pour cette raifon qu'on le nomme à prefent le QUARTIER DE SAINT GERMAIN DES PREZ, à caufe de la célebre & ancienne Abbéie qui porte ce nom. Elle fe trouvoit autrefois au milieu d'une vafte prérie, qui s'étendoit bien loin aux environs, dans les campagnes voifines, & qui occupoit un terrain fort étendu.

En examinant cette partie avec foin, on trouvera qu'elle eft, fans prévention, la plus confiderable de la Ville, pour plufieurs raifons, qui lui donnent la préference fur les autres, particulierement à caufe de fa grande étendue, du nombre des magnifiques maifons qu'elle contient, & du grand peuple qui y habite. Tous ces avantages rendent ce seul quartier comparable à plusieurs villes capitales qui font du bruit dans le monde.

La demeure en a de tout tems paru si agréable & si commode, qu'elle a toûjours été préferée aux autres endroits de la Ville, pour plusieurs raisons solides, puisque toutes sortes de commoditez s'y trouvent sans peine, & que l'air y est infiniment plus pur & plus sain qu'ailleurs, la plûpart des maisons étant séparées par des jardins qui les rendent agréables, & bâties presque toutes sur un terrain neuf. Avec ces avantages qui sont essentiels, les plus fameux maîtres d'exercices y demeurent ordinairement, comme dans un azile éloigné du bruit & de l'embarras, que le commerce & les gens d'affaires trainent toûjours à leur suite; ce qui a sans doute engagé les Etrangers à le préferer à tous les autres de cette Ville.

En effet, on y a vû autrefois jusqu'à sept academies pour monter à cheval, toutes remplies d'une illustre jeunesse qui y apprenoit les choses convenables à des gens de qualité; mais le tems qui apporte du changement à toutes choses, les a réduites au nombre de trois seulement.

L'affluence des Etrangers a quelquefois été si grande dans ce quartier, qu'on y a compté pendant un hiver, douze Princes des plus illustres maisons d'Allemagne, & plus de trois cens Comtes, & Barons, & un bien plus grand nombre de simples gentilshommes, que la beauté & la haute réputation de la France attiroient, pour apprendre les langues, principalement la langue Françoise, avec les exercices, qu'on n'enseigne point ailleurs d'une maniere si parfaite ; les maîtres dans les autres payis n'étant point si habiles, ni si versez dans leur profession comme ils font à Paris.

Dans ces dernieres années, c'est-à-dire 1714 & 1715, peu de tems après que la paix génerale a été conclue à Bade, le 28 d'Octobre 1714 ; & encore depuis l'on a vû dans ce quartier un grand nombre de Princes du premier rang, & de Seigneurs de distinction, particulierement des plus illustres maisons d'Allemagne ; car sans parler de l'*Electeur* de BAVIERE & de l'*Electeur* de COLOGNE son frere,

S. A. R. le *Prince Electoral* de SAXE, *Frederic Auguste*, fils du roi de Pologne, à présent regnant, y a fait un séjour de plus de dix mois avec une nombreufe fuite, & tout l'éclat qui fe pouvoit defirer pour un Prince de fon illuftre naiffance.

Le P. *Frederic-Louis* heritier de WIRTEMBERG.

Le P. *George* de HESSE CASSEL.

Le P. *François-Erneft* de HESSE DARMSTAT.

Le P. *Augufte-Louis* d'ANHALT COTEN.

Le P. *Jean Frederic* d'ANHALT Zerbs Doremberg.

Le P. *Augufte Enno* d'OSTFRISE.

Le P. de BADE-DOURLAC.

Le P. *Leopold-Eberhard* de MONTBELIARD.

Le P. de BIRKENFELD.

Deux Princes de SCHWARTZEMBOURG.

Le P. de LICHTENSTEIN.

Le P. hereditaire FRIDERIC de SAXE *Gotha*, & le P. GUILLAUME fon frere en 1722, pour la feconde fois.

Deux P. de SAXE HILDTBOURGHAUSSEN l'aîné, le P. *Ernefte Frideric*, & le fecond le P. *Louis Frideric* en 1722.

Le P. *Charles* d'ANHALT TERBST, en 1722.

Le P. de HESSE PHILIPTHAL, en 1722.

Deux Princes de LUBOMIRISKI, de Pologne.

Le P. de RADZIVIL, en 1725.

Plusieurs Comtes de l'Empire, entre autres le *Comte* de HANAU, le *Comte* de LA LIPPE, les *Comtes* de REUS, trois *Comtes* de LINANGE, & plusieurs autres Comtes & Barons, & Gentilshommes de l'Empire & des payis hereditaires.

On pourroit encore ajoûter que ce même quartier auroit bien plus de beauté, & l'emporteroit absolument sur tous les autres, si l'on s'étoit attaché à y faire des embellissemens, comme on a fait dans la plûpart des endroits de la Ville, où l'on a percé des rues nouvelles & ouvert des places magnifiques, au milieu desquelles on a élevé des monumens dorés, qui attirent les yeux de tout le monde.

Celui-ci a été si négligé, qu'il n'y a que deux fontaines publiques; & l'on n'y voit aucun espace qui se puisse raisonnablement nommer une place, quoique cependant il fût tres-aisé d'en faire des plus belles & des plus spacieuses, entre autres endroits, à l'extrémité de la rue Dauphine, au quartier du petit marché, & proche de la Croix Rouge, où plusieurs grandes rues viennent terminer avec avantage, & en d'autres encore où la dépense n'eût pas été excessive, comme elle a été faite dans d'autres quartiers qui n'en avoient pas un si grand besoin.

On auroit pû même alligner tres-aisément plusieurs rues, & leur procurer des accès plus faciles & plus commodes: entre autres, *la rue du Colombier & la rue du Four*, lesquelles en ont cependant extrêmement besoin.

La premiere de ces rues, sur tout, pouvoit être rendue d'une beauté sans pareille, par sa longueur qui est déja tres-considerable, & par ses points de vûe; dont l'un va jusqu'à la campagne, & termine au Cours de la Reine, au-delà de la riviere; & ce qui eût achevé de l'embellir & de la rendre infiniment plus commode qu'elle n'est à présent, eût été d'y donner à l'extrémité par où elle commence, une issue dans la rue Mazarine, même jusques dans la rue Dauphine, en coupant quelques vieilles & tres-vilaines maisons qui se trouvent entre-deux.

Cette entreprise eût été tres-aisée, & d'une dépense fort médiocre, & eût abregé un grand détour qu'il faut faire pour y arriver, par une entrée assez difficile & fort incommode, ce qui cause à tous momens des embarras tres-facheux.

La rue du Four seroit une rue comparable aux plus belles de la Ville, si elle avoit été élargie à l'entrée & en d'autres endroits, où il y a toûjours des embarras qui causent de tems en tems des malheurs à bien des gens, par les concours qui s'y forment à tous momens.

Ce quartier prend son nom, comme on l'a déja dit, de *l'Abbéie roiale de saint Germain des Prez*, de laquelle on va tâcher de faire une description exacte, le plus succintement qu'il sera possible, quoique la description de cette fameuse Abbéie demandât un détail plus étendu; mais l'on la peut voir à present dans la savante & belle histoire qui a paru en 1724. de la composition de *Dom Jacques* BOUILLART, religieux de cette maison.

DESCRIPTION DE L'ABBE'IE ROIALE DE SAINT GERMAIN DES PREZ.

UNe des plus anciennes & des plus illuftres Abbéies, non feulement de la France, mais auffi de toute la Chrétienté, eft celle de SAINT-GERMAIN DES PREZ, ainfi nommée parce qu'elle étoit au milieu d'un grand efpace rempli de prez, & de pâturages qui s'étendoit loin fur le bord de la riviere.

Le roi CHILDEBERT, fils de *Clovis*, en eft le fondateur. *Saint Gregoire de Tours, Fredegaire & Aymoin*, avec les plus anciens hiftoriens de la monarchie, rapportent des particularitez curieufes, touchant la fondation de cette illuftre maifon roiale.

On lit dans ces vieux Auteurs, que *Childebert* étant allé en Efpagne, vers l'année 543, pour faire la guerre aux Vifigots, affiegea la ville de Sarragoffe, dans laquelle ces barbares s'étoient retirez. Les habitans fe voiant fort preffez par les François, & voulant à l'imitation des anciens Romains les toucher par quelque spectacle surprenant, ils s'aviserent pour cet effet de faire une procession autour de leurs murailles, dans laquelle ils porterent la tunique ou l'étole, avec des reliques de saint Vincent. Cet appareil de religion toucha effectivement *Childebert*, & le flechit de telle maniere qu'il se contenta de quelques presens que l'Evêque lui fit ; entre autres choses de cette même tunique, avec une portion des reliques de ce saint Martyr, qu'il apporta à Paris avec bien de la veneration, & à l'honneur duquel il fonda la celebre Abbéie dont on parle.

Cet ancien monastere a eu plusieurs noms. Il a été autrefois nommé *Sainte-Croix & saint Vincent* à cause d'une portion de ce bois prétieux que *Childebert* y mit avec les reliques de ce Saint, qu'il avoit apportées d'Espagne, comme on vient de le dire. Maintenant il porte le nom de SAINT-GERMAIN Evêque de Paris, duquel on découvre la châsse le 28 de May, jour de sa fête, dont on parlera dans la suite.

Il reste peu de choses sur pié des grands bâtimens que le roi *Childebert* fit élever, quoiqu'il n'épargnât rien pour leur solidité : mais les cruelles guerres, les sieges des barbares du Nord, & les incendies que cette maison a souffert en differens tems, ont empêché que l'on voie ce qui a été fait dans les premieres années de sa fondation. Il ne reste tout au plus des édifices de ce Prince, que la porte principale de l'Eglise, & le gros clocher qui est audessus, qui paroissent d'une structure tres anciennne.

Les statues des Rois & des Reines qui sont de chaque côté de cette porte, sont d'une execution tres-grossiere, qui fait juger que dans ce siecle-là, la belle sculpture n'étoit pas encore retrouvée, puisqu'à peine peut on distinguer le sexe des personnes qui y sont representées.

Cependant *Dom Thiery* RUINART, religieux de cette maison, dans une nouvelle & savante édition qu'il a publiée des ouvrages de *saint Gregoire de Tours*, à la fin de laquelle il a mis en abregé l'histoire de cette Abbéie, a observé que les huit figures qui ornent cette porte, quoique fort grossierement travaillées, comme on l'a dit, sont instructives, pour l'histoire de la premiere race des Rois de France.

La figure de CLOVIS, le represente avec la robe & le bâton *hypatique*, ou consulaire, qu'*Anastase* Empereur d'Orient, lui envoia comme une marque de distinction.

On voit à CLOTAIRE la tresse de cheveux que les premiers Rois de France affectoient de porter, pour marque de leur indépendance à l'égard de l'Empire Romain, dont ils avoient secoué la domination, il y avoit déja plusieurs années.

Une des deux reines qui sont au milieu, que l'on présume être CLOTILDE, a aussi une tresse nattée, mais bien plus longue, avec un colier en maniere de carcan, garni d'une rose de pierreries au milieu, & une ceinture à plusieurs nœuds, dont les extrémitez pendent fort bas ; semblable à celle que les reines de France ont affecté de porter pendant plusieurs siecles, qui faisoit une partie des ornemens roiaux, comme on en trouve des exemples dans l'histoire.

Les autres figures qui sont à côté de la porte, representent, à ce que l'on présume, *saint Germain & saint Remy.*

Le clocher sur cette porte à l'extremité de l'Eglise, paroît d'une haute antiquité. Il a été bâti, selon toutes les apparences, à deux reprises fort differentes, de structure & de dessein. La base ou la partie inferieure, jusqu'à l'espace où sont les cloches, est construite de maniere que bien des savans présument que cette tour a servi à se défendre contre des attaques; d'autres ont crû qu'elle étoit le reste d'un temple dédié à la déesse *Isis*, mais sans en rapporter aucune preuve historique.

SPOND paroît cependant être de ce sentiment dans ses recherches curieuses, & dit que le *Cardinal Briçonnet*, Abbé de saint Germain des Prez, fit mettre en pieces en l'année 1514, l'Idole d'Isis, qui étoit conservée depuis un tems immemorial dans un coin de l'Eglise, parce que l'on trouva quelques vieilles femmes qui y offroient à genoux des bougies allumées, & faisoient leurs prieres devant cette ancienne image. Mais comme l'on n'a jamais vû aucune description de cette figure, on a lieu de douter que ce fut celle d'Isis, ou de quelque autre divinité payenne.

La partie superieure de cette tour, qui est bien moins ancienne, a été élevée sur l'autre, pour servir de clocher. Les deux grosses cloches qui y sont, que l'on sonne seulement aux grandes fêtes, se font entendre de fort loin, & leur accord est admiré de ceux qui se connoissent en pareille harmonie.

GRAND AUTEL DE L'ABBAYE S. GERMAIN

Le corps du bâtiment de l'Eglise n'a rien de beau, la structure en paroît du onziéme siecle, ou environ; cependant il a quelque sorte de regularité dans sa maniere massive. Les années l'aiant fort endommagé, il a été restauré avec dépense en 1653, par les soins des Religieux reformez de la Congrégation de saint Maur, qui avoient été reçus dans cette maison dès l'année 1631; & l'on doit remarquer en cette occasion, que la reforme dans la regle de saint Benoist y a apporté des avantages infinis, en travaillant avec une extrême application non-seulement au rétablissement des édifices fort delabrez par la negligence des anciens moines, mais encore à la regularité des mœurs & du service divin.

On fit une voûte à la place d'un lambris de bois qui y étoit auparavant, & on orna de chapiteaux d'ordre composite, les grands & petits piliers qui la soutiennent. Il se trouve des chapelles seulement autour du chœur, dans lesquelles on ne remarque rien de curieux.

Mais ce qui mérite d'être distingué, c'est la disposition du grand autel isolé, entre le chœur où chantent les religieux, & la nef. Il est placé si avantageusement qu'il est vû de tous côtez; de la maniere qu'on le pratique en Italie, & dont il y a peu d'exemples en France, où l'on est assujetti sans raison à des anciens usages incommodes & fort bizares pour l'ordinaire.

Le devant de cet Autel, le jour des grandes fêtes, est orné d'une riche table de vermeil doré, chargée de plusieurs figures de rondes bosses, qui representent un crucifix, les douze Apôtres avec saint Germain & saint Vincent, patrons titulaires de l'Eglise, qui sont d'une excellente execution dans la maniere Gothique, enrichies de pierreries & d'émaux, dont les couleurs sont vives & éclatantes. Cette piece est remarquable, & a peu de pareilles. C'est un présent de GUILLEAUME, Abbé de cette maison, qui en a fait quantité d'autres à cette Eglise. Il est représenté à genoux, au milieu de cette table, aux piés du crucifix. Son corps fut trouvé tout entier il y a quelques années, quoiqu'il y eût plus de trois siecles qu'il fut enterré, & que ses habits fussent entierement consumez par la pourriture. Les jours solemnels, cet autel est enrichi de quantité de reliquaires précieux, dont on parlera dans l'article de la sacristie, où il se conserve des choses rares qui méritent bien que l'on en fasse un article particulier.

Le grand autel dont on parle, a été refait entierement, & posé vers le 19 du mois d'Août de l'année 1704.

Lorsque l'on fouilla pour les fondations de la table du marchepié de l'autel, il se trouva un tombeau qui parut être d'une personne de distinction, à cause des ornemens de sepulture qui se remarquerent sur la couverture. Il étoit d'une pierre blanche fort dure, dont le grain étoit aussi fin que celui du marbre. On y distingua un sep de vigne, avec quelques grapes de raisins & des palmes, le tout couvert d'écailles rondes. Ce tombeau est le seul qui ait été mis en ce lieu; du moins n'en parut-il point d'autres à dix ou douze piés aux environs, la terre n'y paroissant point avoir été remuée. Il étoit enfoncé dans le tuf, environ de six pouces de profondeur seulement.

La premiere pierre qui fut posée pour les fondations de ce nouvel autel, porte cette inscription.

☩

Anno rep. Sal. MDCCIV. *die* XXIII. *August. Eminentiss. Prin-*

ceps DD. Cæsar Estræus S. R. E. Cardinalis Episcopus Albanensis, hujus Regalis Monasterii S. Germani à Pratis Abbas, primum posuit lapidem hujus Altaris, quod Deo Opt. Max. olim à S. Germano in honorem S. Crucis & S. Vincentii Mart. tum ab Alexandro Papa III. addito S. Stephani titulo, consecratum, ad locandum ejusdem S. Germani reliquias magnificentiùs, hoc anno renovari curarunt R. P. D. Arnulfus de Loo Prior ceterique ejusdem Monasterii Ascetæ Benedictini è Congregatione S. Mauri.

L'ouvrage de cet autel donne de l'admiration aux plus délicats, & il seroit difficile de rien trouver de pareil, même en Italie, si on examine l'idée & la disposition où se trouve tout ce qui le compose.

Il est sur un plan *elliptique*, ou ovale regulier, avec six colonnes espacées de maniere, que les Religieux étant au chœur, peuvent voir aisément de leurs chaires, la table du sacrifice & dans la nef. Ces colonnes sont poseés sur une espece de *stylobate* ou de piédestal sans corniche, à hauteur de la table de l'autel, dont les faces ont des quadres enfoncez. Sur ce grand piédestal, il y regne un socle à hauteur de gradin, sur lequel sont posées six colonnes, qui sont d'ordre composite ; elles portent un entablement architravé, qui regne exterieurement & fait retour sur les deux premieres colonnes, pour donner son même profil dans la partie interieure ou concave. Sur cet entablement, pose un baldaquin, dont les courbes répondent aux colonnes, lesquelles sont liées ou rachetées ensemble, par une couronne qui suit le plan oval de tout l'édifice. Le dos de ces mêmes courbes, ou consoles, est couvert de feuilles d'acanthe, où des palmes prennent naissance, lesquelles en se recourbant vont terminer piramidalement. On a placé quelques Cherubins entre ces palmes, elles s'unissent à l'extremité, & portent un globe sommé d'une croix, dont le pié est entortillé d'un serpent qui rampe sur le globe. Un grand ange, accompagné de deux autres petits, entourez de festons & de guirlandes, portent la suspension du saint Sacrement, & semble la vouloir descendre sur l'autel.

Dans l'endroit où passe le plus grand diametre de l'ovale, on a placé deux enroulemens en consoles de marbre vené, sur lesquels sont posez deux anges à genoux de métail doré, grands comme nature, qui portent sur leurs mains la châsse de saint Germain, dont on parlera en particulier. Toutes ces choses sont d'une excellente invention & disposées avec un tres-grand jugement. Cependant cet ouvrage n'a pas toute la perfection du premier dessein, parce qu'on y a fait des changemens qui n'ont pas servi à l'embellir.

La riche matiere dont tout cet ouvrage est construit, répond parfaitement à la magnificence & à la noblesse de l'idée. Les piédestaux & les colonnes sont d'un marbre antique, trouvé dans les ruines d'une Ville ancienne nommée *Leptis magna*, la patrie de *Septime Severe*, située sur les rivages d'Afrique, proche de la ville d'Alger, qui fut détruite par un tremblement de terre. Ces colonnes sont d'une espece de *cipolin*. Elles ont été longtems negligées à l'éntrée du cours de la Reine, sur le bord de la riviere, quoique le marquis de *Seignelay*, qui en connoissoit bien le prix, eût fait une grande dépense pour les faire venir de si loin.

loin. On peut juger par la beauté des couleurs qui fe diftinguent dans ces colonnes, que les anciens avoient fur cet article un difcernement bien plus fin & bien plus délicat que les modernes, dont l'ignorance paroît affez fouvent dans le choix ridicule qu'ils font des marbres qu'ils emploient, fans jugement & fans connoiffance. Les anges & generalement tous les ornemens font de bois doré, executez par un fcuplteur habile, qui a fuivi avec fuccès l'intention de celui qui en a donné le deffein.

On doit ce bel ouvrage à *Gille Marie* OPPENORD, né à Paris, premier architecte de S. A. R. *Philippe de France* Duc d'ORLEANS mort Regent du roiaume. On a parlé du même architecte dans l'article du palais roial & en d'autres occafions où l'on voit de fes ouvrages qui fe diftinguent par leur beauté particuliere.

La chaffe de faint Germain expofée fur cet Autel, renferme le corps de ce grand Saint, Evêque & Patron de la Ville de Paris, mort le 28 de May 576. C'eft un ouvrage en forme d'églife gothique, de quatre piés ou environ de longueur, haut à proportion. Tout le corps de ce petit édifice eft d'argent,

Tome III. M

vermeil doré, enrichi de quantité de piramides & d'ornemens recherchez & finis avec bien du foin & de la propreté. On a emploié quarante-deux marcs deux onces d'or pour la couverture, & pour une lame qui couvre la caiffe dans laquelle les reliques du Saint font renfermées, qui eft doublée en dedans d'une autre lame d'argent ; & deux cens cinquante marcs d'argent pour tout le refte de l'ouvrage. On y compte cent foixante-huit pierres précieufes, & cent quatre-vingt-dix-fept groffes perles. L'or dont on s'eft fervi, a été tiré de l'ancienne chaffe, donnée autrefois par ODON ou *Eudes*, Comte de Paris, qui fut depuis roi de France.

Les dix-huit figures placées autour, fix de chaque côté, & trois à chaque face des extrémitez, font en couleurs naturelles, pour exprimer les carnations. Les pierres precieufes font placées en differens endroits ; mais principalement fur le foubaffement, qui porte toute la chaffe. Cette riche piece eft un prefent fait en 1408. par l'*Abbé* GUILLAUME, dont on a déja parlé, lequel emploia les revenus de fon benefice aux embelliffemens de fon Eglife, qui étoient tresgrands en ce tems-là ; l'abbéie de faint

Germain aiant été depuis sa fondation la plus considerable du roiaume.

La menuiserie des chaires où les Religieux chantent l'office divin, est une des plus belles qu'il y ait en France. Sur la chaire de l'Abbé, qui est au fond du chœur, on a placé une Nativité, peinte par *Van-*Mol, & deux copies d'après de bons originaux.

A côté de l'Autel, pour couvrir les massifs qui soûtiennent les deux clochers, on a mis autant de grands tableaux ; l'un représente le martyre de saint Vincent : l'autre la translation du corps de saint Germain, dont l'histoire du roi *Pepin* fait une grande mention. Ces deux grandes pieces sont de Hale', peintre excellent, de l'Academie.

La tapisserie que l'on tend quelquefois dans le chœur, est d'un ouvrage particulier, & peu d'églises à Paris en ont de plus belles. Elles appartenoient autrefois à *Casimir* roi de Pologne, Abbé de ce monastere.

Les orgues à l'extrémité de l'Eglise, sont remarquables par leur grandeur, ornées de figures de menuiserie, dessinées assez correctement, pour des pieces de cette espece, qui ont rarement de la perfection, parce que les menuisiers

M ij

ne s'appliquent presque jamais au def-
sein.

Depuis l'année 1716, on a placé dix grands tableaux dans la nef de cette Eglise qui sont tous des ouvrages d'émulation des peintres, qui sont en reputation & qui travaillent avec plus de succès.

Du côté de l'Epître à main droite en regardant l'Autel,

Le 1. represente saint Pierre, qui guérit un boiteux à la porte du Temple, est de GAZES.

Le 2. peint par le CLERC, represente saint Pierre, qui fait mourir Saphire, pour avoir menti au Saint Esprit.

Le 3. par BERTIN, fait voir l'Eunuque de la reine Candace, baptisé par le Diacre Philippe.

Le 4. le baptême de saint Paul par Ananie est de RESTOUT, neveu du fameux *Jouvenet*.

Le 5. peint par CAZES, fait voir Tabithe ressuscitée par saint Pierre.

Du côté de l'Evangile à main gauche,

Le 6. tableau est de VAN-LOO, où l'on voit saint Pierre retiré de prison par un Ange.

Le 7. saint Paul qui rend compte de

ſa foi devant le Proconſul, eſt de le MOINE.

Le 8. fait voir ſaint Paul & ſaint Barnabé, auſquels on veut ſacrifier, lorſqu'ils étoient à Lyſtres. Il eſt de *Chriſtophe*.

Le 9. HALLE' a repreſenté ſaint Paul en priſon, qui convertit ſon Geolier.

Dans le 10. on voit ſaint Paul dans l'Iſle de Marthe mordu par une vipere ſans en être bleſſé.

Dom JACQUES BOUILLART, qui depuis pluſieurs années a le ſoin de la ſacriſtie de cette maiſon, apporte toute ſon application & tous ſes ſoins pour les embelliſſemens de l'Egliſe ; il y a ſi heureuſement réuſſi juſqu'ici, que l'on y voit à preſent bien des choſes tres-dignes d'être remarquées, qui n'y étoient pas auparavant.

Dans les bras de la croiſée, on a élevé deux petits Autels, l'un dédié à ſainte Marguerite, où il y a un grand concours de dévotion. On y voit une figure en marbre de cette Sainte, de l'ouvrage d'un Frere de la maiſon, qui eſt d'un deſſein aſſez paſſable.

L'autre eſt ſous le titre de ſaint Caſimir, Prince de Pologne, où ce Saint eſt repréſenté, dans un tableau que l'on estime fort, il est d'un peintre de Dantzic, nommé SCHOULTZ. Ces deux chapelles sont ornées d'une architecture d'ordre composite, dont les colonnes couplées sont de marbre de *Rance*, élevées sur des piédestaux, garnis du même marbre, dans les quadres du dé, aussi-bien que la frise: l'attique est ouvert en demi-dôme, d'une maniere gracieuse. Tous les ornemens de sculpture de ces deux ouvrages, sont extrémement finis, & placez avec intelligence. BULET a heureusement réussi dans ces desseins qu'il a donnez, & y a fait paroître sa pratique dans la bonne architecture.

Voilà en general les choses les plus remarquables qui se distinguent dans l'Eglise.

Cependant ceux qui aiment les anciens monumens, qui ont du rapport à l'histoire de France, seront bien aises d'examiner les tombeaux de plusieurs Rois de la premiere race, qui se voient encore dans le chœur de cette Eglise. ils ont été restaurez, pour en conserver plus longtems la memoire.

La disposition du chœur aiant été entierement changée en 1653, comme on l'a dit, on fut obligé de transferer les anciens tombeaux des lieux où ils étoient auparavant, pour les placer avec plus d'avantage.

La châsse de saint Germain se trouvoit alors au fond du chœur, élevée sur quatre colonnes, au bas desquelles étoit le tombeau du roi *Childebert*, fondateur de cette célebre Abbéie, & celui de la reine *Ultrogotté*, son épouse, dont les restes furent enfermez dans le monument qui se voit à present au milieu du chœur. Il est élevé de quelques piés, & la figure qui paroît dessus, quoiqu'elle ne soit pas du tems de *Childebert*, est cependant considerable à cause de son antiquité, environ du onziéme siecle.

Les Inscriptions que voici gravées dans des tables de marbre, occupent les faces des côtez de ce tombeau.

REGI SÆCULORUM.

Francorum rector, præclarus in ag-
  mine ductor,
Cujus & Allobroges metuebant sol-
  vere leges;
Dacus & Arvernus, Britonum rex,
  Gothus, Iberus,

Hìc situs est, dictus Rex CHIL-
DEBERTUS *honestus.*
Condidit hanc aulam VINCENTI
nomine claram,
Vir pietate eluens, probitatis mu-
nere pollens;
Templa Dei ditans, gaudebat dona
repensans,
Millia mendicis solidorum dans &
egenis,
Gazarum cumulos satagebat con-
dere cœlo.

Ex vetust. prisci sepulchri apud Aimoin.
de Gest. Francorum l. 2. c. 29.

ÆTERNITATI.

ULTROGOTHA CHILDEBERTI
Christianissimi Regis conjux,
Nutrix orphanorum, Consolatrix
afflictorum,
Pauperum & Dei servorum
sustentatrix,

*Atque fidelium adjutrix Monacho-
rum.*

Ex vita Stæ Batild. c. 5.

*Hîc cum chariſſimo conjuge diem
   illum expectat,
Quo laudabunt eos in portis
   opera eorum.
Ambob. Opt. Fundatorib. ex
humili ſitu cum lap. ſepulchr.
   tranſlatis
Fideliſſ. alumni hujus Regal. Ab-
   batiæ Aſcetæ Benedictini
Poſt reſtitut. in melior. formam
   Baſilicam & chorum
Ornatius monum. poſuer. An. Dom.
   1656. 10. Kal. Jan.
Qui & ipſorum anniverſaria.*

Abſunt à ſepulchro paterno CRO-
DESINDIS *&* CROBERGA *regiæ
virgines, quæ in eadem Baſilica,
ſed ignotis loculis requieſcunt. Ne
tamen ſepeliat oblivio, quibus im-
mortalitatem peperit incorruptio,*

vivat hic quoque cum piiss. parentibus dulciss. sobolis augustum nomen, & perennis memoria.

Il y avoit encore d'autres vieilles sepultures sous des arcades enfoncées, qui soûtiennent les clochers, qui se trouvent aux côrez du grand Autel; il s'en découvrit quatre principales, deux de chaque côté; à savoir, de *Chilperic* & de *Fredegonde*, de *Clotaire* II. & de *Bertrude*. Dans la même année que l'on travailloit avec tant de soin aux réparations & aux embellissemens de cette Eglise, ces quatre corps furent transportez dans les tombeaux où ils se voyent à present, proche de la clôture de fer qui enferme le chœur.

En fouillant & remuant tous les environs du sanctuaire, on decouvrit encore deux rangées de tres-beaux tombeaux de pierre ; dans quelques-uns qui furent ouverts par hazard, on trouva des corps, avec leurs suaires d'étoffes précieuses & des restes de ceintures, que la pourriture avoit épargnez ; mais le plus considerable des ces tombeaux, fut celui de la reine *Blitilde* & du roi *Childeric* II. son époux, qui furent trouvez avec les ornemens roiaux. Sur le tombeau de la Reine, il y avoit un petit coffre de pierre, où pouvoit être le corps du jeune *Dagobert*, leur fils, assassiné avec eux au retour de la chasse, dans le bois de Bondis, par Bodil, gentilhomme de Liege, irrité de ce que le roi *Childeric* l'avoit fait indignement fouetter, sans avoir égard à sa noblesse, comme l'histoire le rapporte. Après que tous ces ossemens furent tirez, on distingua cette inscription gravée en grandes lettres sur la pierre, CHILDER REX ; ce qui donna tout l'éclaircissement necessaire. Ces corps furent ajoûtez à ceux qui avoient déja été placez de chaque côté du sanctuaire ; & il paroît dans *saint Grégoire de Tours*, & dans *Fredegaire*, que *la Basilique de saint Vincent*, pour se servir des propres termes de ces anciens historiens, étoit alors destinée pour la sepulture des Rois de la premiere race, comme celle de saint Denys l'a été depuis, pour ceux de la seconde & de la troisiéme.

Le corps du roi *Childeric*, & celui de la reine *Fredegonde* son épouse aiant enfin été découverts le jour du Vendredy Saint 3 d'Avril 1643, furent aussi placez comme les autres à côté du grand Autel.

Il est à remarquer cependant, qu'entre tous ces tombeaux, celui de la reine *Fredegonde* est original, & il est à présumer qu'il est le seul en France, qui soit resté de la premiere race ; dont on conviendra aisément, si on l'examine avec un peu de soin & d'attention.

C'est une tombe platte, ornée d'une espece de mosaïque, composée de pierres, ou de mastics rapportez de diverses couleurs, avec des venes de cuivre coulées entre deux, pour faire la difference des petits ornemens. Cette Reine est représentée un sceptre à la main, dont l'extrémité est terminée en double fleur-de-lys ; ce qui pourroit faire croire, que dans ce tems là, les fleurs-de-lys n'étoient pas absolument inconnues, comme quelques critiques l'ont prétendu. La couronne qu'elle a sur la tête chargée des mêmes ornemens, pourroit encore autoriser cette pensée. Elle décéda à Paris en 697. avec la réputation d'une Princesse habile ; mais ambitieuse, vindicative, la plus cruelle qu'on eût vûe depuis longtems & la plus digne de la haine de tout le genre humain, si l'on en croiu le P. Daniel dans son histoire de France. Elle regna selon le même auteur trente années sous le nom de son mari & de son fils; elle fit perir deux Reines & deux fils de Rois & une infinité de personnes de condition, dont elle crût la perte necessaire à sa grandeur, ou sa sureté.

Les autres tombeaux sont plus modernes, environ de l'an 1000. que l'Eglise fut rebâtie entierement; & même il y en a quelques-uns qui ont été restaurez encore depuis. Le tombeau de la reine *Fredegonde* a été gravé avec les anciennes figures de la porte, pour la savante édition de *saint Gregoire de Tours*, que *Dom Thiery* RUINART a mis au jour en 1699.

On ouvrit encore dans le même tems plusieurs autres vieilles sepultures, dont il ne fut pas jugé à propos de conserver la mémoire, parce qu'elles ne renfermoient rien de fort remarquable.

Cependant on en distingua une, particulierement au bas de l'escalier, qui conduit du cloître au dortoir, dans laquelle il se trouva parmi divers ossemens, une petite Croix de cuivre, avec une lampe du même métail, & autour cette inscription en lettres Romaines, gravées en creux, enlassées ensemble.

Tempore nullo, volo
Hinc tollantur offa Hilperici.

En dedans du même tombeau, on lût diftinctement cette autre infcription en même caractere, mais peints feulement.

Precor ego Hilpericus,
Non auferantur hinc offa mea.

Ces infcriptions aiant été découvertes trop tard, on ne put remedier à la confufion, où les offemens fe trouverent, par la précipitation & la négligence des ouvriers.

Avec ces vieux monumens, il y a de nouveaux tombeaux affez confiderables, dont il eft à propos de parler.

Aux piés de celui du roi *Childebert*, placé au milieu du chœur, comme il a déja été remarqué; on lira l'épitaphe qui fuit, pour le cœur du *Duc* de VERNEUIL, fils naturel du roi *Henri IV*. Ce Prince avant que d'être marié avec *Charlote Seguier*, veuve du Duc de *Sully*, avoit été Evêque de Metz & Abbé de faint Germain des Prez.

SERENISSIMO PRINCIPI
HENRICO BORBONIO
DUCI VERNOLIENSI,
CUJUS COR HOC LOCO POSITUM EST,
OPTIMO QUONDAM PATRONO SUO,
BENEDICTINA RELIGIO,
QUAM VIVENS SEMPER IN CORDE
HABUIT,
CUI MORIENS COR SUUM
COMMENDAVIT,
HUNC TITULUM P.
ANNO CIƆ. IƆC. LXXXII.

On a Inhumé assez proche *Louis César* DE BOURBON, Comte de Vexin, légitimé de France, nommé Abbé de cette maison, sur la tombe duquel on lit cette épitaphe.

D. O. M.

HIC EXPECTAT RESURRECTIONEM

DESCRIPTION
QUAM FIRMA SUPRA ÆTATEM FIDE
SPERAVIT,
SERENISSIMUS PRINCEPS
LUDOVICUS CÆSAR
BORBONIUS
COMES VELIOCASSIUM
LUDOVICI MAGNI FILIUS,
QUI CONSUMMATUS IN BREVI
EXPLEVIT TEMPORA MULTA.
VIXIT
ANNOS X. MENSES VI, DIES XXII.
OBIIT
DIE X. JANUARII ANNI M.DC.LXXXIII.
RAPTUS EST
NE MALITIA MUTARET
INTELLECTUM EJUS.
UT VERO AMANTISSIMI FILII
PERENNET MEMORIA,
LUDOVICUS MAGNUS
ANNIVERSARIUM SOLEMNE

CUM PRIVATIS MISSIS DECEM
INSTITUIT.

Dans la chapelle de saint Casimir, à l'extremité du bras de la croisée, du côté de l'Evangile, on voit un monument érigé à la memoire de CASIMIR roi de Pologne, mort en France. Il étoit Abbé de cette maison, & pourvû de plusieurs autres-grands benefices. Il est representé à genoux, en marbre, revêtu de ses habits roiaux, offrant son sceptre & sa couronne, sur un tombeau de marbre noir, soûtenu d'un socle, ou d'une base, avec un bas relief de bronze, executé par *Jean Thibaut*, frere convers de la même maison, tres habile dans l'art de jetter le métail. Cette base est accompagnée de captifs barbares, enchainez à des trophées d'armes, qui marquent les victoires que ce Prince a remportées sur les Turcs, les Tartares & les Moscovites.

Voici l'épitaphe qui s'y lit gravée en lettres d'or, elle est de *Dom François* DELFAU, tres-docte Religieux de cette maison, fort renommé pour ces sortes de compositions, qui a réussi dans celle-ci, que tout le monde admire pour sa rare beauté.

ÆTERNÆ MEMORIÆ
REGIS ORTHODOXI.
HEIC
POST EMENSOS VIRTUTUM
AC GLORIÆ GRADUS OMNES
QUIESCIT NOBILI SUI PARTE
JOHANNES
CASIMIRUS
POLONIÆ
AC SUECIÆ REX;
ALTO DE JAGELLONIDUM
SANGUINE,
FAMILIA VASATENSI
POSTREMUS,
QUIA SUMMUS
LITTERIS, ARMIS, PIETATE.
MULTARUM GENTIUM LINGUAS
ADDIDICIT, QUO ILLAS PROPENSIUS
SIBI DEVINCIRET.
SEPTEMDECIM PRÆLIIS COLLATIS
CUM HOSTE SIGNIS
TOTIDEM UNO MINUS VICIT,

SEMPER INVICTUS.
MOSCOVITAS, SUECOS, BRANDE-
BURGENSES, TARTAROS
GERMANOS
ARMIS;
COSACOS, ALIOSQUE REBELLES
GRATIA, AC BENEFICIIS
EXPUGNAVIT,
VICTORIA REGEM EIS SE PRÆBENS,
CLEMENTIA PATREM.
DENIQUE TOTIS VIGINTI
IMPERII ANNIS,
FORTUNAM VIRTUTE VINCENS
AULAM HABUIT IN CASTRIS,
PALATIA
IN TENTORIIS,
SPECTACULA
IN TRIUMPHIS.
LIBEROS EX LEGITIMO CONNUBIO
SUSCEPIT, QUEIS POSTEA ORBATUS
EST, NE SI SE MAJOREM RELIQUISSET,
NON ESSET IPSE MAXIMUS,
SIN MINOREM, STIRPS DEGENERA-

RET; PAR ET AD FORTITUDINEM
RELIGIO FUIT,
NEC SEGNIUS COELO MILITAVIT,
QUAM SOLO.
HINC EXTRUCTA MONASTERIA
ET NOSOCOMIA VARSOVIÆ,
CALVINIANORUM FANA
IN LITHUANIA EXCISA,
SOCINIANI REGNO PULSI,
NE CASIMIRUM HABERENT REGEM
QUI CHRISTUM DEUM
NON HABERENT.
SENATUS A VARIIS SECTIS AD
CATHOLICÆ FIDEI COMMUNIONEM
ADDUCTUS,
UT ECCLESIÆ LEGIBUS
CONTINERENTUR
QUI JURA POPULIS DICERENT.
UNDE ILLI PRÆCLARUM
ORTHODOXI NOMEN
AB ALEANDRO VII.
INDITUM.
HUMANÆ DENIQUE GLORIÆ
FASTIGIUM PRÆTERGRESSUS,

CUM NIHIL PRÆCLARIUS AGERE
POSSET,
IMPERIUM SPONTE
ABDICAVIT
ANNO M. DC. LXVIII.
TUM PORRO LACRYMÆ, QUAS
NULLI REGNANS EXCUSSERAT,
OMNIUM OCULIS MANARUNT,
QUI ABEUNTEM REGEM NON SECUS
ATQUE ABEUNTEM PATREM,
LUXERE.
VITÆ RELIQUUM IN PIETATIS
OFFICIIS CUM EXEGISSET,
TANDEM AUDITA KAMENECIÆ
EXPUGNATIONE, NE TANTÆ CLADI
SUPERESSET,

CARITATE PATRIÆ
VULNERATUS OCCUBUIT
XVII. KAL. JAN. M. DC. LXXII.
REGIUM COR MONACHIS HUJUS
COENOBII, CUI ABBAS PRÆFUERAT,
AMORIS PIGNUS RELIQUIT,
QUOD ILLI ISTHOC TUMULO
MOERENTES CONDIDERUNT.

Ce monument a été érigé pour conserver seulement le cœur de ce Prince dont le corps a été transporté en Pologne.

Dans la même chapelle est enterré *Pierre* DANEZ, Evêque de Lavaur, né à Paris. C'étoit un illustre de son tems, versé dans les langues savantes, & particulierement dans la langue Grecque, qu'il avoit appris de *Lascaris* & du fameux *Budé.* Il fut envoié au Concile de Trente, où il prononça un discours, qui fut applaudi. Comme c'étoit un savant de grande réputation, *Genebrard* lui dédia son traité de la Trinité, & le roi François I. le choisit pour être le premier lecteur en langue Grecque au College roial qu'il avoit fondé. *Pierre* Danez mourut dans l'Abbéie de saint Germain des Prez, & fut enterré dans l'Eglise, devant l'autel de saint Placide, dite aujourd'hui de saint Casimir roi de Pologne, avec cette épitaphe.

Cy-dessous est reverend Pere en Dieu, Messire PIERRE DA-NEZ, *en son vivant Evêque de Lavaur, institué premier lecteur du Roi, ès langues Grecques par le roi François I. & envoié pour son ambassadeur au Concile de Trente, lequel décéda dans la maison de céans, le 22 d'Avril 1577.*

De *Thou*, parle de lui avec éloge, ainsi que d'un savant enterré dans la même Eglise, nommée saint Jean GROL-LIER, Trésorier de France, qui avoit amassé, selon le même Auteur, une bibliotheque d'un choix tres-rare, & qui en faisoit un usage merveilleux, puisqu'il étoit estimé lui-même un des plus savans hommes de son siecle. Il étoit originaire de Lyon, où sa famille avoit toûjours tenu un des premiers rangs, de laquelle sont sortis, selon le même de *Thou*, *Imbert* du *Soleil* & *Antoine Servieres*: ce dernier avoit un cabinet des plus curieux de l'Europe. *Grollier* fit imprimer à Venise en 1522, par *Alde de Manuce*, l'excellent traité *de asse* du fameux *Budé* son ami particulier. Il fut aussi grand ami de *Coelius Rhodoginus*, qui lui dédia son ouvrage des anciennes leçons. Comme *Grollier* avoit eu toute sa vie une grande passion pour les belles Lettres, il avoit quantité de médailles rares & de bons livres. Après sa mort on transporta son cabinet en Provence pour être vendu en Italie ; mais le Roi en étant averti le fit acheter à grand prix, afin que la France ne fût pas privée d'un si rare trésor, & commanda que l'on mit dans son cabinet, toutes ces rares pieces de la savante antiquité, avec celles qui y étoient déja.

Dans la chapelle de sainte Marguerite, qui occupe l'autre bras de la croisée, il se trouve deux tombeaux fort décorez.

Celui qui est au fond, vis à-vis de l'autel, est orné d'une colonne qui porte une urne antique, elle est accompagnée de deux figures ; à savoir, la fidelité & la pieté, qui tiennent des médaillons entre leurs mains, où sont representez en bas-relief, les personnes pour qui ce monument a été érigé. Deux squeletes semblent lever des rideaux pour exposer cet ouvrage aux yeux des passans. Ce monument avec tous les ornemens que l'on y remarque, sont de GIRARDON, qui en a donné le dessein, & qui les a executez lui-même.

On lit au bas cette épitaphe, de la composition du savant *Dom Jean* MABILLON.

Quisquis

Quisquis hic sistis,
Non minus religionis & pietatis
Quàm virtutis bellicæ, monumentum
vides;
Quod amantissimis suis, parenti
& fratri,

OLIVARIO & LUDOVICO
DE CASTELAN,

CAROLUS *Abbas testamento* F. C.
Quorum alter pro rege & patria,
Alter etiam in Christi causa
gloriose occubuit.
Quippe OLIVARIUS *nobilissimus*
eques, post præcipua Militiæ sub
LUDOVICO JUSTO
præludia,
Duplicis Cohortis, dein summus
in castris celerum equitum
trans Alpes præfectus;
Italico in bello factis illustris,
Demum in Catalanico ducis officium
strenue agens,
Ad Tarraconem infesta pila
trajectus interiit
Anno salutis 1644.

Cette autre inscription qui suit se trouve dans le quadre du soubassement.

LUDOVICUS OLIVARIUS
FILIUS, *eodem ardore à tenero*
miles pari conditione dux,
primo uni prætoriæ cohorti præfectus,
tum ipsius legionis Major;
tandem pedestrium copiarum quas
LUDOVICUS MAGNUS
In Cretæ subsidium misit, tribunus
eruptione in Ottomanos facta,
ferali globulo extinctus est.

CAROLUS OLIVARII
idem filius,
S. Apri & Silvæ Majoris Abbas,
eorum in memoriam hæc marmori
inscribi curavit;
Et in isto Mausolæo à se erecto,
Sub quo ipse jacet,
Corda optimi parentis
ac fratris, includi præcepit:
Mortuus die 28. Novembris
an. 1667.

His corpus suum adjungi optavit
FRANCISCUS CAROLI *fratruelis*
atque ex asse hæres,
Et ipse militaribus pro Rege officiis,
Maxime in Turcas
insignis.
Qui obiit 8. Jan. an. 1683.

 Tout proche est le tombeau du Comte
Ferdinand de FURSTEMBERG, Neveu
du Cardinal de même nom, mort Abbé
de cette maison. Il est de l'ouvrage de
COYSEVOX, sculpteur en grande réputation & des plus emploiez dans les
ouvrages de conséquence. L'épitaphe que
l'on y a gravée est aussi de la composition de *Dom Jean* MABILLON, dont
les productions ont toûjours été pleines
de beautez; mais comme celle-ci ne
contient rien de particulier, on n'a pas
trouvé à propos de la rapporter.

 Dans une des chapelles qui sont derriere le chœur, on remarquera encore
deux tombeaux de marbre, où sont inhumées plusieurs personnes de la maison
de DOUGLAS, une des plus illustres d'Ecosse, laquelle a produit de tres-grands
hommes fort connus dans l'histoire.

A l'extrémité de l'Eglise du côté de la principale entrée, dans la CHAPELLE DE SAINT SYMPHORIEN, on peut lire l'épitaphe de saint Germain, qui a été enterré dans le même lieu, laquelle est de la composition du roi CHILPERIC. Ce Prince la fit pour marquer à la postérité le zele & la veneration particuliere qu'il avoit pour ce grand Saint : cette épitaphe fait voir que les Rois de la premiere race n'étoient pas si dépourvûs de la belle litterature, comme quelques-uns l'ont prétendu faussement.

On rapportera ici une copie exacte de cette épitaphe, pour la satisfaction des lecteurs.

Ecclesia speculum, patriæ vigor, ara reorum,
 Et pater & medicus, pastor, amorque gregis,
Germanus virtute, fide, corde, ore beatus,
 Carne tenet tumulum, mentis honore polum.
Vir cui dura nihil nocuerunt fata sepulcri,
 Vivit enim, nam mors quem tulit ipsa timet.

Crevit adhuc potius justus post funera.
   Nam qui
Fictile vas fuerat, gemma superba mi-
   cat.
Hujus opem ac meritum mutis data verba
   loquuntur,
Redditus & cæcis prædicat ore dies.
Hic vir Apostolicus rapiens de carne tro-
   phæum,
Jure triumphali considet arce throni.

Le tableau de cette chapelle, qui repréſente le martyre de ſaint Symphorien, eſt de *Hallé* le pere.

On fait les fonctions curiales dans cette chapelle, pour la commodité des ſeculiers qui ſont logez dans l'enclos de l'Abbéie, qui ſont indépendans de la Cure de ſaint Sulpice, laquelle eſt à la nomination des Religieux de cette maiſon roiale, & y a toûjours été juſqu'à preſent.

Voila les choſes les plus dignes d'être remarquées dans l'Egliſe.

Il faut encore ſavoir que la réforme de l'ordre de ſaint Benoiſt, établie dans cette Abbéie en 1631, y a apporté un tres-heureux changement pour l'édification de l'Egliſe, & pour l'exemple de tous les autres ordres religieux.

L'office divin se fait dans cette Eglise d'une maniere tres-édifiante, qui a de la grandeur & de la majesté, particulierement les jours des fêtes principales. On peut même hardiment avancer, qu'il n'est presque point de communauté reguliere qui s'aquitte plus dignement des fonctions & des cérémonies de l'Eglise, que celle ci.

L'ordre de saint Benoist est en possession de cette ancienne maison peu de tems après sa fondation. L'Eglise fut dédiée en 558 par saint Germain, alors Evêque de Paris.

On conserve dans la sacristie des reliques de tres-grand prix, sans parler des ornemens de toutes les couleurs, qui sont des plus riches, soit en étoffes, soit en broderies.

On remarquera entre autres choses, une Croix de vermeil doré, fort enrichie de pierreries, au milieu de laquelle est un saphir d'Orient, antique, sur lequel l'Empereur Adrien est représenté en creux. On porte cette croix seulement aux processions des principales fêtes de l'année. Il s'y voit aussi plusieurs chefs de Saints & de Saintes richement enchassez ; une sainte Marguerite donnée par *Marie* de *Medicis* ; & une Assomption de la Vierge, de vermeil doré; la tête & les mains sont émaillées, & les Anges sont aussi de vermeil doré.

Mais ce qu'il faut remarquer avec plus de soin, est une Croix d'or à double traverse, toute garnie de diamans, qui renferme une portion du bois de la vraie Croix, donnée le 29 de Septembre 1684, avec plusieurs autres reliques, par la Princesse Palatine, laquelle l'avoit reçue de *Casimir* roi de Pologne. Cette Croix est tres remarquable par son antiquité; elle avoit appartenu autrefois à *Manuel Comnene*, Empereur de Constantinople, lequel y a fait graver deux vers grecs, qui s'y lisent encore, avec le nom de cet Empereur.

On voit aussi dans le même lieu un tableau d'argent, qui représente la sainte Vierge, pris par *Ladislas*, roi de Pologne, sur les Moscovites, dans une bataille qu'il gagna sur ces peuples, lesquels avoient une grande vénération pour cette sainte Image, qu'ils portoient ordinairement à la tête de leurs armées.

On conserve encore dans le même lieu plusiers autres raretez précieuses, qui feront du plaisir aux amateurs des reliques & des antiquitez.

Il y a quelques tableaux curieux sur

les armoires de la Sacristie, entre lesquels il s'en trouve trois fort anciens & tres-remarquables.

Dans le plus grand, Guillaume, Abbé de cette maison, est représenté en action d'adoration, proche d'un Christ détaché de la Croix, avec plusieurs autres figures dessinées à la verité sans beaucoup de correction, selon la maniere de ces tems là, mais dont le coloris est d'une grande fraîcheur. Entre ces figures, on voit à genoux la mere de cet Abbé à côté de lui. Ce qu'on estime le plus, avec raison, dans ces vieilles peintures, c'est le lointain, où l'Abbéie est représentée au milieu des prez, avec tous ses accompagnemens, entourée de tours rondes, de hautes murailles & de fossez profonds, comme elle étoit du tems de cet Abbé, c'est à-dire vers l'année 1418. Le Louvre avec ses grosses tours, y paroît aussi, au-delà de la riviere, dans le même état qu'il avoit été construit par Philippe Auguste, presque dans la disposition où l'on voit à present le château de Vincennes. Le petit Bourbon, à present le Garde-meuble du Roi, y est aussi représenté presque de la même maniere qu'il se voit encore aujourd'hui, sur tout du côté de la riviere. La butte

Montmartre s'éleve derriere cet édifice, & toute cette difposition fait aifément juger, que Paris étoit encore fort refferré alors, & fort different de l'état où cette grande Ville fe trouve à prefent.

En l'année 1715 on a bâti par les foins de *Dom Jacques* BOUILLART Sacriftin, une nouvelle facriftie ; elle eft voûtée, & conftruite folidement, & a toutes les commoditez neceffaires avec la propreté que l'on peut defirer.

L'interieur du Monaftere fatisfera abondamment les curieux fur quantité de chofes importantes.

Depuis quelques années on a refait une partie des cloîtres. En même tems deux grands corps de bâtimens affez bien conftruits, ont été élevez ; fous celui qui eft du côté de la principale entrée, on a ménagé un large efcalier d'un trait hardi, avec un veftibule à rez-de-chauffée, & des fales ornées d'affez bons tableaux, qui repréfentent quelques perfonnes remarquables par leur mérite & par leur rang.

Ce veftibule eft orné de quatre figures d'une affez bonne main. Il y a dans le même lieu un petit Crucifix tres-bien peint par HALLE' le fils, peintre renommé de l'Académie.

Il ne faut pas manquer d'aller voir le refectoire, qui eſt d'une excellente ſtructure Gothique, percé avantageuſement de tous côtez par de grands vitraux, & revêtu d'une menuiſerie extrémement propre. Cet édifice a été élevé en 1239, par les ſoins de l'Abbé *Simon*.

La chapelle de la Vierge eſt de la même fabrique. Ce dernier édifice eſt à peu près dans les proportions de la ſainte Chapelle du Palais, & a ſervi, à ce qui paroît, de modele à ce bel édifice, qui paſſe pour un chef-d'œuvre de l'Architecture Gothique. Cette chapelle a été conſtruite en 1245, ſous l'Abbé *Hugues d'Iſſy*. Pierre de MONTREAU, Architecte de tous ces ouvrages, tres-habile & tres renommé en ſon tems, a voulu être enterré dans cette chapelle, où ſe voit encore ſon tombeau, ſur lequel il eſt marqué qu'il déceda en l'année 1266, le 17 de Mars.

Mais ſans trop s'arrêter à toutes ces choſes, il faut monter à la bibliotheque qui regnoit autrefois ſur deux longueurs du cloître. Elle eſt une des plus nombreuſes; & les livres qui s'y conſervent, ſont des mieux choiſis & des plus rares éditions. Dans les derniers ſiecles, où le nombre des bibliotheques n'étoit pas ſi grand qu'il est à present, elle étoit estimée la premiere de Paris: mais si elle n'a pas àpresent le même avantage pour les livres imprimez, au moins peut-on assurer, qu'en manuscrits, aucune ne lui dispute, si ce n'est cependant la bibliotheque du Roi & celle de *J. B. Colbert*, qui l'emportent sur toutes les autres. Les manuscrits sont conservez dans un grand cabinet à l'extrémité, qui en est tout rempli depuis le haut jusqu'en bas, au nombre de douze cens au moins, entre lesquels on en compte plus de cent originaux, qui passent huit cens ans. Il s'en trouve sur toute sorte de matieres, principalement concernant la religion, desquels on a tiré de fort grands secours pour éclaircir des choses que les anciens copistes, ou les premiers Imprimeurs avoient tronquées, ou mal copiées. On conserve aussi dans le même lieu des médailles antiques & un crucifix d'ivoire de *Jaillot*, d'un fort beau travail.

Entre les livres de cette bibliotheque, il y a quantité de volumes d'estampes choisies des plus celebres maîtres, & les recueils sont des plus étendus. Les livres de géographie & de cartes sont aussi tres nombreux. L'Abbé *Baudran*, un des savans géographes de ces derniers tems, a donné ceux qu'il avoit amaſſez, qui faiſoient enſemble un grand nombre de volumes, la plûpart fort rares.

Dans une petite armoire on conſerve quelques volumes plus ſinguliers que les autres, parmi leſquels il y en a un qu'on dit être le *Pſeautier* dont *ſaint Germain* ſe ſervoit, qui vivoit en 560, ſous le regne de *Childebert* roi de France. Ce rare volume étoit autrefois dans la ſacriſtie, avec les reliques; mais comme les curieux demandoient ſouvent à le voir, l'on l'a mis en ce lieu. Il eſt ſur du velin couleur de pourpre, en lettres d'argent & les titres en lettres d'or. Il contient tous les Pſeaumes de David, écrits d'une maniere fort differente des manuſcrits ordinaires. Il s'en trouve encore un autre, auſſi ſur du velin de la même couleur, tout écrit en lettres d'or, dans lequel eſt une partie des Evangiles, une collection des conciles du tems de Juſtinien, les Epîtres de ſaint Paul par colonnes, en Grec & en Latin, traduites mot à mot par Gennade, en caracteres Merovingiens, il y a près de douze cens ans; & pluſieurs autres anciens volumes en caracteres Lombards, Saxons & Romains. Il y a encore dans la même armoire, un vieux miſſel, qui ſelon toutes les apparences a près de neuf cens ans ; des tablettes à l'usage des anciens, faites de petites planches de cédre, avec une espece de cire, ou de vernis tres-fin coulé dessus, sur lesquelles, par le moïen du style, on écrivoit fort facilement, & quelques autres singularités de cette sorte, qui méritent bien d'être considerées ; sur tout deux grands volumes pleins d'attestations de la croiance de plusieurs Evêques Grecs, touchant la transsubstantiation, que le savant *Antoine Arnauld* a fait venir de Constantinople, avec beaucoup de peine, par le crédit du *Marquis de Nointel*, alors Ambassadeur de France à la Porte, pour lui servir d'autorité contre les Calvinistes, qui soutenoient que l'Eglise Grecque étoit de leur opinion, touchant la sainte Eucharistie.

L'*Abbé* d'ETRE'ES, nommé à l'Archevêché de Cambrai, mort le 3 de Mars 1718, a donné sa bibliotheque à l'Abbéïe de saint Germain. Elle est composée au moins de vingt-deux mille volumes d'un choix excellent sur tout ce qui concerne l'histoire de France.

Eusebe RENAUDOT, né à Paris, de l'Académie Françoise & de l'Académie des belles Lettres, mort dans les premiers jours du mois de Septembre 1720, a aussi donné sa nombreuse bibliotheque pour augmenter celle ci ; il avoit travaillé toute sa vie à l'enrichir, particulierement de Livres orientaux, parce qu'il étoit tres-versé dans les langues savantes, comme on l'a remarqué par plusieurs traductions qu'il a mis en lumiere; & comme il aimoit la Congrégation de saint Maur à cause des études qui y sont cultivées avec tant de soin & de succès, il a voulu être inhumé, dans l'Eglise de l'Abbéie, au milieu de la chapelle de saint Cazimir.

Comme le lieu où se trouvoit autrefois la bibliotheque, n'avoit pas toute l'étendue necessaire pour contenir le grand nombre de Livres qui la composent ; on a entrepris en l'année 1714, un nouvel édifice sur le corps du refectoir, qui a infiniment plus de commoditez. La longueur est de 160 pieds. Les armoires sont d'une assez belle menuiserie sur lesquelles on a placé quantité de portraits de personnes illustres & de savans de l'ordre de saint Benoist. La largeur & l'exhaussement répondent à la longueur, & la lumiere y est tres-avantageuse. Ce grand vaisseau pour se servir d'un terme de l'art, est ingenieusement disposé pour faire voir tous les Livres d'un coup d'œil. Cette bibliotheque sera dans peu d'années l'une des plus nombreuses & des mieux assorties de tout Paris, comme elle l'est déja par la quantité des manuscrits qui s'y trouvent ; les personnes qui en ont la direction, ne négligeant rien pour l'enrichir de tout ce qu'il y a de plus rare & de plus singulier. Il faut encore ajoûter, que si les desseins s'executent, elle doit avoir une bien plus grande longueur que celle que l'on y a donnée, parce qu'elle doit regner sur la plus grande partie des dortoirs.

La principale entrée est à l'extrémité d'une espece de galerie décorée d'une excellente menuiserie en pilastres qui soutiennent une corniche d'une bonne proportion & d'un fort beau profil ; de chaque côté il y a plusieurs espaces qui font comme autant de bibliotheques séparées, où il peut tenir une grande quantité de Livres.

A l'entrée de cette galerie on a disposé un lieu parfaitement bien éclairé pour placer les diversitez antiques, que *Dom Bernard de Montfaucon* assemble avec un soin extrême depuis plusieurs années ; ce cabinet sera en son genre le plus ample & le plus curieux qui se puisse voir sur cette matiere d'érudition & d'antiquité.

L'Abbéie de saint Germain des Prez est le lieu de la résidence du Superieur général de la congrégation de saint Maur, établie en France dès l'année 1618. Elle est composée de 180 monasteres, tant Abbéies que Prieurés conventuels.

Les premiers superieurs de cette congrégation, tres zelez pour le rétablissement de l'observance reguliere, ont aussi été fort portez pour les Lettres, cultivées de tout tems dans l'ordre de saint-Benoist. Il y a près d'un siecle que le public a commencé à profiter des travaux litteraires des savans qui ont paru dans cette congrégation. Ils ont revû plusieurs ouvrages des saints Peres, sur un tres grand nombre de manuscrits des bibliotheques les plus renommées de l'Europe, ils les ont donnez, avec les notes des éditeurs les plus estimez, ce qui ne s'est pû faire qu'avec des travaux & des soins infinis, dont les savans ont reçu des secours tres importans.

Ainsi il ne sera pas hors de propos de remarquer les principaux ouvrages que ces savans Religieux ont publiez.

Dom Thomas BLAMPIN, non moins recommandable par sa pieté & son humilité, que par sa profonde érudition, a présidé à l'édition des œuvres de saint Augustin, la plus correcte qui ait encore paru, & peut servir de modele en ce genre. Les préfaces sont tres-savantes, & les notes menagées avec un grand discernement; de maniere qu'elles ne degenerent jamais en glossaire ou en commentaire; écueil ordinaire des éditeurs, qui affectant une vaine montre d'érudition sacrée & profane, surchargent quelquefois leur auteur d'une infinité de notes & de remarques; souvent fort peu necessaires à l'intelligence du texte.

Dom Hugues MENARD, né à Paris, s'est rendu illustre par plusieurs ouvrages d'un grand savoir. Il a été le premier qui a commencé à donner le goût des bonnes & utiles études, qu'on a suivi depuis avec tant de succès dans la congrégation de saint Maur. Les principales productions qui en sont sorties ont été si utiles à l'Eglise, que les trois derniers souverains Pontifes en ont marqué leur satisfaction & leur reconnoissance, par des brefs qui seront autant de monumens authentiques de leur approbation.

Dom Hugues MENARD a donné le *sa-*

cramentaire de *saint Gregoire*, il est mort en 1648.

Dom Luc d'ACHERI, qui a suivi ses traces, a publié le *Spicilegium* en 14 vol. *in* 4. Le premier a paru en 1655, & le dernier en 1677. dans lequel il a assemblé plusieurs pieces cachées dans les bibliotheques des maisons de son ordre, qui auroient peutêtre été ensevelies dans un éternel oubli, sans les soins qu'il a pris de les mettre en lumiere, avec de tres-savantes notes, qui sont d'un grand secours pour les personnes studieuses. Il a aussi donné *Guibert* de *Nogent*, *Pierre de Celles*, & *Lanfranc*, Archevêque de Cantorbie. *Dom Luc* d'*Acheri* a été consideré comme un des grands hommes du dernier siecle, non seulement par les excellens ouvrages qu'il a mis au jour, mais encore pour son austere retraite, ne sortant que tres-rarement, se communiquant fort peu, évitant les visites & les conversations inutiles, parlant toujours avec retenue ; enfin accablé de travail, de foiblesse & d'années, il est mort saintement dans cette Abbéie le 29 d'Avril 1685, âgé de soixante & seize ans.

Dom Benoist BRACHET, mort en 1687, âgé de 77 ans, general de la congrégation, étoit un homme d'un mérite extraordinaire, qui avoit été employé par les puissances à des affaires de conséquence, dont il s'étoit aquité avec bien de la conduite & du succès.

Dom Jean MABILLON, le plus renommé de tous ces savans, joignoit à la plus vaste érudition une grande pieté, beaucoup de modestie, & une sainte politesse, qui l'a fait aimer & reverer de tous les honnêtes gens dont il a été connu. Entre le grand nombre d'ouvrages qu'il a composez, & qui ont porté son nom, par tout où la litterature est honorée; on peut mettre au premier rang son excellent traité *De Re Diplomatica*, universellement estimé de tous les savans de l'Europe & des Magistrats les plus éclairez de notre siecle. On peut bien qualifier ainsi l'illustre *Achiles* de HARLAY, premier President du Parlement, qui ne donnoit son estime qu'au solide merite, & qui eut toute sa vie une estime singuliere pour ce grand ouvrage, & pour son auteur. Ses annales de *l'ordre de saint Benoist*, en 6 vol. *in fol.* dont il y en a déja plusieurs d'imprimez, n'ont pas moins merité l'approbation des savans. C'est une source feconde de toute sorte d'éruditions ecclesiastiques & monaſtiques ; & pour ainſi dire, le fruit de quarante années de travail. Auſſi s'y porta-t-il, quand il eut une fois commencé, avec une facilité & une rapidité merveilleuſe. Cet ouvrage & les autres ſortis de ſa plume, prouvent évidemment qu'il a poſſedé autant & peutêtre plus qu'aucun autre ſavant de nos jours, les ſix ſiecles qui ont ſuivi ſaint Grégoire le Grand, c'eſt-à-dire depuis le ſixiéme ſiecle de l'Egliſe, juſqu'au douzieme, comme l'Abbé de *Tillemont*, né à Paris, auſſi d'une tres profonde doctrine, de qui on a tant d'excellens volumes ſur l'hiſtoire eccleſiaſtique, poſſedoit les ſix ſiecles précedens. *Dom Jean Mabillon* a donné deux éditions des *œuvres de S. Bernard*. Il avoit fait des voiages en Allemagne & en Italie, pour connoître par lui-même ce qu'il y a de plus rare dans les bibliotheques de ces payis-là, deſquels il a publié des relations excellentes en latin. Lorſqu'il alla à Rome, il fut reçu avec une diſtinction particuliere, & on lui donna une place dans la congrégation de l'*Indice*. Le Roi informé de ſon mérite ſingulier, voulut qu'il en eût une d'honoraire dans l'Académie roiale des belles Lettres. Il eſt mort le 27 de Septembre 1707, âgé de ſoixante & quinze ans.

Dom *Thierry* RUINART a publié *saint Grégoire de Tours*, & les *anciens actes des martyrs les plus averez*, avec quelques autres ouvrages excellents. Il est mort le 29 de Septembre 1709.

Le vénérable *Hildebert*, Archevêque de Tours, & *Marbodus*, Evêque d'Angers, ont paru par les soins de *Dom Antoine* BEAUGENDRE.

Saint Irenée a paru en 1711, par les études de *Dom René* MASSUET. Le même religieux avoit été préposé pour la continuation des annalles de l'ordre de saint Benoist, que *Dom Jean Mabillon* avoit poussées jusqu'en l'année 1157, avec peu de memoires pour la continuation de ce grand ouvrage ; *Dom Massuet* en publia un 5e volume en 1713, & mourut en 1715.

Le traité *De ritibus Ecclesiasticis*, a paru en plusieurs volumes *in* 4°, par *Dom Emond* MARTENE.

Dom Nicolas le NOURRY, auteur de l'*apparatus ad bibliothecam patrum*, où il a fait voir une profonde connoissance des trois premiers siecles de l'Eglise. Il a aussi publié *saint Ambroise* & plusieurs autres savans ouvrages qui marquent une extrême assiduité au travail, & un tres-grand discernement. Ce bon religieux est mort en 1724.

Dom *Jean* CARRE', & *Dom Jacques* MARTIN, doivent donner au public une nouvelle édition de *saint Ambroife*.

Saint Jerôme a paru par les foins de Dom Jean MARTIANAY en 5 vol. *in fol.* qui a été achevé en 1706. Ce docte Religieux s'eft aquis une grande réputation par fes difputes avec le P. *Pezron*, le *Clerc* proteftant, *Simon*, &c. On a encore du même auteur une traduction françoife du *nouveau teftament*, avec des notes, & quelques autres ouvrages fur l'Ecriture fainte.

Dom Pierre COUTANT a publié *faint* HILAIRE. C'étoit un des meilleurs critiques de ces derniers tems, & par-là tres-capable de réuffir dans le recueil des *lettres* des *Papes*, dont il a paru un premier volume avec tous les éclairciffemens que demande un ouvrage de cette importance. Il eft mort le 18 d'Octobre 1721. *Dom Mopinot* avoit été chargé de la continuation de l'ouvrage, mais il eft mort en 1724.

Saint Gregoire le *Grand*, par *Dom Denys* de SAINTE MARTHE, né à Paris. Il a commencé en l'année 1716, une nouvelle édition de *Gallia Chriftiana*, beaucoup plus ample & plus correcte que celle qui a été donnée par les

Illustres Freres jumeaux, de *sainte Marthe* ses parens.

Dom François LAMI, la candeur de ses mœurs, la regularité de ses exercices monastiques & sa pieté singuliere, l'ont rendu recommandable. Il a donné 5. tom. de la connoissance de soi-même, un traité de la verité évidente de la religion chrétienne, le nouvel Atheisme renversé, & divers autres excellens traitez. Il est mort dans l'Abbéie de saint Denys dans le mois d'Avril 1711.

Dom Michel GERMAIN a été compagnon de *Dom Jean Mabillon*, & a travaillé conjointement avec lui à la diplomatique. Il a composé en françois l'histoire de l'Abbéie roiale de *N. D.* de Soissons, & avoit commencé une histoire de tous les monasteres de la Congregation de saint Maur. Il est mort en 1694, âgé de 49 ans.

Saint Anselme Archevêque de Cantorbie, par *Dom Gabriel* GERBERON, qui a composé quantité d'ouvrages de theologie, de morale & de controverse; on en compte jusqu'à 80 de sa façon, mais tous n'ont pas été également aprouvez. L'*Abbé Rubert*, par le même.

Dom BERNARD de MONTFAUCON, de l'ancienne maison de la *Roquetaillade*, a composé grand nombre d'ouvrages, dans lesquels il paroît une rare science & une merveilleuse netteté d'esprit, dont voici les principaux : *Analecta Græca*, une édition nouvelle de *saint Athanase*, en 3. *vol. in fol.* Son *Diarium Italicum*, in 4°, a été imprimé en l'année 1703, où les curieux remarqueront des choses dont aucun antiquaire n'a encore parlé. On a aussi de lui *Collectio sanctorum Patrum*, en 2. *vol. in fol.* des *commentaires* d'*Eusebe*, sur les Pseaumes & sur Isaïe ; le *Cosmas Ægyptius*, qui vivoit sous l'Empereur *Justinien*. Cet ancien auteur a donné de tres belles connoissances sur la géographie de son tems, & sur la vie de *Ptolemée Evergetes*. Un des principaux ouvrages de ce docte Religieux, est un grand *in fol.* sous le titre de *Paleographia Græca*, qui a été parfaitement bien reçû dans la republique des lettres.

Depuis quelques années il travaille à former un cabinet de médailles & de diversitez antiques entre lesquelles il se voit déja des choses tres-singulieres. Il a amassé avec un tres grand soin une suite d'*Abraxas* qui monte à une centaine ; ce qui est d'autant plus considerable, qu'il n'y a aucun cabinet connu qui en puisse

puisse fournir un aussi grand nombre. Ces *Abraxas* sont ordinairement de pierre dure, avec les legendes Grecques, quelquefois Hebraïques, & assez souvent en caracteres inconnus. Les *Basilidiens* & les *Gnostiques*, à qui on attribue cette sorte de monumens, étoient des hérétiques qui ont paru dans les premiers siecles de l'Eglise, lesquels mêloient grossierement le sacré avec le prophane, ce qui étoit cause qu'ils représentoient indifferemment des déïtez paiennes, surtout *Serapis* & *Isis*, avec les simboles de la religion chrétienne.

On voit encore dans le même cabinet plus de soixante & dix sceaux ou cachets anciens & du moien âge, tres-curieux la plûpart, avec un tres-grand nombre d'Idoles, de lampes sepulcrales, d'instrumens de sacrifices, sans parler des médailles, des pierres gravées de toutes les especes & d'une infinité d'autres choses qui ont du raport à la savante antiquité & à la belle érudition. On verra avec le tems cette rare collection dans un cabinet particulier, dont l'arrangement sera un extrême plaisir aux savans.

Dom Bernard de Montfaucon a encore donné au public les *Hexapes d'Origenes*, en 2 *vol. in fol.* avec des com-

commentaires d'une rare érudition.

Il a publié en 1722, un ouvrage d'un travail prodigieux en 10 *vol. in fol.* en latin & en françois, orné d'un grand nombre d'estampes sous le titre de *l'Antiquité expliquée & représentée en figures*, & un supplement à ce grand ouvrage en 5 *vol.* aussi *in fol.* en 1724. On a du même auteur la verité de l'histoire de Judith *in* 12. sur le Christianisme de *Therapentes*, avec la réponse à quelques objections. Le même auteur va bientôt mettre au jour *saint Jean Chrysostome* en 12 *vol. in fol.* dont les six premiers tomes paroissent déja.

L'histoire de *l'Abbéie roiale de saint Denys* a vû le jour en 1706, par les soins & les recherches de *Dom Michel* FELIBIEN, né à Paris. On a du même auteur la *vie de Madame d'Humieres*, Abbesse & réformatrice de l'Abbéie de Monchy, de l'ordre de Citeaux.

En l'année 1712, *Dom Anselme* BANDURI, né à Raguse, a mis au jour 2. *vol. in fol.* sous le titre d'*Imperium orientale*.

Dom Charles de la RUE travaille sur *Origenes* qu'il se dispose de donner au public.

Dom Prudent MARANE a fait des

notes savantes sur saint Justin.

Dom LOBINEAU auteur de la belle histoire de Bretagne, de l'histoire des Saints de Bretagne, & de celle de Paris, laquelle doit bientôt paroître en 5 *vol. in fol.* que l'on attend avec impatience.

Dom Vincent TULLIER va mettre au jour l'*histoire de Polybe*, avec des remarques & des notes critiques, politiques & historiques.

Dom Jacques BOUILLARD a donné depuis peu de tems, une excellente histoire de l'Abbéïe de saint Germain des Prez, embellie de tres-savantes recherches.

Mais ce n'est pas d'aujourd'hui que les sciences sont cultivées & fleurissent dans cette ancienne maison. *Usuard*, si connu par son martyrologe, dont on se sert encore dans plusieurs Eglises de France, étoit Religieux de saint Germain des Prez. Il vivoit sous Charles le Chauve, à qui il dédia son ouvrage; *Abbo*, du même tems, a écrit en vers latins, & *Aimoin* en prose, tous deux, les sieges & les guerres cruelles que cette Abbéïe a souffert, lorsque les Danois pilloient & ravageoient la France, ce qu'ils ont fait pendant plusieurs années d'une maniere tres-barbare, comme on le peut voir dans tous les historiens de ce tems-là.

Entre tous ces illustres savans on ne doit pas omettre *Dom Jaques* du BREUL, qui a composé un volume *in* 4º des *antiquitez de la Ville de Paris* sa patrie, & d'autres ouvrages. Il est mort en 1616, dans un âge fort avancé.

Toutes les personnes studieuses souhaiteroient bien de voir un cathalogue complet de tous les ouvrages que les Religieux de cette ancienne maison ont mis au jour, & il faut esperer que quelque savant d'entre eux y mettra la main, pour enrichir infiniment la republique des lettres, qui attend cet ouvrage avec impatience.

Enfin il faut avouer librement à la louange de cette Congregation & particulierement de cette maison, qu'il n'en est point qui ait produit un si grand nombre d'excellens ouvrages tres utiles à l'Eglise, & l'on doit ajoûter qu'il n'est point de communauté religieuse où l'oisiveté soit plus soigneusement bannie, & où la regle & l'ancienne discipline monastique soient observées avec plus d'exactitude que dans celle-ci, la priere & l'étude des choses saintes étant les seules occupations aufquelles ces Religieux, fort éloignez des intrigues du monde, s'appliquent fans relache, ne s'attachant uniquement qu'à ce qui regarde leurs aufteres devoirs.

Comme la cour devant la principale entrée du Couvent fe trouvoit occupée de plufieurs édifices fort mal conftruits, on a pris la réfolution d'y élever de nouvelles maifons d'une fimetrie agréable & correcte, qui ont toutes les commoditez que des particuliers peuvent defirer, avec des privileges qui les exemptent de la vifite des Jurez de la Ville. L'entrée de l'Eglife eft plus facile, & tout cet efpace autrefois tres-négligé, fait à prefent un quartier féparé, qui a tout ce que l'on peut demander pour être logé agréablement: On a placé une fontaine & un puits dans les deux angles coupez de la rue principale, qui ont des ornemens de fculpture d'une bonne execution.

Cette infcription eft gravée fur la premiere pierre de ces nouveaux édifices. Elle eft de la compofition de *Dom Michel* FELIBIEN, né à Paris, fort eftimé des favans à caufe des excellens ouvrages qu'il a publiez.

ANNO DOMINI MDCCXV.
SS. D. N. CLEMENTIS XI.
PAPÆ XV.
REGNI LUDOVICI MAGNI LXXII.
GALLIA TOTA IN PACE
COMPOSITA
PRO FELICI ABBATIALIS ADMINIS-
TRATIONIS INCHOATIONE
PRIMUM HUJUS ÆDIFICII LAPI-
DEM POSUIT ILLUSTRISS.
ECCLESIÆ PRINCEPS
D D. HENRICUS DE THIARD
DE BISSY
MELDENSIUM EPISCOPUS
S. R. E. CARDINALIS DESIGNATUS
HUJUSCE S. GERMANI A PRATIS
REGALIS MONASTERII
ORD. S. BENEDICTI E CONGREG.
S. MAURI ABBAS COMMENDATARIUS
ADSTANTIBUS R. P. DOM.
DIONYSIO
DE SAINTE MARTHE

PRIORE
CÆTERISQUE CÆNOBII SUPRA LX.
MONACHIS.

PRÆSENTE AC PROBANTE
RR. P DOMNO CAROLO PETEY
DE L'HOSTALLERIE
CONGREG. S. MAURI PRÆPOSITO
GENERALI UNA CUM SUIS RR. PP.
SENIORIBUS ASSISTENTIBUS
D. CAROLO D'ISARD ET D. MAURO
AUDREN.

VICTORE THEODORICO
D'AILLY,
TOTIUS OPERIS ARCHITECTO.
DIE XI. MENSIS APRILIS.

Du côté de la rue *saint Benoiſt*, on a conſtruit il y a quelques années, une porte décorée d'un ordre Ionique, dans le goût de *Scamozzi*, c'eſt-à-dire dont les colonnes ont des chapiteaux avec des volutes coupées, ou à quatre faces, & des modillons dans la corniche, de l'invention de cet architecte Italien, qui cependant en avoit pris l'idée sur quelques édifices antiques.

Un peu plus bas, dans la même suite, il se trouve une porte feinte sur la muraille de clôture, au haut de laquelle on a placé une figure de saint Benoist. Cette porte a été faite ainsi, pour conserver la mémoire du Pape *Alexandre* III; qui entra autrefois par cet endroit, pour faire la dédicace de l'Eglise, que l'on avoit réparée, ou rebâtie de neuf vers ce tems-là, à l'occasion de quoi il donna de grands privileges & plusieurs immunitez à cette Abbéie, qui en jouit encore à present.

La rue saint Benoist est assez nouvelle; elle a été prise dans les vastes jardins qui se trouvoient autrefois autour de l'Abbéie, & les maisons que l'on y voit à présent n'ont été construites que vers l'année 1637.

De l'autre côté de l'Eglise est *le palais abbatial* que le *Cardinal de Furstemberg*, mort en 1704, a fait considerablement réparer, pendant qu'il a occupé l'Abbéie de saint Germain. C'étoit auparavant un vieux édifice fort délabré, élevé par les soins du Cardinal de *Bourbon*, qui avoit aussi possedé le même benefice.

Pour rendre l'entrée de ce palais plus commode & plus aisée, l'on a percé une nouvelle rue du côté de la rue du Colombier, dont les maisons sont d'une simétrie simple, mais égale & assez reguliere. La vûe de cette rue est terminée par trois arcades, sous le principal corps du bâtiment, à travers desquelles on voit le jardin. Les cours de ce palais sont assez grandes, & toutes ces nouvelles augmentations embellissent fort ce quartier, autrefois embarassé & tres-vilain.

En l'année 1703, plusieurs maisons bourgeoises furent élevées proche du gros pavillon du palais abbatial, lesquelles forment une rue qui devroit avoir son issue dans le petit marché, & auroit procuré une fort grande commodité à tout ce quartier, que l'on nommoit autrefois *le jeu de Metz*, où les particuliers aloient ordinairement jouer à la longue paulme, dans le tems que le Duc de *Verneuil*, *Evêque de Metz*, fils naturel du roi Henri IV. occupoit l'Abbéie de saint Germain.

Henri de Tiard Cardinal de Bissy,

O v

Evêque de *Meaux*, occupe cette célebre & riche Abbéie, depuis le 23 de Decembre 1714. Il a été nommé au cardinalat le 8 de Juin 1713, & a reçu la calotte le 17 du même mois 1715.

Selon les desseins qui ont été proposez il y a quelques années, le petit marché dont on vient de parler, devoit être transporté dans le terrain que la foire occupe, lequel est entierement inutile presque toute l'année; & en agrandissant l'espace du petit marché, & abbatant quelques vieilles maisons des environs, on auroit pû faire une place d'une extrême utilité pour ce quartier, un des plus passans & des plus fréquentez de la Ville, & fort serré de tous côtez. Plusieurs grandes rues tres peuplées qui viennent heureusement terminer à cet endroit comme à un centre, auroient fourni des accès aisez; & l'execution de ce beau projet eût empêché des embaras & des accidens fâcheux, qui n'arrivent que trop souvent, principalement les mercredis & les samedis, qui sont les jours de marché.

D'ailleurs le quartier de saint Germain, le plus beau de la Ville, n'aiant aucune place, méritoit bien que l'on fît quelque entreprise pour y procurer des

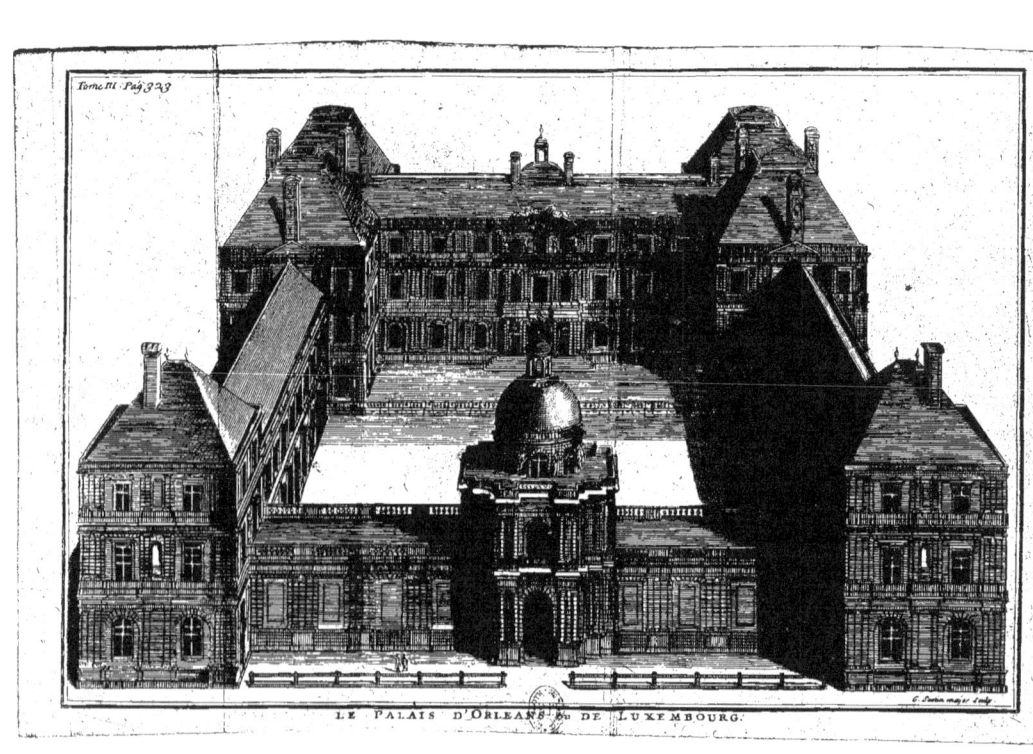

embelliſſemens, comme l'on a fait dans d'autres, avec des travaux & des dépenſes exceſſives, qui cependant ne paroiſſoient pas en avoir un auſſi grand beſoin que celui-ci.

LE PALAIS D'ORLEANS

OU

DE LUXEMBOURG.

DE tous les grands édifices qui ſe voient à Paris, & même dans le reſte du roiaume, il n'y en a point de plus beau, que ce magnifique palais. On pourroit ajoûter, du moins ſi l'on veut bien s'en rapporter à pluſieurs perſonnes tres-habiles, & qui jugent des choſes ſans prévention, que dans toute l'Italie il ſe voit peu d'édifice plus regulier & plus noblement décoré que celui-ci.

La reine *Marie* de MEDICIS, veuve du roi *Henri* IV. acheta l'hôtel de *Luxembourg*, la ſomme de trente mille écus le 27 de Septembre 1611, qui étoit en ruïne & fort negligé depuis pluſieurs années. Cet hôtel appartenoit à *Henri* de *Luxembourg* Duc de *Piney*, le dernier de cette ancienne maiſon ; & comme on étoit accoutumé à ce nom, le public l'a conservé à ce palais, malgré l'inscription qui se peut encore lire sur la principale entrée dans laquelle il est nommé le *palais d'Orleans*, parce que Marie de Medicis le laissa par testament à *Jean Gaston* Duc d'*Orleans* son second fils. Il est vrai que l'étendue du jardin n'étoit pas si grande qu'elle est à present; ce qui engagea la Reine à s'accommoder avec les Peres Chartreux pour avoir quelque portion de leur terrain qui venoit jusqu'au bassin que l'on voit au milieu du parterre; & pour dédommager ces bons Peres, on leur donna de grands espaces du côté de la campagne, qui ont fort agrandi le vaste clos qui enferme toute leur maison.

Cette Reine a fait élever ce grand ouvrage de fond en comble; & il faut dire à sa louange, qu'on lui a l'obligation, de même qu'à la reine *Catherine* de MEDICIS, toutes deux de la même maison, d'avoir orné la Ville de Paris de plusieurs beaux & magnifiques édifices, qui marqueront à la posterité le genie élevé de ces deux Reines: l'on peut même encore ajoûter que ces Princesses ont apporté en France le bon goût & la magnificence, que l'on n'y connoissoit avant leur regence, que d'une maniere irreguliere & tres-imparfaite, presque en toutes choses.

Comme la reine *Marie* de *Medicis* ne negligeoit rien pour les embellissemens du palais de Luxembourg, elle se servit de toute son autorité pour avoir des marbres restez à saint Denys. *Catherine* de *Medicis* les avoit fait venir d'Italie avec des grandes dépenses, pour le tombeau des Valois, qu'elle y faisoit élever, sur les desseins de *Philibert* de l'ORME tres-excellent architecte. Elle en vouloit faire un ouvrage, qui fut admiré de la posterité; & l'on doit ajoûter en cette occasion que cet édifice funebre, s'il avoit été achevé sur les desseins commencez, eut été un des plus magnifiques & des mieux imaginez de ces derniers siecles, dans lequel tout ce que l'architecture a de plus ingenieux & de plus regulier eut paru d'une maniere qui n'a point d'exemple en France. Ce rare morceau d'architecture a été entierement detruit en 1719; une partie de ces marbres étoit destinée pour un grand Autel que le roi *Henri* II. avoit resolu de faire construire dans le même lieu; mais quelques efforts que pussent faire les religieux de saint Denys, dit *Dom Michel Felibien*, dans l'excellente histoire qu'il a publiée de cette Abbeie, ils ne purent empêcher qu'ils ne fussent apportez au palais de Luxembourg, en l'année 1621, où on travailloit encore. Elle obtint deux lettres de cachet, pour ordonner aux Religieux de lui livrer ces marbres, & malgré leur opposition fondée sur de tres fortes raisons, ils furent enlevez & debitez particulierement pour la balustrade, dont on voit encore quelque reste sur le devant des terrasses du jardin & de la cour; & pour le quarreau de l'esplanade qui occupe toute la face de ce palais, au travers de laquelle il faut passer pour arriver au grand escalier. Les marbres de cette esplanade aiant été enlevez de nos jours, on a mis à la place des pavez de rue, qui rendent cet endroit bien moins propre qu'il n'etoit autrefois.

Jaques de BROSSE, excellent architecte, fut emploié à la conduite des ouvrages de ce palais, commencez en 1615, ils ne durerent que cinq ou six ans, tout au plus, parce que l'on y travailla avec empressement pour satisfaire la Reine, alors regente, qui vouloit ceder le Louvre au Roi son fils, où la Cour étoit alors logée fort étroitement.

On pretend que de BROSSE avoit

Imité en bien des parties le palais Pitti, à Florence, habité par le grand Duc, & il paroît que la decoration exterieure de l'edifice de Luxembourg a beaucoup de reffemblance avec ce palais.

Ce même architecte, qui étoit, avec justice, dans une grande reputation, donna depuis les deffeins du fuperbe portail de faint Gervais, auffi-bien que du temple des reformez à Charenton, renverfé en 1685, & de l'aqueduc d'Arcueil à deux lieues de la Ville, dont on a deja parlé.

Marie de *Medicis*, dont les idées étoient élevées, n'épargna rien, pour laiffer à la pofterité un monument digne de la grandeur & de la magnificence de fa maifon; & l'on peut dire auffi qu'il eft à prefent tres-peu de bâtimens en Europe, où l'art aproche plus de la perfection que dans celui-ci, enfin où il paroiffe plus de grandeur & de majefté.

Le palais de Luxembourg eft compofé d'une grande cour, au fond de laquelle eft le principal corps de logis, accompagné aux extremitez de quatre pavillons & d'un corps avancé au milieu, qui en fait comme un cinquiéme, orné de colonnes entre trois ouvertures; fous ce pavillon fe trouve l'efcalier & le paffage pour le jardin. Avant que d'y arriver, on monte à une terrasse en esplanade, autrefois pavée de marbre, laquelle occupe toute la largeur de la cour. Elle est terminée sur le devant, par une balustrade de marbre blanc, appuiée sur des piédestaux, où il y avoit autrefois de belles statues, qui furent vendues avec les meubles de la reine *Marie de Medicis*, dans le tems de sa retraite de la Cour, que le Cardinal de *Richelieu* étoit au plus haut point de sa fortune & de son crédit, & qu'il emploioit tout pour éloigner cette Princesse mere du Roi. La grande cour dont on parle est terminée à droit & à gauche, par deux galeries, plus basses que le reste du bâtiment, soûtenues chacune sur neuf arcades, avec de grands coridors parfaitement bien voûtez, un peu plus élevez que le terrain de la cour, à la faveur desquels on peut aller à couvert.

L'exterieur, ou la face de devant de cet édifice, est en galerie découverte, ou en terrasse, avec un pavillon au milieu fort orné d'architecture en resault, ou corps avancez, enrichis de vingt-quatre colonnes dans deux ordres qui y sont observez l'un sur l'autre. Ce pavillon est couronné d'un dôme terminé par une lanterne de figure ronde, autour de laquelle on a placé des statues, pour servir d'accompagnemens, dont l'effet n'est pas avantageux d'en bas.

La principale entrée de ce Palais se trouve sous ce pavillon du milieu, dont l'interieur ou le passage est decoré de colonnes Doriques, avec des niches entre deux. L'étage superieur ouvert de quatre côtez, dont les vûes s'étendent sur la cour, sur la rue de Tournon & sur les deux terrasses, par autant de grands arcs, accompagnez chacun de quatre colonnes, est orné en dedans d'un ordre Corinthien à colonnes de marbre, disposées comme celles du grand passage de dessous. A chaque extremité des galeries des côtez & des terrasses qui regnent sur le devant, il y a deux gros pavillons quarrez qui les terminent, lesquels sont plus avancez que les autres parties de la façade qui donne sur la rue de Tournon; ce qui contribue beaucoup à procurer de la majesté & de la grandeur à cet édifice: les faces de ces pavillons qui donnent sur les terrasses sont decorées de deux figures de marbre, de grandeur naturelle, qui representent Henri IV. & Marie de Medicis.

L'architecture de toutes les faces de ce palais est en pilastres couplez, excepté aux principales entrées du côté de la cour & du côté du jardin, & sur le corps du milieu qui sert de chapelle, où l'on a mis des colonnes à la place des pilastres.

Les ordres qui regnent par tout, sont le Toscan & le Dorique, avec un Attique au dessus ; & sur les quatre gros pavillons qui sont aux angles du principal corps de logis, au Toscan & au Dorique des autres ordres, on a de plus ajouté l'Ionique pour troisiéme ordre ; ce qui rend ces pavillons plus élevez que le reste. Les entablemens autour de tous les combles, sont chargez d'une balustrade, soutenue de piedestaux, qui regne également par tout avec des frontons aux faces principales, sur lesquels il y a des statues couchées qui sont d'une mauvaise execution, quoiqu'elles aient été faites par des Italiens, que l'on fit venir exprès. Ce qui enrichit encore beaucoup cette architecture, c'est le bossage, lequel n'ôte point aux ordres la simplicité qu'ils doivent avoir, parce que l'on a observé de donner à chaque ordre le bossage qui lui convient, avec des mesures assez justes ; cependant il est tres-vrai de dire qu'une architecture simple & sans bossages, auroit été plus belle aux yeux des connoisseurs.

Les dedans de ce palais ont été long-tems confiderez comme les plus fuperbes & les plus magnifiques que l'on pût voir, à caufe des riches ornemens de fculpture & de dorure que l'on y voit encore à prefent; mais depuis que la mode eft venue de donner aux appartemens des difpofitions plus commodes & mieux entendues, on ne trouve pas que ce palais ait rien à prefent de trop fingulier fur cet article, ni qu'il furpaffe à cet égard, plufieurs édifices nouvellement élevez.

Tout ce qui diftingue le palais de Luxembourg & qui y donne un ornement que l'on ne fauroit trouver ailleurs, c'eft la grande galerie à main droite en entrant, peinte par le fameux *Pierre Paul* RUBENS, de la ville d'Anvers, un des plus celebres peintres de ces derniers fiecles, que l'on fit venir exprès de Flandre pour cet ouvrage, qu'il commença en 1620, & qu'il finit deux ans après; ce qui marque fon extrême application au travail, & la grande pratique qu'il avoit dans fon art. L'hiftoire fimbolique de la reine *Marie* de MEDICIS, y eft traitée en vingt grands tableaux de dix piés de hauteur, placez fur les tremeaux entre les fenêtres, entre lefquels il y en a trois plus grands que les autres, à cauſe des endroits où ils ſont placez, & des ſujets qui y ſont traitez.

André FELIBIEN, dans ſes excellens diſcours ſur la vie & ſur les ouvrages des plus habiles peintres, fait une deſcription exacte & ſavante de ces rares pieces, & y remarque des beautez qui les rendent égales aux peintures les plus renommées, qui ſe voient ailleurs.

On a cru qu'il ne ſeroit pas inutile d'en rapporter une explication abregée, telle à peut près que cet habile auteur l'a donnée dans l'ouvrage dont on vient de parler, qui ne pourra déplaire aux lecteurs, puiſqu'elle leur découvrira quelques points d'hiſtoire qui ne ſe trouvent point dans les auteurs du tems.

En entrant dans la galerie par les appartemens, le premier tableau du côté du petit jardin, repreſente les trois Parques occupées à filer les jours de la Reine, en preſence de Jupiter & de Junon, qui paroiſſent dans le ciel. Deux Parques ſont aſſiſes ſur des nuages, & la troiſiéme tire le fil de la vie de la Princeſſe que les deux autres filent.

Le ſecond, eſt la naiſſance de la Reine. La déeſſe Lucine, un flambeau à la main, après avoir rendu l'accouchement heureux, dépose l'enfant nouveau né entre les mains d'une femme, qui repre-sente la ville de Florence.

Le tableau qui suit, fait voir l'éduca-tion de la jeune Princesse, à qui Minerve elle-même apprend à lire. Le Peintre a placé à côté un jeune homme qui touche une basse de viole, pour faire entendre qu'il faut de bonne heure mettre les pas-sions d'accord & regler les actions de sa vie. De l'autre côté les Graces sont re-presentées, l'une desquelles tient une couronne de laurier. Au dessus, Mer-cure dieu de l'éloquence descend du ciel. Et sur le devant du tableau, il y a plu-sieurs instrumens propres aux arts libe-raux. Ces trois Graces qui ont été cou-vertes de draperies depuis quelques an-nées, par un Peintre ignorant, étoient d'une tres-rare beauté, & passoient pour tout ce que *Rubens* avoit jamais fait de beau & de plus gracieux.

Plus avant l'Amour & l'Hymen cou-ronnez de fleurs, un flambeau à la main, paroissent en l'air tenant tous deux le por-trait de la Reine, qu'ils présentent au roi *Henri* IV. Ce Prince est couvert de ri-ches armes. A côté de lui, la France sous la figure d'une femme le casque en tête & un manteau semé de fleur-de-lys d'or, semble inviter le Roi à bien confiderer ce portait.

Le cinquiéme tableau fait voir le mariage de leurs Majestez, celebré par procureur à Florence, dans le mois d'Octobre de l'année 1600. Le Cardinal Aldobrandin, légat & neveu du Pape Clement VIII. revêtu de ses habits pontificaux, fait la cérémonie dans une Eglise de Florence, la Reine est devant lui, un voile blanc sur la tête, revêtue d'une robe blanche, enrichie de fleurs d'or. Le grand Duc son oncle l'épouse au nom du Roi ; le dieu Hymen couronné de fleurs, un flambeau à la main, porte la queue de la Reine. La grande Duchesse, la duchesse de Mantoue, & quantité de Dames de distinction, assistent à cette cérémonie qui se fit en presence du Duc de *Bellegarde* & de *Sillery*, qui étoient allez exprès à Florence, pour accompagner la Reine.

Le sixiéme tableau marque l'arrivée de la Reine à Marseille. La France qui se reconnoît par son manteau bleu semé de fleurs-de-lys d'or, la reçoit avec des démonstrations de joie. L'Evêque vient au-devant d'elle avec le dais qu'on lui presente, & la Renommée paroît en l'air, qui sonne de la trompette, pour annoncer l'heureuse arrivée de sa Majesté en cette Ville, qui fut le troisiéme de Novembre 1600.

RUBENS dans le septiéme tableau a représenté le mariage d'une maniere allegorique, ou figurée. Le Roi & la Reine sous les figures de Jupiter & de Junon, sont assis sur des nuages, avec le dieu Hymen & plusieurs petits amours autour d'eux tenans des flambeaux à la main. Il paroît une femme au dessous, vêtue de pourpre, tirée dans un char par des Lions : elle représente la ville de Lyon, où se fit la consommation du mariage, le neuviéme de Decembre 1600.

On voit dans le tableau qui suit, la naissance du roi Louis XIII. arrivée à Fontainebleau le 27 de Septembre 1601. Cette peinture est sans contredit une des plus belles & des plus touchantes de la galerie, à cause des vives expressions de douleur dans l'état où la Reine se trouvoit, & de joie par l'heureuse naissance d'un Dauphin qu'elle donnoit à la France, qui paroissent sur son visage en jettant les yeux sur le Dauphin nouveau né. La Justice le tient sur ses bras, & semble le donner en dépôt au bon génie, figuré par un jeune homme, qui a un serpent autour de son bras. Les autres figures repréfentent Apollon dans le ciel, tiré dans fon char, & la Fortune qui tient un gouvernail.

Le roi Henri IV. qui avant fa mort formoit de grands deffeins, ne voulut rien entreprendre qu'il n'eût auparavant dépofé le gouvernement du roiaume à la Reine. Il lui donna pour principaux confeillers, le Connêtable & le Chancelier. Dans ce neuviéme tableau, le Peintre a figuré de quelle maniere le Roi témoigne fes intentions à la Reine, en lui mettant entre les mains un globe d'azur femé de fleur-de-lys; le jeune Dauphin eft au milieu d'eux, & toute la Cour l'accompagne.

Le couronnement de la Reine eft reprefenté dans le tableau placé plus avant. Pour autorifer davantage la regence de Marie de Medicis, le Roi la fit couronner à faint Denys le 13 de May 1610. Cette céremonie fe fit avec beaucoup d'éclat & de magnificence. La Reine parut avec un grand manteau de velours bleu, tout femé de fleurs de lys d'or, doublé d'hermines. Celui de Madame, fille ainée de France, & celui de la Reine Marguerite de Valois, avoient feulement quatre rangs de fleurs-de-lys. La Reine fut conduite à l'autel par les

Cardinaux

Cardinaux de Gondy & de Sourdis. De Souvré & de Bethune portoient les pans de son manteau roial pour Monsieur le Dauphin ; & le Duc d'Anjou tenoit la place du Duc d'Orleans, alors malade. Le Prince de Conty portoit la couronne, le Duc Vantadour le Sceptre, le Chevalier de Vandôme la main de Justice. La Princesse de Conty & la Duchesse de Montpensier, portoient la queue du manteau de la Reine : le Cardinal de Joyeuse officioit, & lui mit la couronne sur la tête, après avoir fait les onctions du Sacre. Le Dauphin vêtu de blanc & les Princesses ses sœurs sont à ses côtez, & la Reine Marguerite de Valois est derriere avec toute la Cour. Le Roi paroît à une tribune, & quantité de Princes & de Seigneurs assistent à cette pompeuse céremonie, dont les portraits d'après nature sont tres-ressemblans.

Le onziéme tableau plus grand de beaucoup que les autres, parce qu'il occupe toute l'étendue de la largeur de la galerie, contient deux grands évenemens, qui s'unissent de telle maniere par la science du Peintre, qu'ils ne font qu'un même sujet.

Le premier est la mort du Roi, arrivée le Vendredy 14 de May 1610. & le second, la régence de Marie de Medicis qui fut declarée le jour suivant que le Roi fut malheureusement assassiné.

La Reine pour déclarer sa regence alla prendre séance au Parlement, où Louis XIII. son fils, par un Arrêt authentique confirma tout ce qui se fit en cette occasion ; ce qui a fait remarquer à un auteur tres-judicieux, que la France trois jours de suite vit des choses bien differentes & tres-extraordinaires. Le Jeudy le couronnement de la Reine representé dans le tableau placé à côté. Vendredy le meurtre du Roi son époux, & le Samedy la Reine déclarée regente. Ce que l'on a déja eu occasion de remarquer ailleurs.

On voit le tems qui enleve le Roi dans le ciel, où Jupiter & Hercule le reçoivent entre leurs bras. La Victoire paroît assise sur les armes de ce Monarque, aiant à ses piés un serpent percé de plusieurs coups.

Le second évenement que l'on doit regarder comme un autre tableau, paroît à main droite. La Reine est representée en habit de deuil assise sur un trône. Minerve qui signifie la Prudence auprès d'elle, & une femme en l'air tenant un gouvernail, qui marque la regence. La

France affligée, & toute la Cour à genoux, rendent leurs respects à la Reine. Au milieu du tableau, on distingue deux femmes, l'une desquelles tient la lance du Roi, où son casque est attaché. L'autre sous la figure de Bellone, se desespere & s'arrache les cheveux.

Dans le premier tableau du côté de la cour, qui est le douzieme de suite, on voit les soins que la Reine prend pendant sa regence. Les dieux de la Fable sont diversement occupez à l'assister. Apollon & Pallas foulent aux piés la discorde. La fureur, la tromperie & les autres vices, se cachent dans l'obscurité, & ne sont éclairez que des flambeaux qu'ils tiennent, ou d'une lumiere qui environne Apollon. D'autres divinitez paroissent dans le ciel, comme Mercure, Mars, Venus, Jupiter & Junon, qui sont proche l'une de l'autre. Junon montre avec le doigt l'Amour qui conduit le globe du monde, tiré par les colombes de Venus. Comme cette action est representée dans l'obscurité ; Diane dans son char éclaire le ciel & répand une foible lumiere autour d'elle, qui suffit pour distinguer les objets

Le treiziéme tableau fait voir la Reine sur un coursier blanc, un casque en tête, comme victorieuse & triomphante, après avoir pacifié les défordres de l'Etat. Dans le ciel qui paroît ferein, on remarque la victoire, la force & la renommée, qui fuivent la Reine.

Le Peintre a représenté dans le quatorziéme tableau, l'échange fait le 9 de Novembre 1615, des deux Reines de France & d'Efpagne, Anne d'Autriche, femme de Louis XIII. & d'Ifabelle de France, qui fut femme de Philippe IV. roi d'Efpagne. Ces deux Reines paroiffent au milieu d'un pont richement décoré, qui fut dreffé exprès fur la riviere de Bidaffoa, aux frontieres de France & d'Efpagne, où l'échange fe fit. Deux femmes diverfement vêtues qui repréfentent les deux monarchies, fe donnent & reçoivent mutuellement les deux Reines, fuivies de la nobleffe de l'un & de l'autre roiaume. Plufieurs Divinitez paroiffent en l'air, avec la Felicité qui répand fes richeffes à pleines mains.

La Reine Mere eft repréfentée dans le tableau qui fuit, affife fur un trône & revêtue du manteau roial tenant des balances. Minerve eft à fon côté, accompagnée de l'Amour appuyé fur les genoux de la Reine. Tout proche on voit deux femmes, dont l'une porte les fceaux, l'autre la corne d'Amaltée. Il y a encore d'autres figures, comme la Médifance & l'Envie, repréfentées avec des oreilles d'âne. Le Tems paroît, qui femble conduire la France dans le bonheur d'un regne heureux & paifible.

On voit le roi *Louis* XIII. dans le feiziéme tableau monté fur un grand vaiffeau, dont il tient le gouvernail. Les Vertus font repréfentées avec des rames, pour faire aller le vaiffeau. Pallas eft au haut des voiles, au milieu de deux étoiles, qui marquent Caftor & Pollux, les fymboles de la tranquillité.

Le dix-feptiéme fait voir une image des difgraces & des adverfitez dont la reine Marie de Medicis fut attaquée. Le Peintre a exprimé ici de quelle maniere elle fut obligée de fe fauver de Blois, pour fe retirer à Loches & de là à Angoulême, où le Duc d'Epernon la conduifit.

Dans le tableau d'après, qui eft le dix-huitiéme, on a peint l'accommodement de la Reine avec le Roi fon fils. Cette Princeffe eft affife fur un trône, elle a d'un côté le cardinal de Guife, & de l'autre une femme aiant un œil fur la tête & le bras entortillé d'un ferpent, pour fignifier la vigilance. Le Cardinal de la Rochefoucault, peint dans le même tableau, montre Mercure qui defcend du ciel avec un rameau d'olivier, pour marquer la paix qui fe traite.

On voit dans le dix-neuviéme tableau, Mercure qui conduit la Reine dans le temple de la Paix, pour fe reconcilier avec le Roi fon fils. La Paix paroît elle-même qui éteint le flambeau de la guerre, fur un amas de toutes fortes d'armes, pendant que Mercure prefente fon caducée à la Reine. Dans le refte de cette peinture, on remarque des furies qui fe defefperent avec plufieurs vices abbatus & tourmentez de rage. La reconciliation du Roi & de la Reine fa mere fe fit au Château de Coufieres, proche de la ville de Tours, mercredi 5 de Septembre 1619. Le Peintre l'a voulu particulierement exprimer, en faifant voir le Roi qui defcend du ciel vers la Reine fa mere, affife fur des nuages & entourée de zephirs. La Nature paroît proche environnée de petits enfans nuds. Dans une grande lumiere on voit éclater l'Efperance vêtue de verd, affife fur le globe de la France. Plus loin eft la Valeur qui abbat l'hydre de la rebellion, & quantité de ferpens qui paroiffent morts entaffez & entrelaffez les uns dans les autres.

Dans le dernier tableau enfin, le Tems paroît qui découvre la verité. Le Roi & la Reine sa mere sont assis dans le ciel, & le Roi presente à la Reine une couronne de laurier, qui environne deux mains jointes & un cœur au dessus, pour marquer l'union parfaite & sincere de leurs majestez.

Sur la cheminée qui est à l'extremité de la galerie, la Reine est representée debout, sous les armes de Pallas; & sur les portes qui sont aux deux côtez, on a placé les portraits du Prince & de la Princesse, pere & mere de la Reine.

On peut ajoûter à la gloire de *Rubens*, qui termina toutes ces peintures en 1623, que rien n'est plus exactement peint que sept de ces tableaux, que l'on admire par dessus les autres, ausquels il s'est attaché plus particulierement, & qu'il a peints lui seul de sa propre main, sans le secours de personne. On admire sur tout la beauté surprenante du coloris, en quoi ce grand maître a surpassé tous les Peintres; de même que dans les draperies, & dans d'autres choses qui l'ont rendu inimitable. Il avoit une si grande facilité à travailler, & une habitude si familiere à finir ses ouvrages, que ces belles pieces qui auroient demandé plusieurs années à un autre, furent terminées en deux ans, n'aiant cependant été aidé que dans des parties legeres, qui ne lui ont pas épargné beaucoup de peine & de tems. Ces belles peintures sont si estimées, que les jeunes éleves viennent souvent étudier dans cette galerie ; & comme elle est toute de sa maniere, ils peuvent y prendre aisément de belles idées pour se rendre habiles & pour se former un goût exquis, en imitant ce grand maître dans les heureuses parties où il a excellé ; mais aussi doivent-ils prendre soigneusement garde à faire un choix tres exact des beautez de ces pieces, & ne pas les confondre avec quelques parties que les délicats & les judicieux connoisseurs y trouvent moins fortes.

En 1704 il a paru de tres-belles estampes d'après cette galerie, dessinées & gravées correctement, sous la conduite de NATTIER, Peintre de l'Academie.

Le reste des appartemens de ce Palais n'a rien de fort extraordinaire. On y verra seulement des plafonds chargez de quantité de sculptures tres-richement dorées, où il paroît un soin & un travail extrême. Le portrait de la reine *Marie* de *Medicis* est sur une des cheminées, peint par le fameux WAN-DEICK, qui est une piece de conſequence.

Sur la cheminée de la grande ſalle, après la ſalle des gardes, on verra un excellent tableau du GUIDE, qui repreſente la Richeſſe déſignée par quelques attributs qui lui conviennent.

Dans l'appartement qui a été occupé autrefois pendant pluſieurs années, par *Mademoiſelle* de *Montpenſier*, fille aînée de *Gaſton* Duc d'Orleans, frere de Louis XIII; on admire un tres-riche plafond, chargé de quantité de ſculptures dorées; il y a au milieu un morceau de peinture de *Charles* de la FOSSE, né à Paris, qui fait beaucoup d'honneur à ce grand Peintre, par la ſinguliere beauté que les plus habiles connoiſſeurs y remarquent.

On peut dire ici que la reine *Marie* de *Medicis*, qui s'étoit retirée de la Cour en 1631, eſt morte à Cologne le 3 de Juillet 1642, âgée de 68 ans, dans une extrême miſere, & dénuée des choſes les plus néceſſaires à la vie. Le Cardinal de Richelieu qui avoit tout fait pour ſon éloignement, ne lui ſurvêcut que de quelques mois ſeulement, étant mort le quatriéme de Decembre de la même année.

P v

Le jardin de Luxembourg étoit autrefois d'une tres-grande-beauté, rempli de charmilles, de bosquets & d'allées couvertes; mais les rudes hivers l'aiant ruiné, il a été longtems fort négligé : cependant on a commencé à le rétablir, en y plantant de nouveaux arbres, & en dressant des allées nouvelles, qui n'ont pas encore toute la beauté que l'on pourroit désirer; ce que l'on peut dire à l'avantage de ce jardin dont l'étendue est grande & assez reguliere, & où il étoit fort aisé de faire de belles distributions, c'est que l'air y est tres-salutaire, parce qu'il se trouve dans un terrain élevé & avantageusement exposé.

A l'extrémité de la grande allée qui passe devant le Palais le long du parterre, on avoit dessein de faire une fontaine dans un morceau d'architecture assez passable. C'est une niche qui termine cette allée en perspective, ornée sur le devant de quatre colonnes rustiques, chargées de congellations, avec un fleuve & une nayade sur les entablemens en ressault appuiez sur des urnes, d'où l'eau semble sortir. Un grand Attique s'éleve sur cet ouvrage, au milieu duquel sont les armes de France & de Medicis accollées ensemble.

Toüt le reste ne fournira rien de remarquable. On distinguera seulement une partie de la balustrade de marbre blanc, sur le devant des terrasses, dont le parterre est entourré. *François* BLONDEL dans son grand cours d'architecture, la trouve si regulierement proportionnée, qu'il la propose comme un modele parfait à imiter, de laquelle même il décrit les proportions, & toutes les moulures, jusqu'aux moindres parties.

Le palais de Luxembourg a été occupé depuis la mort du roi Louis XIV. par *Marie Louise Elisabeth d'Orleans, Duchesse de* BERRY, morte le 20 Juillet 1719.

Claude AUDRAN, Concierge de ce palais, est consideré comme un des premiers dessinateurs qui aient jamais paru, sur tout pour les Arabesques & pour les ornemens de grotesques, dans le goût du fameux *Raphael*. On voit de ses ouvrages dans plusieurs endroits, particulierement dans le château de Meudon, & dans la Ménagerie, où il a fait des choses dignes d'admiration, plus belles & plus ingenieuses, en ce genre singulier, que tout ce qui s'est encore vû en France jusques ici.

Il a inventé une nouvelle fabrique de tapisserie, de laine hachée ou broiée, sur un fond de toile cirée, à laquelle on a travaillé avec succès, sous sa conduite, que la singuliere & rare beauté de ses desseins releve infiniment.

L'HOTEL DE CONDE'.

LEs *Ducs* de RETZ du nom de GONDI, si connus sous les regences de *Catherine* & de *Marie de Medicis*, qui leur avoient donné tant de part aux affaires, ont occupé autrefois cet hôtel, dont la plus grande partie a été élevée par leurs soins. La reine *Marie* de *Medicis* acheta cet hôtel en 1610, la somme de quarante mille écus qui étoit bien au-delà de ce qu'il pouvoit valoir en ce tems-là, pour en faire present au Prince de Condé. Ce Prince s'étoit retiré de la Cour fort brusquement, peu de tems après son mariage avec Mademoiselle de Montmorency, fille du Connétable, pour laquelle Henri IV. avoit conçu de l'amour. Il partit avec sa nouvelle épouse secretement & sans permission, pour Bruxelles, où il resta peu de tems, ne s'y croiant pas en sureté : delà il se sauva à Milan, où aiant apris la mort tragique du Roi, il se rendit en diligence à la Cour, où il fut reçû avec joie de la

DE LA VILLE DE PARIS. 349
Reine comme on vient de le dire, mem.
de *Baſſompierre* T. 1. p. 253.

La reine *Marie* de *Medicis* fort affectionnée pour les *Gondy*, voulut à son arrivée de Lyon où les cérémonies de son mariage avoient été faites, descendre le 9 de Février 1601, dans leur hôtel, & y fut reçue avec magnificence ; ce fut la premiere maiſon qu'elle occupa en cette Ville, où elle ne coucha qu'une ſeule nuit.

Aujourd'hui cet hôtel appartient au *Duc* de BOURBON. Le bâtiment de quelque côté qu'on le regarde, n'a rien du tout d'extraordinaire, ni qui puiſſe ſatisfaire la moindre curioſité ; cependant il y a quelques appartemens aſſez propres & aſſez regulierement diſtribuez pour le dedans, où il paroît qu'on a fait de la dépenſe. Les plafonds de la chambre & du cabinet de Madame la Princeſſe ont été peints par de SEVE ; mais à l'égard des meubles, il eſt difficile d'en voir dans aucun autre endroit de plus riches & en plus grande quantité.

On y trouva auſſi des tableaux des maîtres du premier rang, entre autres, un baptême de Nôtre-Seigneur, de l'ALBANE, qui a longtems appartenu au Duc de *Lesdiguires*; & des tapisseries extraordinaires, qui viennent de l'illustre maison de Montmorency. On y conserve aussi une bibliotheque composée de livres curieux, & de cartes à la main des plus rares.

Il faut voir le jardin, lequel dans une étendue assez médiocre, fait remarquer que l'art & la nature joints ensemble, produisent toûjours de tres-grands agrémens. En été ce jardin est rempli d'orangers & d'arbustes, qui en rendent la promenade tres-agréable dans cette saison.

Dans la rue de Condé, vis-à vis des murailles du jardin de cet hôtel, est l'appartement de Jacques-Antoine ARLAUD, qui réussit si heureusement dans les portraits en miniature, qu'aucun maître ne le lui peut à present disputer en ce genre si difficile.

Son cabinet est rempli de tableaux de differens peintres renommez. Entre autres, un miracle de saint Antoine de Pade, de *Titien*; un philosophe assis dans un fauteuil, de *Reimbrans*. Ce tableau est le plus beau qui soit sorti des mains de ce grand peintre. Trois de *Vandeick*, vingt-trois excellens païsages, de *Forest*, sans compter plusieurs beaux desseins du même maître; deux tableaux de *Ru-*

bens, dont le plus grand repreſente un fleuve aſſis parmi des roſeaux, appuié ſur une urne, d'où il ſort une grande abondance d'eau, tenant un aviron de la main droite. L'autre du même maître, fait voir un tres-beau payïſage, où les Zephirs moiſſonnent & les amours recueillent & emportent la moiſſon. La Leda d'après un bas-reliefs de *Michel-Ange*. Cet excellent & rare ouvrage eſt peint avec les mêmes couleurs que l'on emploie ordinairement dans la miniature, & fait cependant la ſenſation parfaite d'un bas-relief de marbre, juſqu'à tromper les artiſtes mêmes & les ſculpteurs les plus habiles : Ce précieux morceau eſt de deux piés de largeur, ſur un pié de hauteur : On voit encore dans le même cabinet, ſon portrait peint par de l'*Argilierre*, d'une beauté tres diſtinguée.

On doit retourner dans la rue de Tournon, qui termine au palais de Luxembourg : il y a quelques grandes maiſons, mais la plûpart ſont vieilles & aſſez mal bâties.

L'HÔTEL DES AMBASSADEURS EXTRAORDINAIRES n'a rien de remarquable. C'eſt dans ce lieu où les Ambaſſadeurs extraordinaires ſont logez & traitez pendant trois jours aux dépens du Roi, lorſqu'ils font leur entrée pour la première audience. Cette maison a été pendant un tems la plus riche de Paris, lorsqu'elle appartenoit à *Concino Concini*, Maréchal d'ANCRE ; mais après la disgrace de ce favori, qui fut tué dans le Louvre par l'ordre de Louis XIII, le 24 d'Avril 1617, elle fut ensuite pillée par la populace, qui y trouva de grandes richesses & des meubles magnifiques, & fut ruinée de telle maniere, qu'il a fallu de la dépense pour la rendre logeable, comme elle est à present.

On a cru longtems qu'il y avoit des trésors cachez sous les fondations de cette maison. Un grand Seigneur de la cour prévenu de cette chimere, demanda la permission d'y faire fouiller ; cependant ses soins & ses esperances furent inutiles, n'aiant rien trouvé de tout ce qu'il s'étoit imaginé un peu trop legerement; ce qui arrive souvent aux grands, toûjours pleins d'eux mêmes & de leurs opinions, en se voulant distinguer du commun des hommes.

On distingue à côté une maison nouvellement construite, dont la façade est d'une apparence agréable par ses diverses décorations & par la grande propreté qui y est observée. C'étoit autrefois l'hôtel de *Vantadour*, CHARTRAIRE de

Saint Agnan ci-devant l'un des Fermiers generaux des cinq groſſes fermes du Roi, & à preſent Tréſorier des Etats de Bourgogne, a fait rebâtir cette maiſon de fond en comble en 1713, & n'a rien du tout négligé pour la rendre commode & pour y donner les ajuſtemens qui pouvoient y convenir. Les dedans ont de belles décorations & des mieux imaginées. Les cheminées ſont ornées de bronzes dorez & de glaces, avec des chambranles de marbre choiſi, d'un profil ingenieux. CHAVANE, peintre du Roi, tres habile payiſagiſte, a fait la plus grande partie des ouvrages de peinture qui ſont placez ſur les portes, ſur les cheminées & en divers autres endroits; il y a repreſenté des payiſages agréables, qu'il a enrichis de ruines antiques & de pluſieurs autres ſujets traitez avec beaucoup d'art & d'agrément. Les meubles de cette belle maiſon ſont riches & d'un excellent choix, & les appartemens à rez de chauſſée, auſſi-bien que ceux du premier étage, ſont meublez de tout ce que l'on peut déſirer de beau & de mieux entendu, en tapiſſeries & canapées, de la fabrique des Gobelins, trumeaux de glaces, placez à propos pour faire d'heureux effets, tables de marbre ſur des piés de sculpture richement dorée. Le jardin qui se trouve derriere est d'une forme reguliere & d'une belle distribution. La basse cour, quoiqu'assez éloignée, pour ne point causer d'incommodité par son voisinage, communique à la cour principale, par le moien d'un passage sous le corps du logis, d'une maniere ingenieusement imaginée: Enfin l'on peut dire que cette maison a quantité de choses, où il paroît bien du discernement.

La maison de *Jean-Baptiste* TERRAT mort en 1719, Chancelier du Duc d'Orleans, est à côté. C'est un vieux bâtiment, où l'on a fait de grandes réparations. Les appartemens sont tout-à-fait propres. On estime particulierement un cabinet garni de glaces, qui a été consideré comme un des plus riches que l'on pût voir, à cause des dorures du plafond, & de la beauté des meubles. Le jardin est orné d'un treillage dans le fond, & d'un jet d'eau au milieu. La porte de cette maison rebâtie de neuf, est d'une excellente maniere. C'est un morceau d'architecture composé de deux corps montans de maçonnerie, qui sont ornez de ressans vermiculez, couronnez d'un entablement & d'un fronton, dans le timpan duquel sont les armes du maître du logis. Deux Vertus affifes font placées fur le même fronton, la Prudence & la Juftice, qui font d'une execution correcte ; de même que tous les ornemens de fculpture de cette porte, où l'on diftingue encore des mafcarons & d'autres chofes qui font d'une grande propreté & parfaitement bien placées. La menuiferie des deux venteaux eft chargée de quelques bas-reliefs, qui reprefentent des Vertus; & toutes ces chofes enfemble ont été conduites avec art, fur les deffeins de BULLET, architecte de l'Academie.

Dans la RUE DE VAUGIRARD, qui paffe devant le palais de Luxembourg, fe trouve le PETIT HÔTEL DE BOURBON, autrefois l'*Hôtel d'Aiguillon*, que le Cardinal de Richelieu avoit diftrait du palais de Luxembourg, & fait embellir avec beaucoup de foins & de dépenfes en faveur de la *Ducheffe d'Aiguillon* fa niéce, pour laquelle il avoit une extrême affection. Il y avoit alors des meubles fomptueux, & rien n'égaloit en ce tems là les richeffes de cette maifon, qui ont été diffipées depuis.

Cet hôtel a appartenu à la Princeffe *Anne de Baviere* PALATINE, veuve de *Henry Jule de Bourbon* Prince de CON-

DE', laquelle l'aiant destiné pour sa demeure ordinaire, y a fait faire en 1710 & 1711, des augmentations & des embellissemens extraordinaires.

La principale entrée est accompagnée de quatre colonnes Ioniques d'une bonne proportion, avec un fronton orné de diverses sculptures qui feroient un plus bel effet, si l'espace où elle se trouve étoit plus avantageux. On arrive au grand escalier placé à main gauche, par un vestibule ouvert avantageusement, mais un peu trop bas, ce que l'on n'a pû faire autrement, en voulant ménager le plain-pié de la grande salle qui se trouve au-dessus. Le grand escalier est orné de pilastres qui portent une riche corniche, sur laquelle pose un plafond en gorge, où il paroît de fort beaux ornemens de sculpture. Cet escalier est remarquable, parce que l'on n'en voit point à Paris qui le surpasse dans tout ce qu'il contient; il donne accès dans divers appartemens, composez de plusieurs pieces parfaitement bien décorées, dont les principales jouissent des vûes du jardin de Luxembourg. Les ornemens de la plus nouvelle invention ont été emploiez pour embellir les corniches, les trumeaux & tous les endroits de cet appartement, où la dorure éclate par tout auec magnificence. Les cheminées font garnies de glaces & de marbres choifis, & les meubles répondent avantageufement à tout le refte. On peut dire enfin que rien n'a été negligé pour rendre ces appartemens d'une beauté diftinguée. La cour & le jardin n'ont pas toute la grandeur que le pouvoit demander un hôtel de cette conféquence, mais il étoit impoffible de leur en donner davantage. L'entrée de ce côté eft accompagnée de quatre colonnes d'un efpacement fort hardi, qui ne laiffe pas de produire quelque décoration, avec l'Attique au deffus qui fournit un corridor pour aller dans les appartemens fur l'aile, compofez de quantité de chambres, où il n'y a rien d'extraordinaire.

La baffecour de l'autre côté de la rue, a été bâtie en même tems, de fond en comble. Elle eft entourée de quatre grands corps de logis de hauteur differente, ce qui ne fait pas un bon effet à la vûe, dans lefquels fe trouvent toutes les commoditez qui peuvent convenir à un nombreux domeftique. La piece principale eft la cuifine, elle eft remarquable par la maniere dont elle eft difpofée, peu commune en ce payis-ci. La cheminée est placée au milieu, composée de quatre arcs portez sur autant de colonnes, d'une maniere hardie, où il paroît de bons effets de la coupe des pierres. Comme cette cuisine est fort éloignée du logis, afin que le service se fasse plus aisément, on a pratiqué un corridor souterrain solidement voûté qui passe sous la rue, & qui vient terminer au pié du grand escalier.

Tous ces grands travaux ont été executez sous la conduite de *Germain* Bosfrand, architecte de l'Académie, d'une grande pratique dans sa profession, & fort emploié à present dans les édifices de conséquence.

Tout proche du même côté, sont LES RELIGIEUSES DU CALVAIRE, fondées par la reine *Marie* de *Medicis*, épouse du roi Henri IV. L'Eglise & le Couvent de ces Religieuses n'ont rien que de triste & de fort mauvais dessein; & l'espace qu'elles occupent est si serré, qu'elles ont bien de la peine à y trouver les commoditez qui leur sont necessaires.

La reforme de la regle de saint Benoît sous le titre *de la Congrégation des Religieuses* de N.D. du CALVAIRE, a été instituée à Poitiers, vers l'année 1604, par *Antoinette d'Orleans-Longeville*,

Marquife de Belle-Ile; la reine Marie de Medicis, fit venir à Paris quelques-unes de ces Religieufes en 1720, qu'elle logea à côté de fon Palais de Luxembourg, & ce fut le premier monaftere de cette reforme qui parut en cette Ville, dont le nombre monte à prefent à vingt-cinq, au moins, dans l'étendue du roiaume.

Le couvent des Filles du Precieux Sang, qui eft un peu plus avant dans la même rue de Vaugirard, a été établi en 1638. Ces Religieufes fuivent la regle de faint-Bernard. Leur Eglife ainfi que leur maifon n'ont rien que de fort fimple & de tres commun.

On doit remarquer au fujet du quartier de faint Germain des Prez, qu'il n'en eft point dans tout le refte de la Ville qui foit fi rempli & fi embaraffé de Couvents, de Seminaires & de Communautés feculieres comme celui-ci, dont les établiffemens font tres-nouveaux pour la plûpart, & ne paffent pas un fiecle; ils montent à préfent au nombre de trente-fix dans ce feul quartier. Il eft vrai qu'il fe détruit affez fouvent quelques unes de ces communautés de nouvelle fabrique, mais il en paroît bientôt quelque autre qui remplit la place, par le fecours des personnes riches & devotes, dont ce quartier abonde plus qu'aucun autre de la Ville.

Il ne sera pas superflu de faire observer en cette occasion, comme une chose tout à fait extraordinaire & qui marque bien la dévotion des Parisiens ; que jusqu'en l'année 1600, il n'y avoit encore environ que vingt-quatre maisons religieuses, de l'un & de l'autre sexe, dans toute l'étendue de la Ville & des Fauxbourgs ; mais à present ce nombre est monté jusqu'à 56 couvents pour les hommes, & à 80 pour les filles, ce qui fait en tout le nombre de 136, d'où l'on peut connoître, que dans l'espace d'un peu plus d'un siecle, les couvents sont augmentez de 112, la plûpart desquels ont acquis des biens tres-considerables & qui jouissent de tres-grands revenus après avoir fait des dépenses immenses en bâtimens. Ces nouveaux monasteres, pour la plûpart, se sont emparez des plus beaux & des plus commodes endroits de la Ville, sans aucun égard aux extrêmes incommodités qu'ils causent à plusieurs quartiers qui étoient autrefois tres-peuplez & occupez par des familles nombreuses qui rendoient de bons services à la Patrie ; & si les vastes espaces que les monasteres occupent

cupent étoient contigus, ou proche les uns des autres, on trouveroit, sans doute, qu'ils sont en possession de plus de la moitié du terrain de la Ville.

Cette extrême propagation des maisons religieuses n'est pas seulement en France, on en a des exemples en Italie, en Espagne, en Allemagne, sur tout dans les payis hereditaires, où l'on prétend qu'ils occupent près de la moitié du roiaume de Boheme.

On ajoûtera ce que *Frezier* raporte dans sa belle & curieuse relation du voiage de la mer du Sud, aux côtes de Chily, imprimée avec privilege & approbation en 1716. Cet Auteur dit que l'état monastique qui a inondé toute l'Europe, s'est encore étendu au-delà des vastes mers, dans les colonies les plus éloignées où il remplit jusqu'aux derniers recoins habitez par des chrétiens, mais c'est particulierement à Lima, capitale du Perou, qu'on voit des legions de moines dont les maisons ont absorbé la plus belle & la plus grande partie de la Ville ; ce qui se pourroit appliquer bien plus justement à la ville de Paris, sur quoi les magistrats pourroient faire de tres utiles reflexions pour l'utilité du public & pour la décoration de la Ville.

Tome III.   Q

DESCRIPTION

LE COUVENT

DES CARMES

DECHAUSSEZ.

CE monastere a été fondé en 1611, des liberalitez de quelques bourgeois de Paris, grands amateurs des nouveautés, qui donnerent une petite maison située en ce lieu, autrefois fort desert, à des religieux Carmes venus d'Italie pour apporter en France la réforme de l'ordre du Mont-Carmel, que sainte Therese avoit faite en Espagne. Les premieres fondations de ce couvent furent jettées peu de tems après en 1613, & la reine *Marie de Medicis* voulut bien leur faire l'honneur de mettre la premiere pierre à leur Eglise, comme on le peut voir par cette inscription qui y étoit gravée.

MARIA MEDICÆA MATER
FUNDAMENTUM HUJUS ECCLESIÆ
POSUIT,
1613.

Le Chancelier Pierre SEGUIER se declara le protecteur de ces Peres, & leur fit des biens considerables. Il leur donna particulierement de quoi bâtir le grand autel de leur Eglise; ce que ces bons Peres veulent que l'on distingue & que l'on trouve de tres-remarquable, c'est que le grand Autel est le premier du roiaume dedié sous l'invocation de saint Joseph, pere putatif de N. S. Cet autel est d'un assez beau dessein, orné de colonnes Corinthiennes de marbre de Dinan, & de quelques figures qui representent les principaux Saints de l'ordre de Mont-Carmel. Le grand tableau posé au milieu est estimé des curieux, parce qu'il est peint d'une maniere hardie, & d'un beau coloris. Il est d'un Peintre, dont on voit peu d'ouvrages en France, nommé *Quintin* VARIN, originaire d'Amiens, sous lequel le fameux *Poussin* avoit travaillé pendant quelques années. Ce tableau fait voir la présentation de notre Seigneur au temple par la sainte Vierge, dans lequel il n'y a qu'autant de figures qu'il est necessaire pour la composition du sujet ; elles sont dessinées correctement, dans des attitudes & avec des expressions convenables, qui répondent tout-à-fait bien à l'action principale, pour en donner une idée parfaite.

Tout l'ouvrage de l'Eglife eſt d'un ordre ruſtique, ou Toſcan plein de fautes tres-groſſieres, contre les regles les plus ordinaires & les plus génerales. Les corniches portent à faux dans les encoignures ſur les pilaſtres mal eſpacez & d'une vilaine forme & mille autres choſes de cette ſorte. Il s'éleve au milieu un dôme ſerré & fort mal percé, lequel eſt d'une vilaine proportion ; cependant la peinture du dedans eſt tres-remarquable par ſa beauté. Elle eſt de *Bartholet* FLEMAL, originaire de Liège, excellent peintre qui y a repreſenté l'enlevement du prophete Elie, dans un chariot de feu, dont ces Peres prétendent tirer leur origine. Ce ſaint Prophete laiſſe tomber ſon manteau à Eliſée ſon diſciple, qui tend les bras pour le recevoir, accompagné de pluſieurs figures diverſement diſpoſées. Cette peinture eſt hardie & d'une grande maniere, mais elle eſt mal-vûe, à cauſe de la mauvaiſe diſpoſition du lieu qui manque de lumiere. Ces Peres l'ont fait nettoier en 1711, & en même tems ont fait la dépenſe d'une baluſtrade de fer qui regne ſur la grand corniche, dans toute l'étendue de l'E glife, ce qui ne produit pas un mauvais effet, quoique cette baluftrade ne foit pas d'un deffein trop bien imaginé.

Dans la même année, ils ont entrepris de renouveller le carrelage de toute leur Eglife, ce qui ne s'eft pû faire qu'avec une grande fomme d'argent, qui leur a été fournie par des perfonnes dévotes. Il eft de pierre de Liais affez bien executé, avec des compartimens de marbre. La voute, ou *crypte*, qui regne fous l'Eglife dans laquelle on enterre les Religieux, eft fermée par une grande tombe de bronze ornée de beaux reliefs du deffein de *Gilles Marie* OPPENORDT, excellent deffinateur.

Il y a deux chapelles qu'il faut particulierement confiderer, & qui meritent d'être examinées avec foin.

La premiere à main gauche fous le dôme eft dediée à la fainte Vierge, de laquelle il y a une excellente figure en marbre blanc. Elle eft d'*Antoine* RAGGI, furnommé le *Lombard* éleve de l'ALGARDI, lequel l'a fait à Rome fur un modele du fameux *cavalier* BERNIN. Cette figure eft un des plus beaux morceaux de fculpture qu'il y ait en France. La fainte Vierge affife tient l'enfant JESUS fur fes genoux, qui fe trouve un peu trop gros pour le reste; mais à cela près les beautez que l'on demande dans les figures achevées, se remarquent dans celle-ci. Les draperies sur tout sont d'une legereté merveilleuse, jettées & recherchées avec un tres-grand art. La niche où cette figure est posée, audessus de l'autel, est du dessein du *cavalier* BERNIN. Elle est accompagnée de quatre colonnes Corinthiennes de marbre de Gauchinet, qui forment un corps d'architecture, pour representer l'entrée, ou le portique d'un petit temple. On a depuis peu incrusté le dedans de cette niche de divers marbres, & ajoûté des pilastres de chaque côté qui répondent aux colonnes. Cette dépense a été faite par une personne qui s'est signalée dans le monde par des actions de pieté, pendant les dernieres années de sa vie.

L'autre chapelle vis-à-vis, qui répond à celle-ci, est dediée sous le titre de *sainte Therese*, le tableau de cette Sainte qui est au milieu a été peint par CORNEILLE. Cette chapelle est décorée de colonnes de marbre de Dinan, d'ordre composé, d'une invention peu commune, chargé de festons sur la frise attachez aux modillons. Cependant cette composition, quoique bizarre & sans exemple, ne fait pas tout-à-fait mal, & le tout enſemble eſt aſſez agréable à la vûe. Les baluſtrades de ces deux chapelles, auſſibien que du grand autel & de toutes les autres chapelles de cette Egliſe, ſont d'un marbre choiſi. Le reſte n'a rien du tout d'extraordinaire. On y remarquera ſeulement la peinture blanche, dont elle eſt enduite, qui eſt auſſi luiſante que le marbre, dont on a longtems cru que ces Peres avoient le ſecret; mais depuis quelques années on s'en ſert avec ſuccès en bien des endroits, & la compoſition en eſt à preſent connue de pluſieurs perſonnes.

L'Abbé *Pajot* a fait faire une petite chapelle en maniere de tribune, décorée de marbres & de divers ornemens, de laquelle on a la vue ſur le grand autel.

Les deux grands tableaux qui ſont aux côtez de la chapelle de ſainte Thereſe ſont de DE SEVE l'aîné.

L'interieur de la maiſon n'a rien de remarquable; la bibliotheque eſt petite & peu nombreuſe, cependant il faut y aller, pour jouir de la belle vûe qu'elle a ſur la campagne voiſine & ſur pluſieurs jardins.

Ces Peres ont des jardins fort ſpacieux tres-bien cultivez, de plus de quarante-deux arpens d'étendue, defquels ils tirent des commoditez tres-confidérables, dans lefquels ils cultivent grand nombre d'orangers.

Ils ont, à ce qu'ils prétendent, le fecret d'une eau à laquelle ils attribuent des effets merveilleux, compofée d'herbes qu'ils tirent de leurs jardins, dont ils font un débit qui leur produit un revenu qui va bien loin. On l'appelle l'*Eau des Carmes*, pour cette raifon, quoique le fecret n'en foit pas inconnu, puifqu'il s'en fait ailleurs d'auffi bonne que la leur, & à beaucoup meilleur marché.

Les *Carmes déchauffez*, avec le vafte terrain que leur maifon & leur jardin occupent, ont encore de grands efpaces autour de leur cloture, dans lefquels ils ont élevé, ces dernieres années, de tres-belles maifons qui leur produifent de tres-grands revenus, fans rien dire de plufieurs autres qu'ils ont en quelques endroits de la Ville, & des biens qu'ils poffédent à la campagne, à Brie-Comte-Robert & ailleurs. Leur établiffement n'a cependant guere plus d'un fiecle, comme on l'a dit ailleurs; quoique ces Peres n'aient pas été reçus comme mandians en cette Ville à caufe des biens que l'on leur fit dès leur établiffement; cependant ils ont plusieurs freres qui vont quêter dans les maisons particulieres.

Au-delà de la barriere, dans la même rue de VAUGIRARD, environ cinq cens pas plus avant, on trouva il y a près de quatre-vingt dix ans un tombeau antique. C'étoit une pierre creusée de sept ou huit piés de long, & de deux piés ou environ de large. La pierre qui couvroit ce tombeau étoit ornée d'un bas relief, qui representoit un chariot attelé de quatre bœufs, sur lequel il y avoit un tonneau. Le chartier qui le conduisoit tenoit un fouet en main, & avoit sur la tête une espece de froc de Cordelier. On trouva dans ce tombeau quatre ou cinq œufs de terre & quantité de petits poissons de verre, de la grosseur d'un gougeon, mais personne ne put découvrir ce que tout cela pouvoit signifier.

Dans LA RUE DU REGARD, ainsi nommée à cause qu'il s'en trouve un pour les fontaines voisines, il y a une maison bâtie sur un dessein fort ingenieux. Les appartemens n'en sont pas grands, cependant rien n'y manque pour la commodité & pour les agrémens; les meubles en sont d'une grande propreté, des mieux imaginez & des plus galans.

DANS LA RUE CASSETTE, proche

des Carmes déchauffez, dont on vient de parler, se trouve LE MONASTERE DES FILLES DU SAINT SACREMENT qui doivent leur fondation à *Marguerite de Lorraine*, seconde femme de Gaston de France, Duc d'Orleans. Cette princesse qui avoit de la pieté, leur a fait des biens confiderables. Elle leur a donné de quoi bâtir leur Eglise & le grand Autel, lequel est d'une fort jolie menuiserie feinte de divers marbres, avec des ornemens dorez qui font assez bien. Le plafond a été peint par *Nicolas* MONTAIGNE, Peintre de l'Académie, aussibien que les tableaux qui representent saint Benoist & sainte Scolastique. Les anges de sculpture qui semblent soutenir le tabernacle, sont de LESPINGOLA; & les marbres qui sont parfaitement bien imitez, sont de BAILLY, qui avoit un art particulier pour contrefaire le poli & les couleurs naturelles.

Les Carmes déchauffez ont fait construire en 1704, une maison fort jolie, couronnée d'un entablement Dorique, dans laquelle ceux qui l'occupent trouvent bien des commoditez. Elle se trouve à l'entrée de la rue Cassete du côté de la rue de Vaugirard.

LE NOVICIAT DES JESUITES.

LA maison du noviciat de ces Peres est dans la rue POT DE FER, peu éloignée des endroits, dont on vient de faire la description.

Madame LUYLIER, veuve de *Claude le Roux*, Seigneur de *Sainte-Beuve*, donna aux Jesuites, dans le mois de Juin 1610, l'hôtel de Mezieres, qu'elle avoit acheté tout exprès pour y faire leur noviciat. Elle fit travailler aussitôt aux édifices, pour loger cette Communauté, qui furent rendus logeables en tres peu de tems. *Du Tillet*, son neveu, eut tant de part à cette fondation, qu'il méritoit qu'on partageât entre lui & sa tante, le glorieux titre de fondateur, mais il le voulut laisser tout entier à sa tante.

L'Eglise ne fut entreprise que quelques années après; elle n'est pas d'une grandeur fort considerable à la verité, mais en récompense, elle est une des plus regulieres qu'il y ait à Paris pour l'architecture. On donne tout l'honneur de ce bel ouvrage à *Martel* ANGE Frere de la

Compagnie, qui en fournit les desseins, après avoir remarqué les fautes énormes & ridicules commises dans l'Eglise de la maison professe de la rue saint Antoine, que le Pere *François-Derrand* avoit élevée sur quelques craions qu'il avoit surpris à ce Frere, mais ausquels il avoit beaucoup ajoûté ; ce qui fut cause que toute l'ordonnance en fut hors des mesures qui devoient s'y trouver naturellement.

Le Frere *Martel* ANGE, à qui on fut obligé de recourir, après la faute que l'on venoit de faire, d'avoir cru le Pere *Derrand*, au sujet de l'Eglise de la maison professe, ne voulut rien commencer dans l'édifice du noviciat, que le Général ne lui eût donné une permission expresse de faire tout ce qu'il trouveroit à propos, sans être obligé de suivre les ordres d'aucun de la Compagnie ; & ce fut à ces conditions qu'il entreprit ce bâtiment dans lequel on trouve des beautez toutes particulieres.

Cette Eglise est petite à la verité, & n'a pas à beaucoup près l'étendue & les accompagnemens de celle de la maison professe ; mais en récompense, elle la surpasse infiniment en regularité & en convenance des parties. Le portail est embelli d'un ordre Dorique en pilaſtres, avec un Ionique deſſus, dont les corniches ont des modillons, mais toutes les parties de la décoration de ce portail paroiſſent ne pas avoir aſſez de ſaillie, & c'eſt le défaut que l'on y trouve. Le dedans de l'Egliſe eſt orné d'un ordre Dorique fort régulier, dont la corniche a des métopes remplies de tous les inſtrumens qui ſervent au ſacrifice & aux cérémonies de la religion, comme des calices, des ciboires, des burettes, des croix, des chandeliers, des lampes, des encenſoirs & des cloches : ce qui fait une aſſez belle décoration, ces choſes étant placées avec ſageſſe. Les voûtes de cette Egliſe ſont tres-bien entendues ; & les ouvertures pour les jours, fourniſſent toute la lumiere neceſſaire.

Cette inſcription eſt gravée ſur la premiere pierre de cet édifice, poſée par *Henry* de Bourbon, fils naturel du roi *Henry* IV. alors Evêque de Metz & Abbé de ſaint Germain des Prez, connu depuis ſous le nom de *Duc* de VERNEUIL.

D. O. M.

S. FRANCISCO XAVERIO
INDIARUM APOSTOLO.
ANNO CHRISTI M. DC. XXX.
PONTIFICATUS URBANI OCTAVI
ANNO SEPTIMO.
REGNI LUDOVICI DECIMI-TERTII
ANNO VIGESIMO.
GENERALATUS R. P. MUTII
VITELESCHI
ANNO DECIMO-QUARTO.
ÆDIS FACIENDÆ PRIMUM LAPIDEM
POSUIT S. P. HENRICUS
DE BOURBON,
EPISCOPUS METENSIS,
S. R. I. PRINCEPS,
ABBAS S. GERMANI,
DECIMO APRILIS.

On a refait entierement le grand Autel en l'année 1709, fur les deſſeins de *Jule-Hardouin* MANSART, mort Surintendant des bâtimens ; mais ſous la conduite de DE COTTE, premier Architecte du Roi. Cet Autel dont S. M. a bien voulu faire la dépense, est tout de marbre de differentes especes. Les quatre colonnes Corinthiennes qui le décorent, sont de verd campan, avec des chapiteaux & des bases de marbre blanc qui tranchent trop avec tout le reste, & font un vilain effet pour faire une convenance agréable à la vûe; & on ose bien ajoûter, sans entrer dans un plus grand détail, que l'idée generale de cet ouvrage pouvoit être d'une invention plus ingenieuse. Les marbres qui y sont emploiez, devoient aussi être mieux assortis, sur tout dans les piédestaux, qui sont d'ailleurs profilez d'une maniere assez extraordinaire, ainsi que tout le reste.

Les figures de saint Ignace & de saint François Xavier, qui sont de chaque côté, ont de l'action & sont dessinées assez correctement; mais les connoisseurs sinceres ont cependant trouvé qu'elles paroissoient un peu trop courtes pour l'emplacement où elles sont: ce qui se peut encore corriger, les figures qui paroissent à présent n'étant que des modeles de plâtre.

Le tabernacle est de l'invention de *Vilers*, orfévre des Gobelins, habile dans sa profession. Ce petit ouvrage a de la beauté, & les ornemens de bronze inventez & placez avec choix, produisent un assez bel effet. La corniche de breche violette porte un amortissement en forme de petit dôme, ou de cul de lampe renversé, qui répond aux trois faces du tabernacle, sur lesquelles il y a des bas-reliefs de bronze doré d'or moulu. Les gradins de marbre verd campan sont couverts de feuillages à jour, aussi de bronze doré. Le devant de l'Autel est de verd d'Egypte, au milieu est un Saint-Esprit avec des raions entourez de nuages, aussi de bronze doré, de même que quelques autres ornemens qui ont été placez à propos dans divers endroits. Mais il est bon de faire observer ici que les nuages en relief représentez en sculpture, ne réussissent presque jamais, de quelque main qu'ils puissent être.

On remarquera que le couronnement de l'Autel qui doit terminer l'édifice, n'est pas encore posé.

Le parc du sanctuaire est raporté de marbre de plusieurs couleurs, dont l'assortiment est remarquable de même que la propreté de l'execution. Les armes de France sont au milieu, & font un bon effet avec leurs accompagnemens.

Cependant ce qui releve & embellit infiniment cet Autel dans l'état où il se voit à present, c'est le grand tableau du fameux *Nicolas* Poussin, placé au milieu, mais d'une maniere qui n'est pas avantageuse, sur un plan courbe, ce qui diminue considerablement son point de vûe. Cette piece est regardée comme une des plus belles que ce fameux peintre ait jamais faite. Tous les connoisseurs l'estiment généralement, & regardent cette peinture comme la plus parfaite qu'il y ait dans le roiaume, non seulement pour la composition du sujet, mais encore pour le contour de toutes les figures, l'exactitude & la correction du dessein: malgré ce qu'en ont pû publier quelques critiques trop séveres & peutêtre jaloux du mérite extraordinaire de ce peintre, qui ont avancé qu'une des principales figures avoit les oreilles trop longues. Saint François Xavier y est représenté faisant un miracle en présence de plusieurs personnes, dans des attitudes d'admiration, avec des expressions sur les visages d'une varieté tout-à-fait admirable. Des critiques de cet excellent peintre, ont encore trouvé que *notre Seigneur* qui est représenté dans une gloire, avoit l'air d'un Jupiter tonnant.

Nicolas Poussin, est mort à Rome, comblé de gloire, le 19 de Novembre 1665, âgé de 71 ans.

Bellori fit ces vers sur la mort de cet Illustre peintre.

Parce piis lacrymis ; vivit Pussinus
   in urna,
      Vivere qui debuit, nescius ipse
         mori.
      Hic tamen ipse silet ; si vis audire lo-
         quentem,
      Mirum est, in tabulis vivit & elo-
         quitur.

Comme cette peinture passe pour une des plus achevées qui soit sortie du pinceau de ce grand maître, on a crû devoir rapporter ces vers à sa louange.

Les deux chapelles de la croisée ont des tableaux qui méritent d'être considerez avec quelque distinction, parce qu'ils sont de deux peintres de réputation, savoir *Simon* Vouet & *Jacques* Stella.

Dans l'enceinte de la maison, il y a un bâtiment uniquement destiné aux retraites spirituelles. On y reçoit dix personnes de toutes conditions en huit tems differens de l'année, pour y penser aux affaires de leur salut. Il s'y fait en leur faveur des exhortations solides sur les principaux devoirs du Chrétien. Il y a encore une autre retraite particuliere chaque année pour les Prêtres hors les tems marquez pour les retraites publiques. Le P. le *Valois* de la Compagnie de Jesus, qui depuis a été Confesseur du Duc de Bourgogne, a commencé ces retraites en l'année 1681.

La chapelle de la Congrégation à côté de l'Eglise où se font les exercices publiques, est richement décorée. *Gerardini*, peintre Italien, mais d'une médiocre capacité, a représenté dans le plafond une Assomption de la Vierge. Il y a dans la même chapelle quelques tableaux de *Mignard*, qui sont estimez. Saint Jerôme dans le désert, & la sainte Vierge représentée qui dicte à saint Ignace les exercices spirituels, dans la grotte Mareze. Le tableau sur l'Autel qui représente la Salutation Angelique, est de *Champagne*. Les jours des grandes fêtes, cet Autel est garni d'une riche argenterie donnée par quelques personnes dévotes qui composent la Congrégation.

La maison du noviciat des Jesuites, a de grandes obligations à *François Sublet* de Noyers, Secretaire d'Etat & de la guerre, lequel par une affection toute particuliere qu'il avoit pour les Peres de la Compagnie de Jesus, fit bâtir l'Eglise comme on la voit, à ses propres dépens. C'est pour cette raison que ses armes paroissent dans la clef de la voûte & sur les piédestaux qui soûtiennent la balustrade de marbre blanc, devant le grand Autel. Les sciences & les beaux arts qu'il aimoit, reçurent beaucoup de marques de sa protection & de son zele. On lui a l'obligation d'avoir établi l'imprimerie roiale, de laquelle tant d'ouvrages de conséquence sont sortis ; mais dégouté du fracas de la cour & de l'embarras du grand monde, pour vaquer uniquement aux affaires de son salut, il se retira dans le château de Dangu, que le roi Louis XIII. lui avoit donné, où il mourut le 20 d'Octobre 1645, dans les exercices d'une pieté solide & édifiante.

Les Jesuites en 1719, on fait construire deux jolies maisons dans la rue Cassette. Toute l'étendue des quatre rues qui se trouvent autour de leur maison, qui font comme une espece d'île, leur appartient à present.

Il n'y a rien de plus proche avoir dans ce quartier, que l'Eglise de saint Sulpice ; de laquelle on va tâcher de faire la description, le plus exactement qu'il sera possible.

L'EGLISE
DE SAINT SULPICE.

DE toutes les paroisses de Paris, il n'en est point de plus considerable que celle-ci, non seulement par le nombre des habitans qui la composent à present, mais encore par sa grande étendue qui occupe tout le quartier de saint Germain des prez, le plus vaste de toute la Ville. Il est vrai que cette paroisse alloit autrefois jusqu'à l'extrémité du pont saint Michel, avant que celle de saint André des Arts & celle de saint Cosme fussent établies, qui furent construites l'une & l'autre dans une partie du territoire de l'Abbéie de saint Germain des prez, où il ne se trouvoit alors que des campagnes cultivées, avec peu d'habitations; mais depuis & dans la suite de plusieurs années, on y a élevé quantité de maisons qui ont rendu ces quartiers tres-peuplez.

L'étendue de la paroisse de saint Sulpice est si grande, qu'elle suffiroit seule à present pour en former quatre autres

tres-confiderables, qui auroient chacune affez de revenu pour l'entretien du Curé & de fes Prêtres, & affez d'occupation à caufe des grandes diftances, & du peuple nombreux qu'elle contient ; cependant on peut dire que la vigilance du pafteur & de ceux qu'il emploie pour l'adminiftration des facremens, ne laiffe rien à defirer là-deffus.

Cette Cure a de tout tems été à la nomination de l'Abbé & des Religieux de l'Abbéie de faint Germain, & eft d'un revenu tres-grand & tres-affuré. Les prêtres qui la défervent forment une nombreufe communauté, & vacquent chacun à fon devoir avec application. Le fervice divin fe fait dans cette Eglife avec édification, & la communauté jointe à plufieurs feminaires, compofent enfemble le plus nombreux clergé de tout le roiaume.

Le bâtiment de cette grande paroiffe étoit autrefois fi ferré, comme on a pû le remarquer pendant longtems, par la partie de la nef reftée fur pié, qu'à peine pouvoit-il contenir la douziéme partie des paroiffiens ; ce qui fut caufe que l'on entreprit un nouvel édifice en 1646, où *Gafton, Duc d'Orleans*, mit la premiere pierre ; mais ce premier ouvrage n'aiant pas été jugé suffisant, on en recommença un autre en 1655, dans les fondations duquel la reine *Anne d'Autriche* posa la premiere pierre ; c'est le même qui se voit à present commencé, lequel, selon toutes les apparences ne sera pas achevé sitôt à cause de la grandeur de l'entreprise. Ce qui paroît élevé a coûté des sommes excessives ; & tout l'édifice seroit terminé il y a déja plusieurs années, si les liberalitez qui ont été faites avoient été administrées avec fidelité. Cependant comme tous ces fonds n'ont pas suffi par le maniment interessé de ceux qui ont été chargez autrefois de cette entreprise, on fut obligé d'imposer une forte taxe sur toutes les maisons de la paroisse, bien moins pour avoir de quoi achever ce grand édifice, que pour paier les creanciers à qui il étoit dû plusieurs années d'arrerages, ce qui donna occasion à un grand procès qui a duré plusieurs années. Les Religieux de l'Abbéïe de saint Germain, comme seigneurs, ont païé pour leur part la somme de quatre-vingt dix mille livres.

La seule partie achevée jusqu'en l'année 1723, qui forme le chœur, est entourée de hautes arcades dont les jambages ou les massifs sont couverts de pilastres Corinthiens qui soutiennent une grande corniche embellie de tous les ornemens qui y conviennent. Les arcs de la grande voute sont ornez de rinceaux & de feuillages, & sont construits avec bien de la solidité.

Tout autour du chœur il regne des bas-côtez, ou plûtôt un large coridor, dans lequel il peut tenir un grand nombre de personnes qui voient aisément de ces endroits tout ce qui se passe au grand Autel. Ce même coridor est orné de pilastres d'ordre composite & d'une corniche architravée qui ne fait pas un trop bel effet, que les Architectes mediocrement savans ont mis en usage pour cacher leurs mauvaises distributions & leur ignorance, quoiqu'il y en ait quelques exemples dans les antiques, mais que l'on ne devroit imiter qu'avec bien de la précaution & du ménagement.

Le 24 d'Avril 1715, par les grandes & pieuses liberalités de plusieurs personnes zelées pour la maison de Dieu, qui ont fourni des sommes très-considerables, ausquelles a été joint depuis le produit d'une Lotterie, qui donne au moins quinze mille livres par mois, on a repris les travaux de cette Eglise, interrompus

pendant

pendant plusieurs années. On a jetté les premieres assises de la croisée du côté du midi, pour répondre à ce qui étoit déja élevé du côté du Nord. On a de plus fait plusieurs chapelles de la nef, sous lesquelles on a menagé des souterrains vastes, ou des catacombes, pour inhumer ceux qui en auront la dévotion.

Les deux portes collaterales qui servent d'entrée à la croisée, sont décorées d'une excellente architecture, celle du côté du Nord est de deux ordres de colonnes; le premier Corinthien, & le second composite; le tout terminé d'un fronton circulaire enrichi d'ornemens de sculptures d'une nouvelle & excellente invention. La porte du côté du Midi a aussi deux ordres de colonnes, dont le premier est Dorique, & le second Ionique, d'une regularité & d'une précision qui fait plaisir aux connoisseurs les plus exacts & les plus severes.

Sur le centre de la croisée qui n'est pas encore voûtée, non plus que la nef, il doit s'élever un grand clocher de charpente à pans, de 48 toises de hauteur, à prendre depuis le rez de chaussées jusqu'à l'extremité, ce qui fera une élévation qui aura peu d'égales en cette Ville; mais comme cet ouvrage n'est pas en-

Tome III. R

core dans la perfection où il doit parvenir, non plus que le reste de l'édifice de cette Eglise, on ne peut s'hazarder à en dire davantage. Tous ces nouveaux travaux sont du dessein de *Gilles Marie* OPPENORD, premier Architecte du Duc d'Orleans, qui soutient la grande réputation qu'il s'est acquise par les excellens desseins qu'il a donné en d'autres occasions.

La chapelle de la Vierge, derriere le chœur, est en forme de Dôme de figure élytique ou ovale, décorée en dedans du même ordre d'architecture qui regne dans les bas-côtez, autour du chœur & dans tout le reste de l'Eglise.

En 1710, on a refait entierement l'autel de cette chapelle sur une forme assez mauvaise. Les quatre colonnes Corinthiennes qui en font le principal ornement, les massifs couverts de compartimens qui sont derriere, & les entablemens qui les couronnent, sont d'une composition qui imite assez bien le marbre, par la couleur & le poli, de l'invention d'un Anglois. Le tableau placé au milieu de cet autel, represente la sainte Vierge à genoux, entourée de quantité d'anges, de cherubins & d'esprits bienheureux, qui adorent le Verbe au commencement de son incarnation. Ce tableau est de *Pierre* MONIER, de l'Academie de peinture, qui avoit fait de longues études à Rome, où il avoit acquis une grande facilité à dessiner.

Assez proche dans une chapelle à côté du passage, on verra un tableau de la descente du saint Esprit sur les Apôtres, par *Nicolas* MONTAIGNE, peintre de l'Académie.

Dans la même suite, on a décoré une chapelle dont la menuiserie est d'un dessein bien étrange. Ce sont quatre grandes colonnes Corinthiennes, rudentées d'une disposition tout-à-fait extravagante, élevées sur des piedestaux sans aucun raport. Cette machine de bois porte un couronnement ou un baldaquin, s'il est permis de le nommer ainsi, qui fait peur à ceux qui le regardent d'en bas, parce qu'il semble vouloir tomber. Tout cet ouvrage fait bien voir qu'il est necessaire de consulter les gens habiles, quand on veut élever quelque chose de beau & de bien imaginé; ce que la plûpart des dévots ne font pas, par une pure vanité, se croiant toujours suffisamment éclairez & capables de tout ce qu'ils entreprennent.

De l'autre côté du chœur il y a une

autre chapelle revêtue d'une menuiserie d'un assez bon dessein, où sont les armes d'*Elizabeth d'Orleans Duchesse de* GUISE; il s'y voit un tableau de *Charles* DE LA FOSSE, né à Paris, qui represente la Nativité de Notre Seigneur, que les connoisseurs estiment.

La chapelle voisine est décorée d'un tableau de HALE´, Peintre de l'Académie, où il a representé l'apparition de Notre Seigneur à la Madelene, sous la figure d'un jardinier. Ce morceau est d'une grande beauté.

Quelques personnes illustres ont été inhumées dans l'Eglise de saint Sulpice.

Claude du PUY, né a Paris, un des plus savans hommes qui aient paru en France. Il avoit eu pour maîtres dans les belles lettres, *Turnebe*, *Stracel*, *Dorat* & *Lambin*; & en Droit, le fameux *Cujas*; après avoir voiagé en divers endroits de l'Europe, avec un tres-grand fruit, il fut pourvû d'une charge de Conseiller au parlement, où il fit paroître toute l'étendue de son génie & de sa capacité. De *Thou* & de *Sainte Marthe*, avec plusieurs auteurs illustres parlent de ce grand homme avec bien des éloges. Il est mort âgé seulement de quarante-quatre ans, en 1594, peu de tems avant que la ville de Paris se réduisît sous l'obéissance du roi Henri IV. Son oraison funebre fut prononcée par *Achyles* de *Harlay*, en presence de tout le Parlement, qui voulut assister en corps à ses funerailles, pour lui marquer son estime. Il laissa trois enfans: *Christophle*, *Augustin & Pierre* du *Puy*, dignes fils d'un si illustre pere, qui ramasserent dans un volume toutes les épitaphes que divers savans avoient composées à la louange de ce grand homme.

Michel de MAROLLES, *Abbé* de VILLELOIN, avoit de l'érudition. Il s'étoit attaché à faire des traductions françoises de plusieurs anciens auteurs, dans lesquelles il n'a pas réussi; l'on en voit un tres-grand nombre de sa façon, mais faites à la hâte & tres mal limées; d'ailleurs il avoit du merite & étoit estimé des gens de bien. Il se connoissoit parfaitement en estampes, & en avoit amassé une grande quantité, dont la plus considerable partie a passé depuis dans la bibliotheque roiale. On voit l'épitaphe de cet Abbé, entre deux chapelles, sur un pilastre du grand coridor, où il est representé dans un médaillon de marbre blanc, sur lequel s'appuye un génie pleurant, qui tient son flambeau renversé. C'est un ouvrage de *Barthelemy* de MELO, Sculpteur de l'Académie, qui a longtems travaillé à Rome sous les maîtres les plus renommez.

On lit au bas cette épitaphe.

MICHAELI DE MAROLLES,
ABBATI DE VILLELOIN,
GENERIS NOBILITATE,
MORUM CANDORE,
RELIGIONE SINCERA,
VARIA ERUDITIONE
CLARISSIMO,
QUI OBIIT OCTOGENARIO MAJOR,
PRIDIE NONAS MART.
ANN. 1681.
PETRUS DE LA CHAMBRE, MARINI
FILIUS
TESTAMENTI CURATOR
AMICO OPTIMO MONUMENTUM
POSUIT.

On disoit de l'Abbé de *Maroles*, qu'il étoit le plus ancien & le plus infatigable auteur du roiaume.

François BLONDEL, tres-versé dans les mathematiques qu'il a enseignées à

Monseigneur le Dauphin, On peut dire à sa louange, que sur quelque matiere qu'on le voulût consulter, il donnoit des réponses qui satisfaisoient toûjours. Il a mis en lumiere plusieurs savans traitez; entre autres, un grand cours d'architecture en trois volumes *in folio*, de la maniere qu'il l'avoit donné par leçons dans l'academie d'architecture, dont il avoit été Directeur & Professeur roial, & le premier qui a eu cet emploi, qu'il a rempli avec applaudissement pendant un tems assez considerable. Il étoit aussi Lecteur en mathematique au College roial, & membre de l'Academie des sciences. Les voiages qu'il avoit faits dans les quatre parties du monde, lui avoient donné une grande connoissance sur bien des choses. On a encore de lui une *histoire du Calendrier Romain*, *l'art de jetter les bombes*, *nouvelle maniere de fortifier les places*, *la comparaison de Pindare & d'Horace*, & des *traitez d'Arithmetique* & de *Géométrie*. Il est mort le premier de Fevrier 1686.

Pierre Michon, si connu sous le nom d'*Abbé* BOURDELOT, étoit en grande estime, à cause de son savoir sur quantité de matieres. Il fut un des illustres savans que la reine Christine de Suede fit venir exprès de France à Stokolm, pour se faire instruire dans la philosophie; & il eut même, à ce qu'on pretend, grande part à la conversion de cette illustre Princesse. Il est mort le 9 de Fevrier 1685. Les conferences publiques qu'il tenoit chez lui, étoient d'un grand secours pour les personnes studieuses, à cause des matieres savantes & curieuses qui y étoient traitées; ce qui depuis lui n'a plus été pratiqué que d'une maniere tres-imparfaite

Barthelemy d'HERBELOT, né à Paris, fort estimé des gens de lettres, est mort âgé de soixante & dix ans, le huitiéme de Février 1695. Il est auteur de la *Bibliotheque orientale*, tirée de tous les livres Turcs, Persans, & Arabes, sur lesquels il avoit fait une grande étude. Il avoit été emploié dans diverses négociations, où il a fait paroître une conduite & une habileté particuliere; sa réputation lui avoit procuré une place dans la fameuse Academie *de la Crusca* à Florence, dans laquelle on ne reçoit que des personnes distinguées par leur savoir.

Dom Gaetano Julio ZUMBO, gentilhomme Sicilien, est mort à Paris le vingt-deuxiéme de Decembre 1701, dans la quarante-quatriéme année de son âge.

C'étoit un homme d'un admirable génie pour les beaux arts. Il a laissé en cette Ville deux ouvrages de sculpture, dont les figures sont colorées au naturel, & une tête anatomique. Ces pieces feront toûjours regreter la perte d'un si excellent homme. Il avoit été au grand Duc, qui a de lui des figures qu'il conserve comme des choses inestimables ; ce qui, joint aux éloges que les gens de bon goût, de France & d'Italie, & les journaux lui ont donné, doit faire respecter sa memoire.

Marie de *Jumelle* de *Barneuille*, si connue sous le nom de *Comtesse* d'Aunoy, est morte dans le mois de Janvier 1705. Elle écrivoit tres-poliment ; & ses ouvrages ont été goûtez du public, sur tout son voiage d'Espagne, dans lequel on trouve des avantures singulieres & des descriptions tres-agréables.

Roger de Piles, Ecuier Conseiller de l'Académie roiale de peinture & de sculpture, décédé le 15 d'Avril 1709, âgé de 75 ans. Il a mis au jour plusieurs pieces concernant la peinture, dont il avoit une grande connoissance. On a de lui une traduction du poëme latin de *du Frenoy* sur l'art de peindre, des *conversations sur la connoissance de la peinture*, *les premiers élémens de la peinture, un abregé de la vie des peintres, avec des réflexions sur leurs ouvrages;* un *cours de peinture par principes,* & d'autres pieces qui ont été fort bien reçûes par les connoisseurs.

Elisabeth-Sophie CHERON est morte à Paris le troisième de Septembre 1711, âgée de soixante & trois ans. C'étoit une personne distinguée par les talens qu'elle possedoit. Elle réussissoit parfaitement dans l'art de peinture, sur tout pour les portraits, & travailloit aussi en histoire ; mais en quoi elle excelloit le plus, c'étoit dans le dessein, comme on en peut juger par les estampes qu'elles a dessinées & gravées d'après les plus belles agates antiques. Elle ne s'est pas moins distinguée dans les sciences, par des ouvrages d'esprit, aiant mis au jour une traduction en vers d'une partie des Pseaumes & des Cantiques, enrichie de fort belles estampes que le public a reçu avec applaudissement.

Jean JOUVENET né à Rouen, peintre ordinaire du Roi, ancien Directeur & Recteur perpetuel de l'Academie roiale de peinture & de sculpture, est mort le 6 d'Avril 1717, âgé de soixante & treize ans, ou environ.

Ce seroit ici le lieu de placer l'éloge de ce grand peintre qui a fait tant d'honneur à sa patrie, par ses nombreux & excellens ouvrages, si l'on n'en avoit déja parlé dans plusieurs endroits de cette description.

Tout ce que l'on peut ajoûter encore, comme une chose merveilleuse dont il n'y a jamais eu d'exemple jusqu'à lui ; c'est que les dernieres années de sa vie, aiant été attaqué d'une paralysie qui lui ôtoit entierement l'usage de la main droite, tout rempli de son art qu'il possedoit à un tres haut dégré de perfection, il se servit de la main gauche pour plusieurs ouvrages de conséquence, dans lesquels il paroît plus de beautez & plus de force, que dans tout ce qu'il avoit fait auparavant de plus estimé ; entre autres un excellent plafond pour le Parlement de Rouen, & le grand tableau de la Visitation de la sainte Vierge, placé dans le chœur de l'Eglise de Paris, qui sont des pieces d'une perfection surprenante, dans lesquelles les plus habiles connoisseurs remarquent tout ce que l'art de la peinture a de plus rare & de plus précieux.

Etienne-BALUZE est mort le 28 de Juillet 1718, âgé de 87 ans. Il a publié un si grand nombre de savans ouvrages que l'on en pourroit former un juste catalogue. La bibliotheque qu'il a laissée, dissipée peu de tems après sa mort, étoit de quatorze mille volumes au moins : comme il avoit été bibliothequaire de *J. B. Colbert*, qui n'épargnoit rien pour la recherche des livres rares, il en avoit amassé en particulier par la même occasion. Ses principaux ouvrages, sont *capitularia Regum francorum*, *miscellanea* en sept vol. l'histoire de Tulles sa patrie &c. L'histoire généalogique de la maison d'Auvergne, qu'il publia en 1708. en 2 *vol. in fol.* peu de tems après, fut cause qu'il souffrit quelque disgrace.

Sur les jambages du coridor entre les chapelles du côté du Nord on a placé des épitaphes ornées de marbres & de bronzes dorez. La premiere est pour le *Marquis de* DANGEAU, Gouverneur de Touraine, & pour le *Marquis de Courcillon*, son fils.

La seconde épitaphe est pour le *Marquis* de CAVOYE. Ces deux ouvrages sont décorez simplement, mais avec art & font un assez bon effet.

On doit voir dans cette Eglise un petit escalier de pierre de taille d'un seul trait, tourné en limaçon depuis le bajusqu'en haut, dont le trait est ingenieux & tres-hardi, où il paroît quelque effet de la coupe des pierres. Il est de l'invention de GITTARD habile architecte, lequel a conduit la plus grande partie des travaux de cette Eglise, qui sera un ouvrage de conséquence, si jamais on peut parvenir à l'achever sur les modeles qui en ont paru, ce qui demande encore du tems & une tres-grande dépense pour le voir dans son entiere perfection.

LA MAISON DU SEMINAIRE DE SAINT SULPICE, est fort proche de l'Eglise. C'est un bâtiment spacieux & solidement construit, élevé sur les desseins & sous la conduite de DUBOIS, aux dépens d'*Alexandre* le *Ragois* de BRETONVILLIERS, Curé de cette grande paroisse, mort en 1676, qui étoit un homme tres-riche & fort affectionné pour la discipline Ecclesiastique. L'entreprise de cet édifice a été de conséquence, & l'on doit être surpris avec raison, qu'un simple particulier ait pû fournir à tous les frais d'un si grand & si solide édifice.

La chapelle de ce Séminaire est une des plus belles choses que l'on voie à present à Paris.

Le plafond peint par *Charles* le BRUN

né à Paris, ainsi que le tableau de l'Autel, sont des ouvrages où il a donné toute son aplication, & dans lesquels il a montré évidemment qu'il étoit un excellent peintre. Il a fait voir dans le plafond de cette chapelle, qui est d'une grande étendue, la Ste Vierge élevée dans le ciel par le moien d'un nuage sur lequel elle est à genoux, avec quantité d'anges & d'esprits bienheureux qui la soûtiennent & qui l'accompagnent, & le Pere éternel qui lui tend les bras pour la recevoir dans le sein de la gloire. Comme le peintre a voulu representer dans cette grande piece le Concile d'Ephese; dans lequel la sainte Vierge fut unanimement reconnue mere de Dieu selon la chair, contre quelques hérétiques qui osoient soûtenir le contraire; il a disposé & groupé dans les parties inferieures du plafond les peres de ce même Concile, en action d'humilité & d'admiration, & d'autres peres de l'Eglise latine, qui ont soûtenu la même verité par leurs écrits. On ne peut rien de mieux conçu & de mieux executé que ce bel ouvrage. La correction du dessein s'y remarque par tout; les expressions sur les visages des figures & leurs attitudes differentes font voir aux plus habiles connoisseurs l'excellence de cette piece, fans parler de l'entente des lumieres, du contour des figures & du coloris qui en font admirables.

Le tableau de l'Autel qui n'eft pas d'une moindre beauté que le plafond, repréfente une Pentecôte, ou la defcente du faint Efprit fur la fainte Vierge & fur les Apôtres : & comme cette piece plaifoit beaucoup à le *Brun*, qui la regardoit comme fon chef-d'œuvre, il en fit faire plufieurs copies correctes par fes meilleurs éleves, qu'il a bien voulu retoucher lui même. Pour marquer encore l'eftime particuliere qu'il faifoit de l'original, il s'y eft reprefenté dans un coin du tableau, comme fpectateur de tout ce qui fe paffe, à l'exemple de *Raphael*, de *Titien*, de *Paul Veronefe*, & de plufieurs grands peintres, qui ont fait la même chofe dans les ouvrages qu'ils ont voulu diftinguer & mettre en réputation, par deffus tous les autres, qui étoient fortis de leurs mains.

Le Séminaire de faint Sulpice a été établi en 1642 par *Jacques* OLIER, né à Paris, Curé de la même paroiffe, qui l'avoit commencé quelques années auparavant dans le village de Vaugirard. Il eft mort le 2 d'Avril 1657, âgé de quarante huit ans, en réputation d'un homme de pieté.

Depuis quelques années ce Séminaire est des plus fréquentez, parce que la discipline Ecclesiastique y est enseignée & pratiquée avec soin; & souvent on tire de ce Séminaire des sujets pour remplir les premieres dignitez de l'Eglise.

La foire de saint Germain est dans le voisinage de saint Sulpice, à l'extrémité de la rue de Tournon. Elle est ouverte depuis le troisiéme de Février, qui est le premier jour vacant après l'octave de saint Vincent, patron titulaire de l'Abbéie de saint Germain, en l'honneur duquel cette foire a été établie sous le regne de Louis XI. mais les Religieux de saint Denys s'étant opposez à cet établissement, fait le premier d'Octobre 1464, parce qu'elle se trouvoit presque en même tems que celle de leur patron, qui commence le lendemain de la fête de ce Saint, qui arrive le six du même mois; la foire de saint Germain fut remise au troisiéme de Fevrier, jour d'après la Purification, pour la raison que l'on vient de dire.

La foire de saint Germain doit durer jusqu'au Carême; mais ordinairement elle est continuée jusqu'à la semaine sainte. Le lieu où elle se tient n'a rien du tout de remarquable. Ce sont plusieurs allées couvertes, disposées dans un quarré, qui se coupent les unes les autres assez regulierement, dans lesquelles les boutiques des marchands sont placées avec avantage.

On vend dans la foire de saint Germain de toutes sortes de choses, excepté des livres & des armes. Comme cette foire est franche, il est permis non seulement aux marchands de dehors d'y venir vendre leurs marchandises, mais encore à ceux qui ne sont pas maîtres, sans crainte d'être inquietez par les jurez de la Ville. On y voit des boutiques remplies de riches marchandises & de curiositez, qui attirent un grand concours, principalement le soir, qui est le tems, où l'affluence est toûjours plus nombreuse que dans le reste de la journée; & où les joueurs de profession ne manquent jamais de se rendre, pour faire des coups funestes à la bourse des dupes, dont le nombre n'est pas petit en cette Ville.

Pour ne rien négliger dans ce canton, il faut aller dans la rue GARANCIERE, derriere l'Eglise de saint Sulpice, pour voir une maison assez bien construite, autrefois connue sous le nom d'HÔTEL DE SOURDIAC; elle a été bâtie pour *René de Rieux*, Evêque de Leon en Bretagne, mort en 1651. Cette maison est du dessein de *Robelini*, & est remarquable pour ses décorations exterieures, qui sont d'un dessein d'architecture bizarre, mais cependant qui produit un effet assez passable. Elle est sur un terrain fort serré, & la cour manque absolument d'étendue pour les commoditez necessaires. L'escalier est une des plus belles pieces du logis, fort éclairé & tourné d'une maniere aisée & ingenieuse.

Dans la même rue l'on a construit une fontaine tres-utile pour ce quartier, sur laquelle on lit cette inscription, dont Madame la Princesse par un zele charitable pour le public, a bien voulu faire la dépense.

AQUAM

A PRÆFECTO ET ÆDILIBUS

ACCEPTAM

HIC

DE LA VILLE DE PARIS. 403
SUIS IMPENSIS CIVIBUS FLUERE
VOLUIT
SERENISSIMA PRINCEPS
ANNA PALATINA
EX BAVARIIS,
RELICTA SERENISSIMI PRINCIPIS
HENRICI JULII BOREONII,
PRINCIPIS
CONDÆI.
ANNO DOMINI
M. DCC. XV.

   Après avoir examiné les choses dont on vient de parler, on doit prendre du côté DE LA CROIX ROUGE, où il se trouve un carrefour à l'entrée de la grande rue de *Seve*, & à l'extrémité de la rue du Four, dans lequel six longues rues viennent terminer.

   Rien n'étoit plus naturellement & plus heureusement disposé que cet endroit, pour faire une place magnifique, si l'on avoit eu les mêmes intérêts pour les embelliſſemens du *quartier de S. Germain*, que pour celui de la butte ſaint Roch & de la place des Victoires, où cependant il ne s'eſt pas trouvé les commodes diſpoſitions qui ſe rencontrent ici preſque ſans dépenſe.

L'Eglise & le Couvent des Prémontrez Chanoines reguliers ſe trouvent dans le même Carefour de la Croix rouge. La reine *Anne d'Autriche* voulut bien mettre la premiere pierre à l'Egliſe de ces Peres en 1661, peu de tems après leur établiſſement en cette Ville. Ils ſont réformez & ſuivent des conſtitutions plus rigides & plus auſteres que le chef d'ordre ; c'eſt-à-dire qu'ils ne doivent point manger de viande, ni porter de linge, & ils ſe levent à minuit pour chanter matines.

Ces bons Peres vers l'année 1719 & 1720, ont fait conſtruire une nouvelle Egliſe de fond en comble, qui a 150 piés de longueur & 33 de largeur, en y comprenant les bas côtez qui ont des galeries au-deſſus dans leſquelles ils ont diſpoſé des manieres de tribunes qu'ils louent, ou donnent à vie à des perſonnes qui ne veulent pas être incommodées de la foule qui ſe trouve ordinairement dans la nef. Ils ont de plus commencé un grand logement derriere leur nouvelle Eglise, pour être plus commodement logez qu'ils n'ont été jufqu'ici.

Avec toutes ces nouvelles & grandes entreprifes, ces Peres ont encore élevé en même tems, plufieurs maifons, fur des efpaces qu'ils ont aquis dans la rue du Cherchemidi & dans la rue de Seve, pour y loger quantité d'artifans de diverfes efpeces, dont ils tirent des loiers tres-confiderables; & l'on a lieu d'être furpris, avec raifon, qu'une Communauté auffi peu nombreufe & auffi peu connue que celle-ci, dont l'établiffement eft fi nouveau, ait pû aquerir tant de poffeffions en fi peu d'années.

A l'occafion de quoi il n'eft pas inutile de faire remarquer en paffant, à la gloire des bons Parifiens, toûjours treszelez pour les Communautez regulieres, que depuis l'année 1716, elles ont élevé des édifices pour plufieurs millions. On pourroit d'abord nommer les *Prémontrez*, dont on vient de parler, l'*Abbéie aux Bois*, les *Carmelites* de la rue de Grenelle, les *Jefuites du Noviciat* dans la rue Caffette, les *Theéatins*, les *Prêtres de la Miffion de faint Lazare*, les *Blancs Manteaux*, *faint Martin des Champs*, les

Capucins de la rue faint Honoré, qui ont fait conftruire un grand corps d'édifice dans leur Couvent ; les *Capucins* du Marais, une grande Eglife de fond en comble ; *fainte Geneviéve du Mont*, de belles maifons dans leur cour pour des particuliers ; les *Carmes Déchauffez* dans la rue du Regard, & plufieurs autres encore.

Dans la même rue du CHERCHE-MIDY, eft le Couvent des *Religieufes* de même nom. Cette Communauté a été établie à cet endroit, le 17 de Juillet 1634, & fuit la regle de faint Benoift, fous le titre de *Nôtre-Dame de Confolation*. Comme cette Communauté fe trouvoit en mauvais état, & pour ainfi dire, abandonnée, elle fut rétablie & érigée en prieuré, par *Marie Eleonor de Rohan*, dont on peut lire l'épitaphe dans un coin de l'Eglife ; elle eft de la compofition de *Paul* PELISSON, de l'Académie Françoife, un des plus beaux efprits de fon tems, auteur de plufieurs ouvrages tres-eftimez, entre autres l'hiftoire de l'Academie Françoife écrite avec bien de la politeffe & du bon fens.

ICI REPOSE

Tres-Illustre & tres-vertueuse Princesse
MARIE ELEONOR DE ROHAN,
*premierement Abbesse de Caen,
puis de Malnoue :
seconde fondatrice de ce Prieuré,
qu'elle redonna à Dieu ;
& où elle voulut finir ses jours :
plus réverée par ses grandes qualitez, que par sa haute naissance.
Le sang des Rois trouva en elle
une ame roiale :
en sa personne, en son esprit, en
toutes ses actions
éclata tout ce qui peut rendre la pieté
& la vertu plus aimables.*

*Sa profession fut son choix, & non
pas celui de ses parens :
Elle leur fit violence pour ravir le
roiaume des cieux.*

Capable de gouverner des états,
autant que des grandes
communautez,
elle se réduisit volontairement à une
petite, pour y servir avec le
droit d'y commander ;
douce aux autres, severe à elle-
même :
ce ne fut qu'humanité au dehors,
qu'austerité au dedans.

Elle joignit à la modestie de son sexe
le savoir du nôtre ;
au siecle de Louis le Grand, rien
ne fut ni plus poli, ni plus élevé
que ses écrits :
Salomon y vit, y parle, y regne
encore, & Salomon en toute sa
gloire.

Les constitutions qu'elle fit pour ce
monastere, serviront de modele
pour tous les autres.
Comme si elle n'eût vécu que pour
sa sainte posterité,

le

le même jour qu'elle acheva son travail, elle tomba dans une maladie courte & mortelle,
& y succomba le 8 d'Avril 1691, en la 53me année de son âge.

Jusqu'en ses derniers momens & dans la mort même,
bonne, tendre, vive & ardente pour tout ce qu'elle aimoit,
& sur tout pour son Dieu.

Tant que cette maison aura des vierges épouses d'un seul époux,
tant que le monde aura des chrétiens, & l'Eglise des fideles,
sa memoire y sera en benediction.

Ceux qui l'ont vûe, n'y pensent point sans douleur,
& n'en parlent point sans larmes.

Qui que vous soiez, priez pour elle, encore qu'il soit bien plus vraisemblable que c'est maintenant à elle à

prier pour nous : & ne vous conten-
tez pas de la regretter ou de l'admi-
rer ; mais tâchez de l'imiter & de
la suivre.

Sœur FRANÇOISE de LONGAU-
NAY, *premiere Prieure de cette*
maison, sa plus chere fille, l'autre
moitié d'elle-même, dans l'espe-
rance de la rejoindre bientôt, lui fit
élever ce tombeau.

Le moindre & le plus affligé de ses
serviteurs
eut l'honneur & le plaisir de lui faire
cette épitaphe,
où il supprima, contre la coutume,
beaucoup de justes louanges,
& n'ajoûta rien à la verité.

Dans une grande maison voisine occupée par *Madame la Comtesse* de VERUE, on peut voir un cabinet extrêmement curieux, par la beauté & la quantité des tableaux excellens qui le composent. On y en trouve de tous les maîtres renom-

mez, choisis avec une connoissance parfaite, & disposez dans un arrangement judicieux, qui fait aisément connoître que
la personne à qui ces belles choses appar-
tiennent a un discernement tres-exquis,
& une grande connoissance de tout ce
que la peinture a de plus parfait & de
plus rare.

Dans la même ruë, mais de l'autre côté, on a établi une Communauté sous le
titre du BON PASTEUR, pour des filles repenties, lesquelles subsistent par les
charitez de plusieurs dames de pieté, qui
contribuent avec bien du zele à l'entretien de ce louable établissement.

La maison de ces filles fut fondée par
une Holandoise nommée *Madame* de
Combé, d'un zele tout particulier pour
la conversion des filles déreglées. Elle
s'appelloit *Marie de Cyz*, & étoit veuve
d'*Adrien de Combé* Holandois d'origine,
& avoit été autrefois de la R. P. R.
Cette Dame aiant commencé cet établissement sur la Providence, recevoit
les filles que le libertinage ou la neces-
sité avoient engagées dans le désordre,
lorsqu'elles venoient dans la résolution
de faire pénitence, & preferoit toûjours
celles que la pauvreté mettoit dans l'im-

puissance d'être reçues, faute de pension.

Le Roi averti de ce bel établissement donna en 1688, une maison dans la rue du Cherchemidi, qui avoit appartenu à un Calviniste qui s'étoit retiré du roiaume, & ajoûta une gratification de 1500 livres pour des commodités & des réparations qui étoient necessaires. La fondatrice en peu de tems eut la satisfaction de voir sous sa conduite, une centaine de filles pénitentes qu'elle gouverna avec une extrême sagesse jusqu'à sa mort, arrivée le 16 de Juin 1692, âgée seulement de 35 ans. Cette belle institution s'est répandue dans plusieurs Villes du roiaume. L'on en peut déja compter à Paris trois maisons bien établies.

Pour ne rien négliger dans ce quartier, on prendra la route de LA RUE DE SEVE, dans laquelle on trouvera d'abord l'ABBEYE AUX BOIS, de l'ordre de Cîteaux, autrefois fondée en Picargie. Mais ces Religieuses ruinées par les guerres, obtinrent la permission du roi *Louis* XIII. de s'établir à cet endroit. En 1718, ces Religieuses ont entrepris une nouvelle Eglise assez bien décorée, la descente de Croix sur le grand

Autel est de *Canis*, assez bon peintre.

Tout proche est l'HÔPITAL DES PE-TITES MAISONS, où les insensez sont enfermez. Il y a aussi un assez bon nombre de vieilles femmes, qui y sont logées & entretenues le reste de leur vie. On conserve dans la sacristie de l'Eglise un crucifix d'ivoire d'un nommé JAILLOT, qui excelloit dans ces sortes de pieces.

Cet hôpital étoit originairement une *maladrerie* dépendante de l'Abbéie de S. Germain des Prez, elle fut cedée par le Cardinal de Tournon alors Abbé, au Prevost des Marchands & aux Echevins en 1544, ce qui fut autorisé par un Arrest du Parlement, pour en faire un hôpital, qui fut destiné à des pauvres hors d'état de gagner leur vie ; on y en mit de l'un & de l'autre sexe, & des enfans affligez de la teigne ; on y enferma aussi des libertins, & des insensez ; mais à present il n'y a plus que des vieilles femmes & des foux, qui sont dans des loges separées.

Les anciens édifices furent renversez, & l'on fit élever ceux qui paroissent à present, où l'on ne voit rien que de fort simple.

Cet hôpital est sous la direction du grand bureau des pauvres, dont l'Archevêque de Paris, le premier Président & le Procureur General, sont les chefs, qui ont sous eux plusieurs Administrateurs pour veiller à tout ce qui se passe dans le détail.

En suivant encore la même rue, on découvre l'Hôpital des Incurables, établi en l'année 1637, par les soins du Cardinal *François* de la Rochefoucault, pour plusieurs infirmes de l'un & de l'autre sexe, affligez de maladies incurables qui y sont traitez avec assez de soin.

Les sales dans lesquelles les lits sont placez, dont le nombre est fort diminué depuis quelques années, sont d'une coupe tres-bien entendue, du dessein de *Pierre du Bois*, habile Architecte, le même qui a conduit l'hôtel de Megrigny, dont l'escalier a de la beauté, & tout l'édifice du seminaire de saint Sulpice, comme on l'a dit dans son lieu. On a placé dans les angles principaux quatre bustes de marbre, à savoir du Cardinal de la *Rochefoucaut*, & de l'Evêque de *Bellay*, de l'ouvrage de *Buister*; de S. *Charles Boromée*, & de *saint François de Sales*, de *Durand*, Sculpteurs renommez.

L'Eglise de cet hôpital est raisonnablement grande, mais elle ne renferme rien de beau. On y pourra seulement remarquer quelques tableaux.

Sur le grand autel il y en a un qui represente la Salutation angelique, peint par *François Perriere*; un autre dans la chapelle à main droite, du même maître; dans la chapelle de l'autre coté, qui fait symetrie à celle-ci, un Ange gardien, par *Champagne*.

Au bas des marches du grand Autel, on lit cette inscription.

Hic conditum est pericardum
cum parte viscerum
Eminentissimi Cardinalis
FRANCISCI
DE LA ROCHEFOUCAULT,
hujus Nosocomii fundatoris,
qui obiit
anno R. S. H. *1645. 16. Kalend.*
Martii,
Ætatis suæ 87.

Jean-Pierre CAMUS, *Evêque de Bellay*, né à Paris, est enterré dans cette Eglise.

Les nombreux écrits qu'il a publiez,

& la haine qu'il témoigna toute sa vie pour les hypocrites, ou les faux dévots, contre lesquels il écrivoit fort hardiment, lui ont laissé un grand nom chez les personnes d'une pieté sincere & solide. Ce grand Prélat a mené une vie sainte & tres-édifiante : un de ses principaux ouvrages est intitulé, *les Moines presque tous fort éloignez de leur institution & de l'esprit de leurs fondateurs.*

On lit cette épitaphe sur son tombeau.

JOANNI PETRO CAMUS
Bellicensi Episcopo,
Viro ingenio, memoriâ, eloquentiâ,
scriptis innumeris, pietate,
Vitæ innocentiâ, charitate
admirabili,
qui sibi pauper vivere, mori &
humari voluit.
Hujus Nosocomii administratores
posuere.
Vixit annos 68.
Obiit anno salutis reparatæ
1652. 6. Kalendas Maii.

On peut encore lire dans la même

Eglise cette excellente épitaphe d'un homme vertueux & favorisé de la fortune, qui laissa la plus grande partie de ses biens pour la nourriture des pauvres de cette maison.

JOANNES-BAPTISTA
LAMBERTUS *Parisinus, Regi*
à consiliis & secretis,
beatus esse cœperat bonis fortunæ;
at morbi vis lenta & insanabilis
beatiorem reddidit;
nam cum ea luctatus quatuor annis
invictâ patientiâ,
tandem Christianæ fidei munitus
Sacramentis,
humanis rebus clausit oculos,
divinis aperuit,
Anno Domini
1 6 4 4.
ætatis 37.
Hìc jacet.
Hoc fratri optimè de se merito
NICOLAUS LAMBERTUS
Regiorum Computorum Magister
ex asse heres,

S v

mœrens monumentum posuit.

Mathieu de *Morgues*, connu sous le nom d'*Abbé* de Saint Germain, est enterré dans la même chapelle. Il étoit aumônier de la reine Marie de Medicis, pour la défense de laquelle il a tres-hardiment écrit contre le Cardinal de Richelieu. Il est mort le vingt-neuf de Decembre 1670, âgé de quatre-vingt huit ans. On esperoit de voir une histoire du roi Louis XIII. de sa composition, dans laquelle on auroit trouvé bien des particularitez curieuses & veritables; mais le manuscrit en a été perdu, ou détourné après sa mort, parce que l'on y remarquoit trop de verité.

La grande maison de l'autre côté de la rue, est remarquable par la diversité des appartemens hauts & bas qu'elle contient, & par les agrémens qu'elle reçoit de l'étendue de son jardin, qui pouvoit cependant être d'une plus belle distribution.

Cette maison occupée en 1719 par le *Comte* de Roussy, appartient à l'hôpital des incurables, ainsi que plusieurs autres du voisinage, qui produisent de grands revenus.

A l'extremité de la rue de Seve, ainsi nommée parce qu'elle conduit au village du même nom, il se trouve un monastere de Religieuses, sous le titre de Notre-Dame de Liesse, qui suivent la regle réformée de saint Benoist, dont la fondation n'est pas ancienne; où il n'y a rien du tout à remarquer.

De la rue de Seve, on doit se rendre dans la rue de Grenelle, qui vient aboutir au carrefour de la croix rouge, où sont les Prémontrez dont on a parlé.

La premiere chose qui se distingue dans la rue de Grenelle, est le couvent des Cordelieres, autrefois établi dans la *rue des Francs-Bourgeois* au quartier du Marais du Temple. Ces religieuses ennuiées d'une maison incommode & fort serrée, qu'elles occupoient depuis leur établissement en cette Ville, acheterent le grand hôtel de Beauvais, où elles sont à present établies, qu'elles ont accommodé à leur maniere, & où elles ont de grands jardins qui leur fournissent bien des commoditez dont elles tirent du profit. L'Eglise qu'on leur voit aujourd'hui, étoit auparavant une grande sale, dans laquelle on donnoit des bals & des fêtes de consequence, que ces

Religieuses ont ajustée d'une maniere assez supportable. Le tabernacle d'ébéne sur l'autel est enrichi d'ornemens d'argent, mais d'un tres-mauvais dessein. Le tableau placé au dessus, qui represente une nativité, est un ouvrage de *Canis*.

Ces Religieuses pouvoient fort aisément faire la dépense d'une nouvelle Eglise, si l'on considere les biens tres-considerables qu'elles ont amassez depuis leur établissement, qui n'est pas fort ancien, comme on le voit par cette inscription gravée sur la porte, au bas de quelques figures qui representent une nativité de Notre Seigneur, copiées en petit d'après celles du grand Autel du Val-de Grace.

MONASTERE DE LA NATIVITE' DE JESUS, DE L'ORDRE DE SAINTE CLAIRE, ETABLI EN 1633, ET TRANSFERE' EN CE LIEU EN 1687.

Lorsque le Doge de Gennes, de l'illustre & ancienne maison *Imperiali*, vint en France en l'année 1686, accompagné des quatre principaux Senateurs de la

Republique, il fut logé avec toute sa magnifique & nombreuse suite dans cette grande maison, qui ne fut occupée par les Religieuses Cordelieres qu'un an après, comme on le peut voir sur le marbre que l'on vient de rapporter.

Plus avant est une grande maison qui fait le coin de la rue du Bac, autrefois occupée par le *Duc* d'*Albe*, Ambassadeur de Philippe V. roi d'Espagne, qui y est mort en l'année 1711 ; les appartemens en sont vastes, mais peu ornez, & tournez fort irregulierement.

Tout proche on en a élevé une nouvelle, il y a quelques années, extrêmement embellie par les dehors. Elle est de la conduite de DELISLE, qui a apporté du soin pour en faire une belle maison, de même que de deux autres situées vis-à-vis, achevées en 1703. Les faces exterieures en sont décorées de chambranles avec des couronnemens, des mascarons & plusieurs autres ornemens qui leur donnent un air de beauté & même de magnificence. Les dedans sont regulierement distribuez ; & ces maisons nouvelles, quoique dans une étendue assez médiocre, fournissent toutes les commoditez qui se peuvent desirer, ce qui est cause qu'elles sont toûjours occupées par des personnes de distinction.

La *Duchesse* d'*Etrées* a fait construire un grand hôtel, de fond en comble, en l'année 1713, dans un terrain spacieux, qui n'étoit autrefois occupé que par des marais & des jardinages. De COTTE premier Architecte du Roi, en a donné tous les desseins ; & l'on remarquera que ce nouvel édifice est considerable par les bonnes proportions de son exterieur, & par la distribution ingenieuse des appartemens qui ont de belles décorations, & des meubles tres riches.

L'HÔTEL DE VILLARS, autrefois l'*hôtel de Navailles*, se trouve aussi dans la même rue. C'est un gros corps de bâtiment quarré oblong, d'une structure solide, les vûes donnent sur quantité de jardins ; ce qui en rend la demeure agreable.

Cette maison a été élevée par les soins de *Jacques le* COIGNEUX, President à mortier au Parlement, mort en 1650. C'étoit un magistrat d'un grand crédit à cause de son mérite & de son integrité. Il porta en son tems la majesté de la robe à un haut degré d'estime & de respect, en soutenant ses droits avec fermeté & en défendant la cause commune d'une maniere genereuse, qui a eu peu d'exemples depuis sa mort.

Le *Marechal Duc* de VILLARS, Gouverneur de Provence, occupe cet hôtel depuis peu d'années, il y a fait faire une nouvelle porte en 1712, & quelques ajustemens dans les appartemens, qui l'ont considerablement embelli sur les desseins de BOFFRAND, habile Architecte. Les dehors ont été reparez, & les dedans accommodez à la mode. La porte est chargée de trophées & de quelques sculptures qui la distingue des maisons ordinaires.

En 1704, on a construit de l'autre côté de la rue, une maison pour le *marquis* de ROTELIN, ornée de colonnes Ioniques, & d'un Attique en pilastres, qui portent un fronton, dont le tympan paroît fort estropié par une fenêtre cintrée, qui monte jusqu'au milieu chargée d'une grande piece de sculpture, placée à cet endroit, seulement pour remplir l'espace qui reste entre le bandeau de cette grande fenêtre & l'angle superieur du tympan. La face du côté du jardin est peu differente, & l'Ordonnance en en est presque pareille. Cette maison, quoique d'une étendue assez mediocre, a des appartemens tournez regulierement, dans lesquels on trouve de la commodité. La porte sur la rue est d'un dessein fort simple, & l'on peut ajouter fort vilain, formé par deux grands jambages couverts de pilastres Doriques couplez, lesquels soûtiennent un entablement qui ne porte rien. Ce qui distingue davantage ce nouveau bâtiment, c'est la propreté de l'ouvrage, où il paroît que l'on a apporté plus de soin qu'à tout le reste. Le jardin se trouve derriere cette maison, il contribue encore à y donner de l'agrément & de la beauté. Cette jolie maison a été aquise en 1714, par *Augustin* Hoguer banquier renommé, qui y a fait faire quantité de nouveaux embellissemens qui la rendent considerable & une des plus agréables de tout ce quartier.

Le *Comte* de Spaar Ambassadeur extraordinaire de Suede, y étoit logé en 1716. Il fit son entrée publique, Dimanche 24 de May de la même année.

Cette maison est du dessein de l'Assurance, membre de l'Academie roiale d'architecture, fort emploié à present; c'est le même qui a conduit la maison de *Rivié*, à présent l'hôtel des *Maretz*, dont on a parlé dans la premiere partie de cette description.

Dans la même suite se trouve le COUVENT DES CARMELITES, qui avoit été établi en l'année 1664, dans la rue du Boulloy, par les reines *Anne & Marie Therese d'Autriche* : mais ces Religieuses ne pouvant s'étendre dans ce quartier, & manquant des commoditez necessaires pour leur communauté, sont venues dans la rue de Grenelle, où elles sont à present parfaitement bien logées ; elles ont cependant besoin d'une Eglise, celle qu'elles ont étant fort petite, & disposée d'une maniere irreguliere & tres incommode.

L'*Abbé* de POMPADOUR, mort depuis quelques années, a fait élever un peu plus avant, une maison décorée de quantité de vases & de figures placées indifferemment sur tous les endroits ; ce qui donne dans les yeux de ceux qui aiment plus l'abondance des ornemens que la sage distribution des décorations, qui fait toujours la veritable beauté des édifices. Les appartemens jouissent d'une vûe avantageuse ; & cette maison construite à la verité d'une maniere affez legere, ne laiffe pas de fournir plufieurs commoditez qui en rendent la demeure agréable.

Tout proche en 1722, dans une place vuide, on a conftruit une maifon fort jolie, dont l'entrée eft décorée de deux colonnes d'un profit régulier, mais qui foutiennent un entablement dont on a peu d'exemples dans les antiques & dans les modernes ; les fculptures font d'un deffein nouveau, & font un effet affez agréable. Le corps du logis eft au fond de la cour, dont le comble eft couronné d'une baluftrade foûtenue de piédeftaux avec des vafes qui produifent une affez belle décoration. Les fenêtres en cintres bombez avec des bordures profilées & des mafcarons fur les clefs, tout cela enfemble produit un effet qui fatisfait la vûe.

Le *Duc* de NOIRMOUTIER, a fait élever cette nouvelle maifon qui embellit fort ce quartier autrefois fort defert, qui fe remplit de jour en jour de nouveaux édifices.

LA COMMUNAUTE' DE SAINTE VALERE, établie en l'année 1706, occupe la derniere maifon de la rue de Gre

nelle ; elle eſt compoſée de filles repenties, dont le nombre augmente tous les
jours, qui ne ſubſiſtent que des liberalitez de quelques perſonnes de pieté. Elles
ont déja fait élever des édifices conſiderables, & leur Egliſe eſt propre & aſſez
bien étendue.

Fin du troiſieme Volume.

TABLE
DES MATIERES
PAR QUARTIERS.

TROISIEME PARTIE.

LA rue saint Jacques. page 1.
Le petit Châtelet, & l'histoire de l'antiquité de cet édifice. 3.
Eloge du roi Robert. *ibid.*
Siege de la Ville de Paris par les barbares du Nord. 5.
Le roi CHARLES V. conserva ses trésors dans le petit Châtelet. 6.
La masse énorme du petit Châtelet qui embarrasse extrémement tout ce quartier. 9.
La rue saint Jacques commence au petit Châtelet. 10.
L'Eglise paroissiale de saint Severin, & l'histoire de son antiquité. *ibid.*
Les personnes distinguées inhumées dans cette Eglise. 12.
Jacques de BILLY, Abbé de saint Michel en l'Erme. *ibid.*
Etienne PASQUER, son éloge & ses épitaphes 13
Sevole & *Louis* de sainte MARTHE, savans illustres; leurs épitaphes. 16 & 17.
André du CHESNE, Historiographe tres renommé. 20.
Louis MORERI, Auteur du grand Dictionnaire

Tome III. T

historique. 21.
Louis du PIN, Docteur de Sorbonne, Auteur de quantité de savans ouvrages. 21.
Dans le cémetiere de cette Eglise le tombeau d'un Prince Aleman, & son épitaphe. 22.
La rue Galande. 25.
Vers de SANTEUL sur la fontaine de saint Severin. 26.
L'Eglise de saint Yves. ibid.
La rue des Noyers a été élargie en 1672. ibid.
Les Maturins, & l'histoire de ces Peres. 27.
Les décorations de leur Eglise. 29.
Robert GAGUIN, Ministre general de cet ordre & son épitaphe, 31.
L'épitaphe de SACRO-BOSCO, Mathematicien. 32.
L'épitaphe de *Maturin* du PORTAIL. 33.
L'Eglise Collegiale de saint Benoist. ibid.
Quelques personnes distinguées qui y sont inhumées. 34.
René CHOPIN, & son épitaphe. 35.
J. B. COTELIER, Docteur en theologie de la maison de Sorbonne. 36.
Claude PERRAULT, Architecte. ibid.
Charles PERRAULT, son frere, Auteur de quelques ouvrages qui ont eu du cours. 37.
Gerard AUDRAN, habile Graveur. ibid.
Guillaume CHATEAU Graveur. 38.
Jean-Foi VAILLANT, savant Antiquaire, & son épitaphe. ibid.
Le Chancellier de SILLERY. 40.
La Terre de Cambray. ibid.
Le College Roial ; son établissement. 40.
Les noms des Lecteurs qui donnent la leçons publiques dans le College Roial en l'année 1725. 47.
Les illustres qui ont rempli les Chaires du College Roial. 51.
La Commanderie de saint Jean de Latran, & le tombeau de *Jacques* de SOUVRE'. 54.

DES MATIERES.

Le College du Pleſſis.	56.
Le College de Louis le Grand.	57.
Hiſtoire de l'établiſſement de ce College	ibid.
Inſcription ſur la premiere pierre de la chapelle, poſée par le roi Henri III.	59.
Les illuſtres qui ont paru dans ce College.	62.
La bibliotheque & le cabinet des Médailles.	68.
La bibliotheque a été augmentée de celle d'Achilles de Harlay, Conſeiller d'Etat.	69.
Les actions publiques qui ſe font dans ce College.	71.
Inſcription ſous le cadran de l'horloge de ce College.	72.
Saint Eſtienne des Grès.	ibid.
Le Couvent des Jacobins.	74.
Il y a dans l'Egliſe de ces Peres les tombeaux de vingt-deux Princes & princeſſes de la maiſon roiale, particulierement de la maiſon de Bourbon.	75.
Hombert, dernier Prince ſouverain de Dauphiné, & ſon épitaphe.	ibid.
La chapelle du Roſaire.	77.
La Chaire de ſaint Thomas d'Aquin.	78.
Thomas Campanella, & ſes ouvrages.	ibid.
Nicolas Coeffeteau.	79.
Le P. *Noel* Alexandre, ſous le nom de *Natalis Alexander*, Auteur d'un grand nombre de tres-ſavans ouvrages.	80.
Jean Passerat, Profeſſeur roial en éloquence.	ibid.
Ses épitaphes	81.
La porte ſaint Jacques abatue.	82.
Le faubourg ſaint Jacques.	ibid.
Le Couvent des filles de la Viſitation.	ibid.
L'Egliſe paroiſſiale de ſaint Jacques du Haut-Pas.	84.
L'architecture du portail de cette Egliſe.	ibid.
Le célebre *Jean* du Vergier d'Havranne, Abbé de Saint Cyran, eſt inhumé dans cette Egliſe.	85.

T ij

Jean-Dominique Cassini, grand Astronome. 86.
Philippe de la Hire, tres-savant Mathematicien. ibid.
Le Séminaire de saint Magloire. ibi.
Le P. le Brun, Prêtre de l'Oratoire. Ses ouvrages. 87.
Les Ursulines. 88.
Les Feuillantines. 89.
Les Benedictins Anglois. 91.
Le corps de Jacques II. roi de la grande Bretagne, & celui de la Princesse *Louise-Marie* Stuart sa fille, y sont en dépost. ibid.
Les Carmelites. 93.
Antiquité de la maison de ces Religieuses. ibid.
L'établissement des Carmelites dans cette maison. 94.
Description de leur Eglise, & les belles choses que l'on y doit voir. 96.
Les beaux tableaux qui décorent la nef, & le nom des peintres, de qui ils sont. ibid.
L'Autel principal de cette Eglise. 98.
La chapelle de la Madelene, & le beau tableau de le Brun. 100.
Le tombeau du *Cardinal* Berulle. ibid.
L'épitaphe de l'*Abbé* le Camus. 101.
L'épitaphe d'*Antoine* de Varillas, Historien renommé. 104.
Les personnes illustres enterrées dans l'Eglise de ces Religieuses. 105.
L'abbéie roiale du Val-de-Grace. 107.
Fondation de cette maison roiale. ibid.
Inscription sur la premiere pierre des édifices. 109.
Les architectes qui ont conduit les grands ouvrages de cet édifice. ibid.
Description de l'Eglise du Val-de-Grace. 110.
Le grand Autel. 114.
La peinture du Dôme. 117.
Inscription dans la frise sous la corniche qui regne tout autour. 118.
Les personnes illustres dont les cœurs sont conser-

DES MATIERES. 435
vez dans une chapelle de cette Eglife. 120.
Le Couvent des Capucins & leur vaste jardin. 126.
Le monastere de Port-Roial, & son établisse-
 ment. 127.
L'Eglise de ce monastere. 129.
L'Observatoire Roial. 131.
La sale particuliere où l'on conserve des machines
 tres-curieuses. 134.
La maison des eaux, nommée le regard de saint
 Laurent, & l'aqueduc d'Arcueil. 135
Le nombre des fontaines de la Ville de Paris. 136.
La suputation pour la conduite de eaux. 137.
La route du faubourg saint Jacques. 138.
L'établissement des voitures publiques sous Char-
 les IX. en 1571. 139.
L'établissement des postes sous Louis XI. en
 1477. 140.
La maison des Prêtres de l'Oratoire sous le nom
 de l'institution. *ibid.*
Les Chartreux. 142.
Histoire de leur fondation. *ibid.*
Les beaux tableaux dont l'Eglise de ces Peres est
 ornée, & le nom des peintres renommez de qui
 ils sont. 145.
Les tableaux curieux de le SUEUR, dans le petit
 Cloître. *ibid*
Dans le grand Cloître le tombeau de *Jeanne* de
 CHATILLON, Comtesse de Blois, bienfaitrice
 de cette maison. 149.
Les Chartreux, selon un historien fidele, ont mieux
 conservé la pureté de leur premier institut. 150.
Le nombre des Couvents qu'ils ont en France. 151.
Dans les années 1706 & 1707, les Peres Char-
 treux ont fait élever deux jolies maisons pour
 des particuliers. 152.
Le petit monastere des Feuillans. 153.
Vers de SANTEUL, sur la fontaine de la porte
 de saint Michel. *ibid*

T iij

LA SORBONNE.

La fondation de cette célebre maison. *ibid.*
Difposition avantageufe du portail de l'Eglife de Sorbonne. 158.
L'interieur de cette Eglife. 159.
Le tombeau du *Cardinal* de RICHELIEU. 163.
L'épitaphe de ce fameux Miniftre, de la compofition de SCUDERY. 164.
Les titres magnifiques que le Cardinal de Richelieu fe donnoit. 169.
Le magnifique portique de l'Eglife du côté de la cour. 170.
La riche bibliotheque de cette maifon. 173.
Le College d'Harcourt. 177.
La maifon de *Jean* FERNEL, fameux Médecin. 179.
L'hôtel de Cluny. *ibid.*
Le Palais des Thermes. 181.
Le fentiment de *Dom Jean* MABILLON, & d'*Adrien* de VALOIS, touchant l'antiquité de ce rare monument. 183.
Borne hiftorique fort gatée, à l'extrémité de la rue de la Harpe, du côté du Pont faint Michel. 187.
L'Eglife paroiffiale de faint André des Arcs. 189.
La fépulture de plufieurs perfonnes illuftres dans cette Eglife; de *Chriftophe*, de *Jacques-Augufte* de THOU fon fils, & de *François-Augufte* de THOU. 190.
Le bon mot de la fœur de *François-Augufte* de THOU. 192.
Les épitaphes qui fe lifent fur leur tombeau. 193.
Le tombeau de la Princeffe de CONTY, & l'épitaphe de cette illuftre Princeffe. 195.
Le tombeau de *Louis-Armand* de Bourbon Prince de CONTY, & celui de *François-Armand* de Bourbon Prince de CONTY fon frere. 197.

DES MATIERES.

Les autres personnes distinguées inhumées dans cette Eglise. 200.
Pierre d'HOZIER Genealogiste. 201.
Louis COUSIN, Auteur de plusieurs traductions d'auteurs Grecs. *ibid.*
Robert de NANTEUIL, graveur. 202.
L'épitaphe de *J. B.* Ravot, Seigneur d'OMBREVAL, Magistrat de grande réputation. *ibid.*
Sebastien le Nain de TILLEMONT, Auteur de plusieurs savans ouvrages sur l'histoire de l'Eglise. 203.
Dans le cémetiere de cette Eglise, *Charles* du MOULIN, tres-savant dans le droit. 204.
Ancienne maison à l'extrémité de la rue saint André des Arcs, autrefois occupée par *Jacques* COYTIER, Médecin de LOUIS XI. & son histoire tirée de COMINES. *ibid.*
Inscription sur une porte de cette maison. 208.
Maison bâtie à côté de celle-ci. *ibid.*
La porte de Buffy détruite en 1673. 209.
L'Eglise paroissiale de saint Côme. *ibid.*
Les illustres inhumez dans cette Eglise. 211.
Claude Torgnel d'ESPENCE, Docteur de la maison de Navarre. *ibid.*
Son épitaphe. 212.
Pierre du PUY, Conseiller & Bibliothequaire du Roi. 214.
Son épitaphe. *ibid.*
La maison de saint Côme. 216.
Fondation de la célebre Ecole de Chirurgie. *ibid.*
Inscriptions sur la sale où se font les assemblées. 218.
Le College de Premontré. 219.
Les representations Anatomiques en cire colorée. 220.
Le Couvent des Cordeliers. 228.
Histoire de l'établissement de ces Peres en France, particulierement à Paris. *ibid.*
L'édifice de leur Eglise. 229.
Grand nombre de personnes de distinction ont

T iiij

leur sépulture dans l'Eglise de ces Peres. 230.
Nicolas de LYRA. 231.
Jean SCOT surnommé le Docteur subtile. ibid.
Alexandre de ALES, Précepteur de saint Thomas
   & de saint Bonaventure. ibid.
Le Prince de CARPY. 232.
Le Colonel FORTIB. ibid.
François de BELLE-FOREST, Historien renommé.
   ibid.
Louis de Luxembourg Comte de SAINT-POL. 233.
Dom ANTOINE, roi de Portugal. ibid.
Les LONGUEIL. 234.
Les BESANÇONS. ibid.
Guillaume de LAMOIGNON. 235.
Son épitaphe. 236.
L'épitaphe de Madelene de LAMOIGNON. 238.
Opinion des Cordeliers d'Espagne & d'Amerique, rapportée par FRAISIER, après SPOND.
   240.
L'archiconfrérie des dévots & des dévotes du
   saint Sépulcre de Jerusalem. 241.
Les orgues de cette église fort estimées. ibid.
La statue de saint Louis sur la porte de l'Eglise
   des Cordeliers. 242.
Vers de SANTEUL, sur la fontaine voisine. 243.
Les augmentations de la Ville de Paris depuis
   un siecle. 244.

LE QUARTIER
DE SAINT GERMAIN DES PREZ. 247.

Les Princes & les Seigneurs étrangers, qui sont
   venus à Paris depuis quelques années. 249.
Allignement qu'il étoit tres-aisé de donner aux
   principales rues de ce quartier. 252.
L'abbéie roiale de saint Germain des Prez. 254.
Histoire de la fondation de cette célebre Abbéie.
   ibid.
Le grand Autel de l'Eglise. 259.

Inscription sur la premiere pierre, pour la fonda-
tion du grand Autel. 261.
Description du grand Autel. 262.
Le nom de l'architecte qui a donné les desseins de
ce bel ouvrage. 265.
La Chasse de saint Germain. ibid.
Les grands tableaux à côté du grand Autel. 267.
Les tableaux qui décorent la nef, & le nom des
peintres. 268.
Les Autels dans les bras de la croisée. 269.
Les anciens monumens qui restent encore dans
cette Eglise. 270.
L'épitaphe du roi CHILDEBERT, & de la reine
ULTROGOTE. 271.
D'autres anciennes sépultures découvertes dans
cette Eglise. 274.
L'épitaphe du *Duc* de VERNEUIL, fils naturel
du roi Henri IV. 278.
De *Louis-César* de BOURBON, Comte de Vexin. 279
Le tombeau de CASIMIR, roi de Pologne, & son
épitaphe. 281.
De *Pierre* DANET, Evêque de Lavaur. 286.
Le tombeau d'*Olivier* & de *Louis* CASTELAN
frere, & leur épitaphe, de la composition de
Dom J. MABILLON. 288.
Le tombeau du Comte de FURSTEMBERG. 291.
Dans une chapelle autour du chœur, le tom-
beau de plusieurs personnes de la maison de
DUGLAS. ibid.
L'épitaphe de saint GERMAIN, de la composi-
tion du roi CHILDEBERT, dans la chapelle de
saint Symphorien. 292.
La réforme de l'ordre de saint Benoist établie dans
cette maison, & les heureux changemens qu'elle
y a produit. 293.
Les précieuses reliques que l'on conserve dans la
sacristie & les anciens tableaux que l'on y peut
voir. 294.
Le refectoire d'une excellente structure Gothique.
298.

La chapelle de la Vierge dans l'interieur de la maison. *ibid.*

La nombreuse & tres-curieuse bibliotheque. *ibid.*

Cette bibliotheque augmentée de celle de l'Abbé d'ETRE'ES, & de celle de l'Abbé RENAUDOT. 301.

Le cabinet des diversitez antiques assemblé par *Dom Bernard* de MONTFAUCON. 303.

Les premiers Superieurs de cette Congrégation tres-zelez pour le rétablissement de l'observance reguliere, ont été fort portez pour les lettres, cultivées de tout tems dans l'ordre de saint Benoist. 304.

Les principaux ouvrages que ses savans Religieux ont publiez. *ibid.*

Le cabinet tres-curieux de *Dom Bernard* de MONTFAUCON. 311.

Les nouveaux édifices construits dans la cour. 317.

Inscription gravée sur la premiere pierre de la composition de *Dom* FELIBIEN. 318.

Le Palais Abbatial. 320.

Dessein proposé pour le petit Marché. 322.

LE PALAIS D'ORLEANS,

OU

DE LUXEMBOURG. 323.

Ce magnifique édifice élevé par la reine *Marie* de MEDICIS. *ibid.*

Jacques de BROSSE, Architecte de ce Palais. 326.

Description du Palais de Luxembourg. 327.

Les beaux tableaux de RUBENS qui ornent la galerie & les sujets qu'ils representent. 331.

Estampes d'après ces beaux ouvrages de peintures. 344.

Les autres appartemens du Palais de Luxembourg. *ibid.*

Le Jardin de Luxembourg. 345.

Claude AUDRAN, Concierge de ce Palais, tres-excellent Dessinateur. 347.

L'hôtel de Condé. 348.

DES MATIERES.

Le cabinet de Jacques-Antoine ARLAUD, qui réussit si bien dans les portraits en miniature. 350.
L'hôtel des Ambassadeurs extraordinaires, autrefois au Maréchal d'ANCRE. 351.
Jolie maison à côté. 352.
La maison ajustée par J. B. TERRAT, Chancellier du Duc d'Orleans. 354.
Le petit hôtel de Bourbon, dans la rue de Vaugirard. 355.
Le nom de l'architecte. 358.
Les Religieuses du Calvaire. ibid.
Les filles du précieux Sang. 359.
Remarque particuliere sur le quartier de saint Germain des Prez. ibid.
Remarque de FREZIER, rapportée dans sa belle relation de la mer du Sud. 361.
Les Carmes déchaussez. 362.
Ce monastere de Moines mandians, fondé par quelques bourgeois de Paris. ibid.
L'inscription sur la premiere pierre, posée par la reine Marie de Medicis. ibid.
Le Chancellier, SEGUIER se déclara leur Protecteur. 363.
Le grand autel de leur Eglise. ibid.
Leur Eglise est d'un ordre toscan plein de fautes. 364.
La peinture du dôme. ibid.
La chapelle de la sainte Vierge & l'excellente figure en marbre. 365.
La chapelle de sainte Therese. 366.
Les jardins spacieux de ces bons Peres. 367.
Le secret qu'ils prétendent avoir d'une certaine eau à laquelle ils attribuent des effets merveilleux, & dont ils font un grand débit. 368.
Quantité de grandes maisons qu'ils ont nouvellement élevées autour de leur clôture, louez à divers particuliers. ibid.
Monument trouvé à l'extrémité de la rue de Vaugirard. 369.

TABLE

La rue du Regard. *ibid.*
Dans la rue Cassette, le monastere des filles du saint Sacrement. *ibid.*
Les Carmes Déchaussez ont fait construire une jolie maison dans cette même rue. 370.
Le Noviciat des Jesuites. 371.
Les fondateurs de cette maison. *ibid.*
L'édifice de l'Eglise sous la conduite du Frere MARTEL-ANGE. *ibid.*
Inscription gravée sur la premiere pierre. 374.
Le nouvel Autel de cette Eglise. *ibid.*
Le tableau excellent de l'Autel, de *Nicolas* POUSSIN. 377.
Eloge de cet illustre peintre par BELLORI. 378.
La chapelle de la Congrégation. 379.
La maison du Noviciat des Jesuites, a de grandes obligations à *François* Sublet des NOYERS, Secretaire d'Etat. *ibid.*
Deux jolies maisons que ces Peres ont fait construire dans la rue Cassette. 380.
L'Eglise de saint Sulpice. 381.
L'étendue extrême de cette paroisse. *ibid.*
Description de la nouvelle Eglise. 383.
Les deux portes collaterales. 385.
La chapelle de la Vierge, & les autres chapelles. 386.
Les personnes de distinction inhumées dans cette Eglise. 388.
Claude du PUY. *ibid.*
Michel de Marolles Abbé de VILLELOIN. 389.
François BLONDEL, Mathematicien. 390.
Pierre Michon, Abbé BOURDELOT. 391.
Barthelemy d'HERBELOT. 392.
Jean Gaëtan Zombo. *ibid.*
Marie Jumelle de Barneville Comtesse d'AUNOY. 393.
Roger de PILLES. *ibid.*
Elisabeth Sophie CHERON. 394.
Jean JOUVENT, Peintre tres renommé. *ibid.*
Estienne BALUZE. 395

DES MATIERES.

Le *Marquis* de DANGEAU.	396.
Le *Marquis* de CAVOYE.	ibid.
La maison du Séminaire de saint Sulpice.	397.
Le beau plafond de la chapelle & celui de l'Autel, peints par le BRUN.	ibid.
Etablissement de ce Séminaire.	399.
La foire de saint Germain.	400.
Maison dans la rue Garanciere.	401.
Inscription sur la fontaine de cette rue.	402.
Le carrefour de la Croix rouge.	403.
Le Couvent & la nouvelle Eglise des Premontrez.	404.
Quantité de maisons pour des particuliers qu'ils ont fait construire autour de leur monastere.	ibid.
La prodigieuse quantité de grands édifices que les Communautez monastiques ont fait construire dans ces dernieres années.	405.
Dans la rue du Cherche-Midy, le Couvent des Religieuses de même nom sous le titre de Nôtre-Dame de la Consolation.	406.
L'épitaphe de *Marie-Eleonor* de ROAN, de la composition de *Paul* PELISSON, de l'Académie Françoise.	407.
Le riche & curieux cabinet de Madame la Comtesse de VERVE.	410.
La Communauté du bon Pasteur, & l'histoire de sa fondation.	411.
L'Abbéie aux Bois dans la grande rue de Seve.	412.
L'hôpital des petites Maisons.	413.
L'hôpital des Incurables.	414.
Epitaphe du *Cardinal* de la *Rochefoucault*.	415.
L'épitaphe de *Jean-Pierre* CAMUS, Evêque de Bellay.	416.
L'épitaphe de *Jean-Baptiste* LEMBERT, insigne bienfaiteur de cet hôpital.	417
Mathieu de Morgues connu sous le nom d'Abbé de SAINT GERMAIN.	418.

Tome III.   v

TABLE DES MATIERES.

La grande maison vis-à-vis des Incurables. *ibid.*
Le monastere des Religieuses de Nôtre-Dame de Liesse. 419.
Le Couvent des Cordelieres dans la rue de Grenelle. *ibid.*
Quelques maisons de la même rue. 421.
L'hôtel construit pour la Duchesse d'Etrées. 422.
L'hôtel de Villars. *ibid.*
L'hôtel de Rotelin. 423.
Le Couvent des Carmelites. 425.
La maison bâtie pour l'Abbé de POMPADOUR.

L'hôtel du *Duc* de NOIRMOUTIER. *ibid.*
La Communauté des filles de sainte Valere. 426. *ibid.*

Fin de la Table du troisiéme Volume.

Avis au Relieur pour placer les figures.

Tome premier.

Le Plan de Paris, page 1.
Le Louvre, page 38.
Palais des Tuilleries, page 128.
Le Palais Roial, page 230.
Place de Louis le Grand, page 302.
Tombeau de Mr de Crequi, page 329.
Tombeau de Mr de Louvois, page 333.
La Place des Victoires, page 369.
Tombeau de Mr Colbert, page 445.
Fontaine de S. Innocent, page 491.

Tome second.

La Porte de S. Denys, page 12.
La Porte de S. Martin, page 41.
L'Hôtel de Soubize, page 85.
L'Hôtel de Ville, page 119.
Le Portail de S. Gervais, page 144.
La Place Roiale, page 203.
La Porte S. Antoine, page 233.
L'Arc de Triomple, page 245.
L'Isle Nôtre-Dame, page 335.
La Porte de S. Bernard, page 362.
La Salpetriere, page 390.

Tome troisième.

Le Val-de-Grace, page 107.
Grand Autel du Val-de-Grace, page 114.
L'Obfervatoire Roial, page 131.
La Sorbonne, page 155.
Tombeau du Cardinal de Richelieu, 163.
La Sorbonne du côté de la cour, 171.
Le Palais des Thermes, page 181.
Grand Autel de l'Abbéie S. Germain. 259.
Le Palais d'Orleans ou Luxembourg, 323.

Tome quatriéme.

L'Hôtel Roial des Invalides, page 1.
Le grand Autel des Invalides, page 16.
College des Quatre-Nations, page 117.
Tombeau du Cardinal Mazarin, page 122.
La vûe de Paris prife du Pont Roial, 152.
La Samaritaine, page 195.
Portail de Nôtre-Dame, page 203.
Grand Autel de Nôtre-Dame, page 212.
Les Pierres Antiques, page 223.
La Sainte-Chapelle, page 309.

www.ingramcontent.com/pod-product-compliance
Lightning Source LLC
Chambersburg PA
CBHW070532230426
43665CB00014B/1665